U0906360

西北大学“211”工程支持项目

LVYOU FUWU GONGXU GUANXI DE HEZUO QIYUE SHEJI YANJIU

旅游服务供需关系的合作契约设计研究

旅游服务的无形性、多样性、不确定性等特点，使得旅游服务供需交易变得复杂起来。作为一种特殊的产品——旅游服务交易应该如何实现？旅游者与旅游服务供应商之间应该如何相处？其背后隐含的深层逻辑关系是怎样的？这里我们将从契约经济学的视角给出一种解释。

梁学成◎著

中国经济出版社
CHINA ECONOMIC PUBLISHING HOUSE
北 京

图书在版编目（CIP）数据

旅游服务供需关系的合作契约设计研究/梁学成著
北京：中国经济出版社，2012.3
ISBN 978－7－5136－0465－9

Ⅰ.①旅… Ⅱ.①梁… Ⅲ.①旅游服务—供求关系—研究—中国 Ⅳ.①F592.6

中国版本图书馆 CIP 数据核字（2010）第 248944 号

责任编辑 严 莉
责任审读 霍宏涛
责任印制 石星岳
封面设计 巢新强

出版发行 中国经济出版社
印 刷 者 北京金华印刷有限公司
经 销 者 各地新华书店
开　　本 710mm×1000mm 1/16
印　　张 14.5
字　　数 214 千字
版　　次 2012 年 3 月第 1 版
印　　次 2012 年 3 月第 1 次
书　　号 ISBN 978－7－5136－0465－9/F·8705
定　　价 35.00 元

中国经济出版社 **网址** www.economyph.com **社址** 北京市西城区百万庄北街 3 号 **邮编** 100037
本版图书如存在印装质量问题，请与本社发行中心联系调换（联系电话：010－68319116）

前　言

旅游业作为一个综合性的现代服务产业,已成为当今世界许多国家和地区经济的重要组成部分,也被认为是影响人类社会生活的最重要行业之一,它的发展已受到越来越多的国家和地区人们的关注。旅游服务作为一种特殊的消费产品,它的无形性、生产与消费的同步性、多变性等特点,促使旅游服务的供需交易过程变得复杂和不确定。作为一种市场交易行为,旅游服务同样必须遵循市场交易的规则,旅游服务的供需交易也必然存在着多种契约关系及形式。因而,旅游服务交易过程的本质就是建立一种契约关系。我国旅游业实施“政府主导型”发展战略,经过30多年的超常规快速发展,已基本实现了由“事业型”向“产业化”的转变,发展的总体趋势是积极向上、稳步推进,旅游行业也正逐步走上法治化、规范化的发展道路。近年来,随着大众化、规模化旅游消费的不断增强,旅游服务供需关系中的各类矛盾纠纷及投诉事件也在增多。一方面,旅游者被动地消费大量的强制性服务产品,而旅游者真实的服务需求又不能得到有效实现,导致旅游服务的满意度下降;另一方面,旅游供应商之间恶性削价竞争不断升级,缺乏合作与诚信机制,导致行业的总体效益也不断下滑。这些问题已成为影响我国旅游业健康、有效、可持续发展的重要障碍。

基于此,本书针对旅游服务供需关系中的主要矛盾,以旅游服务供需关系为主线,依据供需关系链理论、契约理论以及机制设计理论等,提出并建立以旅游者为主体参与供应链管理的三种旅游服务供需关系模型,形成两种供需关系链类型,建立并设计具有激励效应的逆向组合型和逆向单链型的两种供需合作契约模式。本书研究采取数理推演与实证分析相结合的方法,主要的创新性研究内容体现在以下四个方面:

(1)目前,多数学者在旅游服务研究中是对供给或需求单方面进行研究,较少依据旅游服务供需交易方式的特点而将两者结合起来进行研究。

本书系统地分析和比较了旅游服务供需关系中的八大主体类型特征,以传统供应链管理理论为基础,提出了旅游服务业中的供需链概念;通过对旅游主体间供需关系的分析,提出将其划分为直接式、间接式和混合式三种类型;在此基础上,进一步提出并分析了逆向组合型和逆向单链型两种供需关系链条的形成特征。同时,结合当前我国旅游服务业发展的实际,以自助型和参团型两种旅游方式为实例,分析并论证了旅游服务供需链的特征和价值。

(2)长期以来,多数学者对旅游服务契约的研究主要是从旅游合同入手,并对其存在的法律特征和法制环境进行分析,忽视了合同契约本身的经济特征,造成人们对旅游服务契约认识的狭隘性,也不利于旅游服务供需关系的改善与发展。为此,本书依据委托—代理理论和不完全契约理论,结合威廉姆森(Williamson)的交易费用经济学派(TCE)和哈特(Hart)的产权理论派(PRT)的理论优势,运用非固定价格契约、市场机制解决契约、契约中的敲竹杠和自动履约机制等理论成果,针对旅游服务合作契约的类型与特点,分别对逆向组合型合约的线性特征和逆向单链型服务合约的子博弈特征进行分析;在考虑契约的等级性、激励性和最优性的基础上,提出并建立了一种以旅游者需求为主导的最优化服务合作契约,并进一步对合约建立以及长期性和动态性激励问题进行讨论。

(3)由于获取相关资料信息的困难以及受观测时空间的限制与影响,国内外学者对于供需关系链的绩效问题研究较少。近年来已有部分学者开始了这一方面的研究。国外学者偏重于技术应用研究,国内学者偏重于定性研究。本书通过对旅游需求者的满意度θ、供应商的努力程度β、供应商提供服务项目的重要程度ε以及旅游者的剩余消费服务量x等指标的测量和反映,提出并设计旅游供需关系链的绩效考核及服务合作契约的影响因素指标,并进一步对旅游服务剩余消费控制力和剩余消费服务量等概念进行界定。

(4)由于对契约设计进行实证研究还存在较多的困难,目前国内外学者对旅游服务契约设计的研究还较少,相关的实证性研究成果则更少。本书通过数理分析和推导,提出了相关假设,然后通过采集实证数据,运用STATA、LISREL 8.7等统计工具进行了一定的定量分析和研究,将旅游服务合作契约的理论设计与实证分析相结合,并在旅游服务业中进行探索性研究。

本书以学术性、创新性、应用性为特点，不仅可以为旅游管理专业的研究者提供学习与参考，还可以作为广大旅游实践者的参考读本。本书的研究成果一方面对解决我国旅游服务供需关系的一些矛盾提供参考；另一方面对提高我国旅游服务业的发展水平、更好地参与国际化竞争具有借鉴价值。本书的部分研究成果也适合于其他服务产业。

本书的出版得到了西北大学“211”专项资金的资助。

CONTENTS 目录

第1章 导论

旅游业是一项专业性、特色性较强的现代服务产业，也是一个涉及多领域、多行业、多利益主体的综合性产业。世界旅游业经过160多年来的发展，现已成为许多国家和地区经济发展中的重要组成部分。尤其是20世纪60年代以来，现代旅游业已在全球得到了广泛发展。大量的实证研究表明：旅游业在扩大内需、增加就业、提高国民收入、增加税收和外汇以及完善社会基础设施、促进产业结构调整、扶贫脱困和实现国民经济可持续发展等方面都起着重要的调节作用。改革开放以来，随着我国市场经济的不断完善与发展，国民经济水平和人民生活水平都有了显著提高，旅游业也实现了超常规的快速发展。1992年6月国务院正式将旅游业纳入我国国民经济和社会发展计划；1998年12月旅游业又被确定为国民经济新的增长点之一。伴随着国内旅游消费需求的快速增长，大众化、经常化的旅游消费已成为人们生活中的一部分，促使旅游从早期国家层面的“外事”活动变成了今天普通民众的“家事”活动，从少数人的奢侈消费变成了大众化的普通消费，旅游业也基本实现了由“事业型”向“产业型”的转变。进入21世纪以来，旅游业作为现代服务业的龙头，开始朝着“大旅游、大市场、大产业”的方向快速发展。据统计资料显示：2006年至2010年，我国国内旅游接待总人次从13.94亿人次增长到21.5亿人次，年均增速高达38.6%；旅游业总收入从8935亿元增长到1.57万亿元，年均增速高达43.9%。这些数据可以充分显示出：我国旅游业还保持着快速增长的强劲势头。

旅游业作为一种最终需求导向型的产业，也是一种包含多种形式、多次交易行为的产业。从我国旅游业30多年的发展历程来看，人们对旅游服务的需求日趋理性和成熟，旅游者的个性化、多元化服务需求也在不断增多，并催生出诸如自助游（包括汽车露营游）、高端游、“候鸟”游等多种新兴的旅游方式,还有生态旅游、文化旅游、乡村旅游、城市旅游等多种新兴的旅游类型。与此同时,人们对旅游服务的质量要求及期望也在不断提高。然而,受市场发展及管理制度等方面因素的影响,我国旅游服务市场还经常出现供给不足或服务需求不满意的现象,造成旅游服务供需市场不匹配、不均衡的矛盾日益突出,尤其是旅游服务供需主体间因为缺乏有效的合同契约,导致旅游供需市场难以形成一条稳定、连续和有效的供需关系链,而最终使旅游服务的供需交易过程变得复杂多样和不确定。威廉姆森(Williamson,1996)曾指出"不同交易需要不同的契约关系"。依此观点,笔者认为:在旅游服务的供需交易中也必然存在着多种契约关系。

基于此,本书从分析我国旅游服务供需市场的基本背景出发,依据供需链理论、契约理论及机制设计理论等,通过构建以旅游者、旅游中间商(旅行社)以及其他旅游服务供应商共同参与的、稳定的供需关系链与合作契约关系,设计并建立一种科学、规范、高效的旅游服务合作契约机制,以实现我国旅游服务供需市场的健康、有序和均衡发展。

1.1 研究背景

旅游是人们有目的的一种非生产性行为,也是一种体验非常规的物质或精神生活的行为。旅游的文化属性是主要的,同时具有重要的经济属性。因而,在旅游服务供需关系建立以及合同契约的形成过程中,实际上包含着一种以知识流传递为核心,以市场机制和政府制度为两大影响因素的共同经济作用过程。其中,旅游服务供应商和旅游者都是知识流传递的载体,也是旅游服务合作契约制订、执行与完善的两大关系主体。旅游服务供需关系链的生成与发展是前提和保障,旅游服务合同契约的形成与执行是必要条件。本书将依据旅游服务合约产生与实现的过程特点,从供需市场的不均衡、政策法规的不健全和知识经济的需要等三个方面进行背景说明,其内在的逻辑关系与实现过程如图 1 -1 所示。

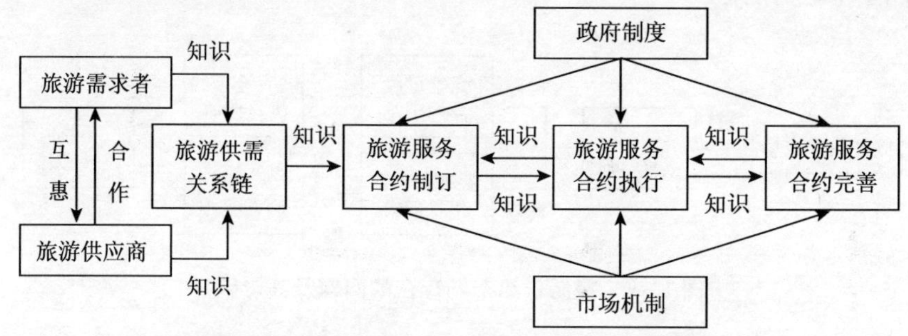

图1-1 旅游服务合作契约的产生与实现过程

注：旅游需求者包括一般旅游者和具有上下游关系的旅游需求企业方。

1.1.1 供需市场的不均衡

旅游是一种经济消费活动，它能够引起供给与需求之间的平衡运动。旅游需求又是不同于一般实务商品的需求，它所实现的不是某个具体产品的使用价值，而是更多的社会价值。然而，长期以来，由于旅游服务供需双方交易地位不平等、信息不对称、交易权利不明确以及缺乏监督等问题，导致我国旅游服务合同契约的不完全性日益突出，难以形成有效的供需合作契约，并严重影响了旅游服务供需市场交易的质量和效率。为此，本书从旅游服务供给与需求市场两个方面对这些问题进行分析。

(1)从旅游服务供给市场来看，由于旅游服务供应商之间缺乏有效的服务合作契约，因而难以形成具有竞争力的供需关系链条。

在我国旅游业的供给市场中，围绕旅游者的食、住、行、游、购、娱六大服务需求要素，现已初步形成了具有一定规模的供给能力。然而，由于供给市场缺乏有效的合作与激励措施，致使旅游供应商往往从自身的利益出发来制订和设计合约，忽视或挤占合作者的利益，容易导致旅游供应商之间的合作能力下降，难以形成稳定的供应链。从实际来看，尤其是那些提供同类旅游服务产品的供应商之间更是竞争激烈。由于缺乏相互之间的合作与信任，他们之间往往采取一种非合作的“零和博弈”(Zero - sum Game)。许多供应商就通过打“价格战”来赢得更多的市场份额，以获取一时的竞争优势。这种短期的削价竞争方式导致了旅游业的供应市场整体效益下降、利益受损，甚至影响整个旅游服务市场的发展与提升。这一问题的产生及相关影响如图 1 – 2 所示。

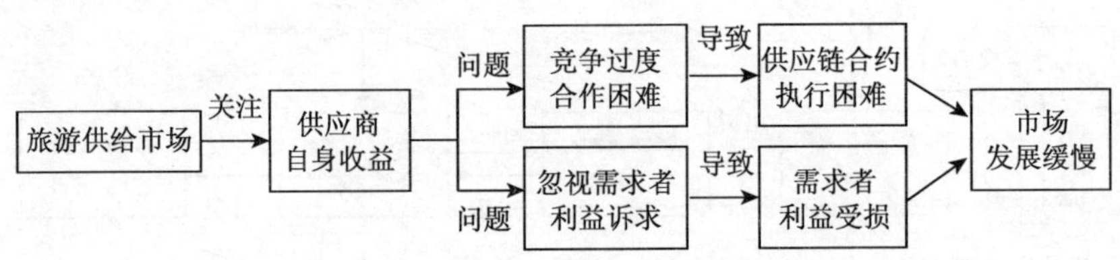

图 1 – 2　旅游供给市场存在的问题及其影响

改革开放以来,我国已逐渐形成入境游、出境游和国内游三大旅游市场,并成功地实现了由入境游市场推动到国内游市场拉动的发展转型,也实现了旅游市场的数量型增长与规模扩大,并初步具备了一定的产业发展规模。然而,受管理体制、市场经济以及供需模式等方面因素的影响,我国旅游业的发展还没有实现根本性的结构性增长与突破,包括企业规模、产业规模的同步增长,许多旅游企业还没有达到具有国际竞争优势的产业规模,与拥有统一管理模式、统一品牌与共享网络资源的国际旅游大集团相比,还有相当大的差距。从我国旅游业发展的实际来看,大多数旅游服务供应商(企业)因缺乏有效的合同契约管理与合作机制,还处于一种散、小、弱、同的状态。据统计资料显示:截至 2009 年,我国共有旅行社、星级饭店、旅游景区(点)等旅游企事业单位 49720 家,比上年年末增长了 2.0%,其中旅行社 20399 家,星级饭店 14237 家,旅游景区(点)、旅游车船公司等其他旅游企业 15084 家。至 2010 年,旅行社又增加了 2385 家。同时,国内旅游企业的非理性竞争给其生存与发展带来了诸多负面影响,造成这些企业的品牌声誉与服务质量下降,其赢利能力也持续下降,营业利润甚至降到行业平均水平之下。实际上,在企业内部存在有三种连结供应商的合作行为方式,即联合回应、共享计划和柔性安排(Johnston, et. al. 2004)。这些合作行为都是完全可以引致旅游供应商走向合作与规模化发展道路。然而,由于缺乏有效的合作契约机制,使得我国许多旅游供应商难以形成有效的合作联盟或集团化发展模式。目前一些企业之间的合作也仅限于相互之间介绍或互换客源,并没有建立起具有实际效用的预定网络系统,如中央预订系统(Central Reservation System, CRS)、全球分销系统(Global Distribution System, GDS)以及信息共享等合作平台与机制。因此,我国旅游企业的这一发展状态与国外旅游发达国家的企业集团相比,差距还非常大。如美国运通公司(American Express)作为国际上最大的旅游服务及综合性环球公司,在信用卡、旅行支票、旅游、财务计划及国际银行业等方面已占据领先地位,它还是反映美国经济的道琼斯工业指数30家公司中唯一的服务性公司,已在全球130多个国家设立了1700个办事处,2010年年营业收入高达267.3亿美元;日本伊藤惠商事株式会社(JTB)在国内拥有338家办事处,2500家分支机构,66家国际分支机构,2010年营业收入高达367.98亿美元;德国国际旅游联盟集团(TUI)拥有797家分支机构,3700个代理处,同时拥有285家旅馆,2010年营业收入为193.44亿美元。以上三家国外公司也都是连年进入世界500强企业。近年来,虽然我国一些规模较大的旅游企业也获得了一定发展,如中旅集团已拥有(收购)国内及海外100多家地方中旅,国旅集团拥有近百家(实际82家)全资及控股企业,但是它们多数是在政府的行政干预和帮助下实现的集团化过程。另外,与这些旅游业发达的国家相比,我国旅游服务业的专业化与垂直化分工体系尚未形成,尤其是旅行社的分工还是按所在地域来划分,属于全方位经营。这种小而全的平行分工体系就很容易造成旅行社的数量多、实力薄弱、利润率低等状态。同时,在旅行社的服务产品市场竞争中出现的逆向选择问题,最终导致整个供给市场成为劣等品充斥的"柠檬市场"(The Market of Lemons)。并且,在旅游供给市场中,供应链上的每个供应商又多是从自身利益的角度来设计合约,很容易造成另一方利益受损,势必影响双方持续合作的能力。

可见,这种分散、小规模的市场供给现状是不利于旅游服务整体质量的提升及产业化发展。从国外旅游市场的发展经验来看,未来大型旅游服务供应商的竞争焦点已不再是保持自身的核心竞争力,它们更多地依赖于相互之间合作而建立的供需关系链条,以集聚化形成"链式企业",并通过链条上灵活的资源调配来动态、快速地响应市场变化,从而形成新的竞争力。

(2)从旅游服务需求市场来看,旅游者对服务质量、服务合约的认识还不成熟,对旅游服务供应商的激励措施还缺乏一致看法,造成旅游者的自身利益受损,旅游服务供需市场矛盾突出。对于这一问题的产生及相关影响如图1-3所示。

Morley(2005)曾提出:由于旅游者的服务需求具有更大的弹性,且有可能被强化,在考虑旅游者的具体特征选择时,就会发现了解现状更适合分析旅游者的选择。因此,关注旅游需求市场的变化,也就必须结合旅游者的实

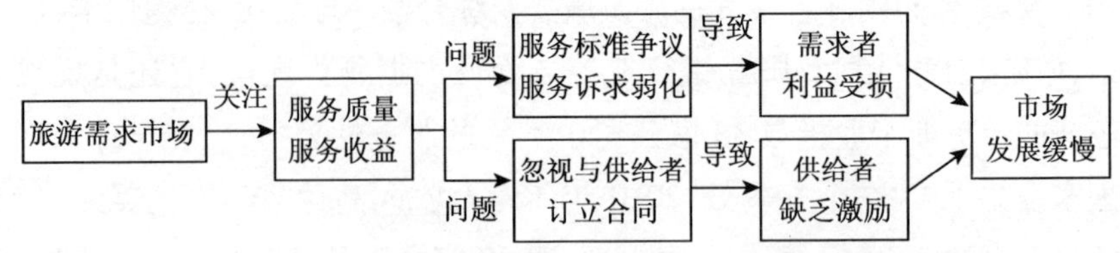

图1-3 旅游需求市场存在的问题及其影响

际需求特征。

随着旅游需求市场的日益成熟，旅游者的消费需求也在不断变化，更多旅游者希望旅游供应商能够按照自己的实际需求来提供服务产品，而不再是简单、被动地选择他们所提供的服务产品。这种改变就需要旅游供应商树立以旅游者为导向的动态、多元化的市场观念。同时，旅游服务质量的评价也往往是以旅游者的感知度与期望值来衡量。实证研究显示：旅游者往往会综合评估服务质量，包括对旅行社、旅游交通、住宿、旅游景区（点）、购物及娱乐等服务要素进行评价，在整个旅游服务价值链中任何一个环节出现问题，都将会影响旅游者对服务质量的综合评价。因而，旅游服务作为一种特殊消费产品，同样遵循管理学的"100-1=0"质量否定法则。通常情况下，只有旅游供应商提供的服务产品达到或超过旅游者的期望值时，才能得到满意评价而减少投诉，进而提高旅游者的满意度。目前，我国执行的旅游服务质量标准还是参照1992年制定的《旅游行业对客人服务的基本标准》。由于这一服务标准的不少内容缺乏可被第三方证实的信息，导致旅游服务合同的订立与执行面临较大的困难与挑战；况且其中的许多内容与当前的旅游市场需求也不相符。另外，学术界对于旅游服务质量的评价、认定标准也一直存在较大争议。如张立军（2003）的研究认为：旅游服务质量可通过建立模糊综合评价模型进行评价，包括建立评价要素集 $U=(u_1, u_2, \cdots, u_i)$，其中 u_i 表示安全性、方便性、规范性或时间性等要素。这一观点是期望利用一系列评价要素建立模型，来考评旅游服务质量的优劣。刘劲柳（2005）则认为：高水准的合同是高质量服务的自动实施者，建立完备的契约合同是确保实现高服务质量的自动实施机制。笔者更倾向于认同后一种观点，即认为不同的服务交易存在不同的契约设计，这一合同契约将直接影响着人们对服务质量的评价。因此，旅游服务合约是提高旅游服务质量的重要保证。

（3）从旅游服务供需交易的实践来看，主要存在三种服务合同契约关系形式。

第一种:旅游者与旅游服务供应商之间直接交易形成的合同契约关系。

这一类型契约关系是人们在旅游交易活动中经常发生的,并且随着旅游者自身的不断成熟与理性,以及旅游供应商服务水平的不断提高,这种契约关系将不断朝着合作的方向发展。由于这类契约具有单次、临时性和多样化等特点,极大地增加了旅游服务契约执行与监管的难度。目前,国内外关于这类契约的研究及信息资料还较少。对这种契约关系,本书将从供需组合链的角度进行研究和讨论。

第二种:旅游者与旅游中间商(旅行社)之间建立的合同契约关系。

这一类型契约关系是目前研究和关注的重点,也是本书重点讨论的核心内容之一。目前我国的出入境旅游市场,已有统一格式合同文本(2001);而国内旅游市场尚未形成统一的合同文本,但已开始参照最新《旅行社管理条例》(2009)执行。当前我国旅游合同存在的两个突出问题是合同制订与执行的过程控制。一是从合同制订的过程来看,多数旅游服务合同主要是由旅游中间商单方面订立的,其条款只能体现中间商的意图,并在合同规定中隐含对自己有利的条款,也就是"在许多内容上旅行社拟就的往往是有利于自己的服务条款"。由于信息的不对称性,通常旅游者很难了解合同中所隐含的不利于自身利益的有关信息。二是从旅游合同规范执行的过程来看,旅行社尤其缺乏与旅游者签订服务合同的积极性。若旅游者不能主动提出,这种合同也就只能停留在口头或被空置。据一项调查显示:旅游者在参团游的过程中,与旅行社没有签署旅游合同(合约)的比例高达43%。这一数据既反映了旅游者与旅行社之间合同关系的不稳定性,同时也反映了旅游者对服务合同(契约)缺乏足够的重视。

第三种:旅游中间商(旅行社)与其他旅游供应商之间建立的合同契约关系。

这一类型契约关系通常属于隐性契约或具有隐性契约的性质,是一种理论上的构想,更多意义是指对交易双方利益的维护,但并不出现在交易双方的正式契约中,而是作为一种双方心照不宣的、有一定约束力的制度规则,且通常是隐含在正式契约的一部分契约内容之中,主要表现为:如何从旅游者的支付费用中分配佣金或提成,以及如何从旅游者的购物或娱乐消费中获得提成等。从我国的旅游实践来看,由于旅行社执行的是"低成本、低价格”竞争策略，许多服务都被分包出去，相应的费用也自然由承包方自己来解决，于是就会出现“零负团费”及“导游买团”等现象。这样导游及其他服务人员的服务费也就必然转嫁到了旅游者的二次消费中。这种隐性契约也就成了“名不存而实至”。

由于旅行社与其他合作者（供应商）之间不具备现场控制性和行政隶属关系，他们之间也常常会受利益驱动而“抛弃”旅行社，导致旅游者投诉旅行社。根据国家旅游局统计资料显示：2010 年全国各省级质监所共接到各类旅游投诉 9942 件，比 2009 年多 1319 件。当然，这些仅仅反映的是显性投诉数量，还有大量的隐性投诉事件（用脚投票）是难以统计的。2010 年的“香港导游事件”更是一起因强迫消费者购物，导致旅游者意外身亡的恶性事件。2010 年 5 月的“景区门票涨价事件”也是一起缺乏旅游合作的强制事件。这些都充分说明目前我国旅游业中服务合同契约的不完善性，需要进行及时的调整和完善，否则会严重影响我国旅游市场的健康发展。

通过对旅游供需市场发展现状及问题的分析，不难发现我国旅游服务合作契约发展的确存在不均衡性和不完善性，这些问题已成为影响我国旅游服务供需市场进一步发展的重要障碍。同时，这也说明旅游服务供需合作发展的潜力巨大。因此，从供需市场的发展背景来看，研究和设计旅游服务合作契约机制，对我国旅游服务业的可持续、健康发展将具有重要的现实意义。

1.1.2 政策法规的不健全

世界旅游组织（World Tourism Organization，WTO）的研究结果表明：在旅游业的发展过程中，政府至少应履行协调、立法、规划与投资四个方面职能。著名经济学家 Douglass C. North（1991）也指出：制度的目的就是要降低交换中的不确定性。制度是提供合作的秩序并预见人们交易的结果，它也是人们确定其权利，对他人所承担的风险、义务和责任的具有约束力的关系束。Conmons（1950）曾说：一项制度是个人行为控制、解放和扩展的集体行为。刘新梅等（2007）在研究经济性规制时，提出经济性规制会促进企业创新。对于旅游业的发展，Bill Bramwel & Angela Sharman（1999）曾指出：在制定地方性旅游政策时，协作有助于集体学习和达成共识。Hanqin Qiu Zhang 等（1999）通过对我国政府在旅游发展中的地位和作用深入分析，提出了发展中国家可以借鉴的发展思路。从我国旅游业的产业属性和地位变化来看，在很大程度上是各种政策法规变化的结果。1978 年改革开放至今，我国政府在旅游业发展方面制定并出台了一系列重要政策、法规，促进了旅游服务质量和效率的不断提高。截至目前，我国旅游业发展所依据的各相关规定、条例主要包括：《中华人民共和国评定旅游涉外饭店星级的规定》(1988)、《旅行社实行质量保证金制度》(1995)、《旅行社管理条例》(1996)、(2009)和《导游人员管理暂行条例》(1987)，以及《旅游行业对客人服务的基本标准》(1992)等。这些政策法规对于我国旅游业的规范发展都起到了积极的促进作用。

依据我国转型经济的发展背景来看，这一系列制度及政策法规的实施，在政府、旅游企业和行业协会三个层面还存在一些问题，不利于旅游合同契约执行。

(1)从政府层面来看：因旅游服务质量、服务价格以及合同契约等方面缺乏明确而具有时效的管理法规及制度约束，造成合同契约执行力不足。对于这一问题的存在及其影响如图 1-4 所示。

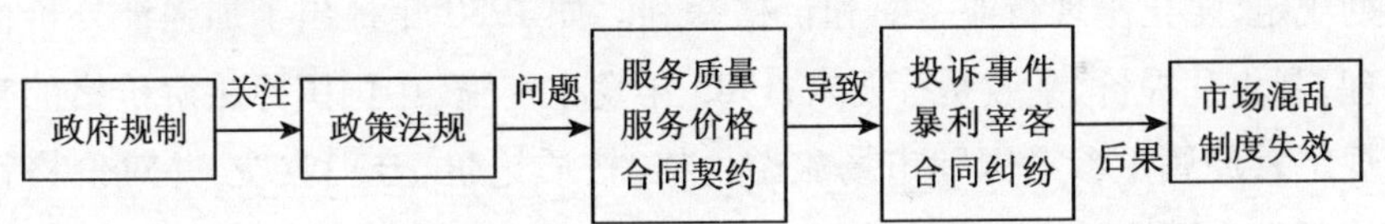

图 1-4 政府规制存在的问题及其影响

第一，旅游服务质量标准难以确定。作为服务业成长与发展的生命线，旅游服务质量一直是旅游者关注的重点。质量源于旅游供应商的承诺，终结于旅游者的认可。由于服务质量评价指标的弹性较大，同时受旅游者个体特征以及期望值与实际感知度等因素的影响，因而一直以来缺乏统一的评价标准。正如 William Obenour 等(2006)研究指出：旅游服务质量管理者受到服务外部环境的挑战，并形成了一些特征。Williams & Buswell(2003)研究指出：在旅游服务质量管理中，争取获得一种服务改进和传递一种特色服务，并坚持竞争战略。这些都是人们对服务质量发展与管理的重要理解。目前我国旅游行政管理部门还主要是参照 1992 年制定的《旅游行业对客人服务的基本标准》(可参见附录 1)规定。近 20 年来，人们对旅游服务的需求已发生很大变化，如旅游者需求的层次性、体验性与个性特征等。因此，及时调整和制订新的旅游服务标准已迫在眉睫。2010 年国家旅游局下发关于全面推进旅游标准化试点工作，制订《全国旅游标准化发展规划（2009—2015）》。实际上，在制度方面还缺乏与这些服务需求相对应的参考标准及规定，也缺乏适应这些变化的经济、法规等制度约束，也就必然影响到旅游服务质量的客观评价以及服务价格的制订。因此，加强对旅游服务质量标准的科学测量、评估与管理尤为重要。

当前我国旅游服务供需交易中的突出问题是不能完全履约、费用行程不透明以及存在购物陷阱等。从旅游实践的调研情况来看，旅游服务质量的核心是要建立一种科学、合理以及易于执行的契约（合同）机制，即需要加强旅游合同契约的设计与管理。在我国旅游业运营发展的过程中，旅行社属于或承担一个关键角色，也是受政府管制最多的行业，从企业设立、运作到年度总结，从服务质量到人力资源管理，从国内旅游到出境旅游，从企业运作到市场发展等方面与环节，都要受政府主管部门的严格管制。然而，笔者认为：这些管理的核心内容就是旅游服务合约。

第二，旅游服务价格弹性大。从旅游业发展以来，我国政府已出台了一系列规定，防止出现行业垄断和价格暴利。如 1980 年提出了加强涉外价格管理，制止乱提价、乱收费等要求；1985 年发布实施《中国国际旅游价格的暂行规定》，原则上参考国际市场旅游价格，按质论价、合理收费，并对价格管理体制作出严格规定。1999 年又提出旅游价格管理采取“统一领导，分级管理，统一对外”的原则。然而，由于服务质量本身缺乏明确标准，导致服务费用或价格缺乏刚性而具有很大弹性。在实践中，旅游服务产品实际上具有“吉芬物品”（Giffen Good）的经济属性，即高价格导致高需求。这一属性特点也容易导致旅游供应商从事“低（少）服务、高价格”的投机行为，出现“漫天叫价、欺客、宰客”等不规范的经营行为。这些乱象以及削（低）价竞争都反映了我国旅游业还处于一种不健康、不成熟的发展状态。在旅行社出现“零负团费”低价竞争时，旅游者的实际消费已不安全，利益也难以保障。这样，在旅游服务质量与价格之间缺乏一套统一、严格的规范，弹性价格漏洞以及消费权益保护机制缺失，进一步加剧旅游服务陷入低质量、低成本、高价格的发展困境。

第三，旅游服务合同契约不规范。我国的旅游合同属于无名合同，即属于一种法律上尚未确定名称与规则的合同。这种合同也缺乏相关的法律支持与维护。学术界对旅游合同的属性还缺乏统一认识,导致旅游服务合同在内容界定、监督实施等方面出现困难。一些旅游服务供应商为了减少责任,规避风险,甚至不愿与旅游者签订合同,导致旅游消费者事实上的权益受损。目前,我国已有统一执行的出入境旅游合同,但是国内旅游合同还不统一。当出现旅游合同纠纷时,在我国目前尚未建立旅游法律体系的情况下,人们处理相关纷争时所参考的法律或法规主要包括七个方面:①旅游业的管理规定。通常包括《旅行社质量保证金暂行办法》、《旅行社管理条例》、《旅行社办理旅游意外保险暂行规定》、《边境旅游暂行管理办法》。②保护消费者权益的法律。主要包括《消费者权益保护法》和《民法通则》。③合同法的有关规定,即主要指《合同法》。④商业秘密的法律。⑤不正当竞争的法律规定。⑥《服务贸易总协议》及我国加入的其他国际条约。⑦国际惯例等法律法规。依照上述法律法规,旅游者可以到各地方的旅游行政管理部门进行投诉或直接到法院起诉。尽管这些法律、法规起到了一定的制约作用,但是这些法律或规定并没有体现出旅游服务消费过程中的“精神产品”特征,很容易将旅游服务合同混同于一般合同,也根本不能有效体现服务合约的可执行性。这样,一些不良的旅游交易契约也就会因这一制度缺陷而产生。

(2)从旅游企业层面来看,存在体制老化、产权不清,缺乏公共服务信息平台及相关的制度安排。这些都会限制经营者的规模化发展与竞争能力,造成旅游企业参与市场能力不足。对于这一问题的存在及其相关影响如图1-5所示。

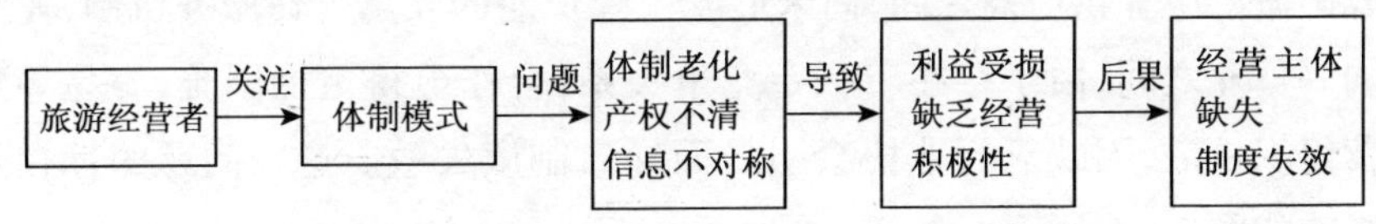

图1-5 经营体制存在的问题及其相关影响

目前,我国旅游企业的经营体制主要是参照1988年提出的承包经营责任制。这一制度在我国旅游业的发展初期的确起到了积极的推动作用。一方面,这一政策极大地鼓舞了一大批热爱旅游事业的人士,为我国旅游业发展作出了开创性贡献。另一方面,由于企业产权不独立、连锁经营中的盲目投资扩张,以及所有权转移、使用权配置等方面存在的体制障碍,这种经营管理模式已不符合当前旅游供需市场的发展需要，更不利于合作契约的形成与发展。同时，我国旅游企业还存在一元化投资主体与多元化行政管理，以及各种利益主体的寻租行为等。这些都严重阻碍了旅游企业产权、资本的市场化配置，增大了企业合作或合伙经营的难度。另外，还出现不少旅游供应商任意分割经营权、出让产权中的剩余控制权和索取权等现象，造成企业的品牌、信誉等无形资产无人维护、控制与管理，更难以发挥有效的合作效用。

旅游服务供需市场信息的不对称性，容易导致旅游供应商利用劝诱、虚假宣传、隐匿真实信息、不实标识和假冒经营证件等方式，向旅游者提供一些对自己有利的信息。旅游服务的无形性、差异性等特征，又使旅游者在评价旅游服务质量时难以获取有关的质量信息，如旅行社提供的服务产品（包价旅游线路）本身具有信息不透明、不对称等特点，对旅游者来说，其所提供的服务产品实际上只是未来一段旅游行程经历和体验的预期服务，在这一完整的服务产品中还包含一系列复杂的内部和外部交易的总和，代理旅游包价产品的关键在于代理交易费用、信息沟通成本以及出现质量问题的责任划分和解决办法。旅游公共服务信息平台的缺失，更容易导致旅游服务信息不对等的交易行为，进一步造成旅游服务交易的不公平。同时，旅游服务经营环境的开放性、经营主体的多样性以及整体服务消费的阶段性，也大大增加了旅游服务信息的控制难度。可见，这些不完全性都会增加旅游服务合同契约的设计难度。

(3)从旅游服务行业协会等组织层面来看，自律机制尚不健全。目前，在我国旅游服务供应商之间，尚未形成一种长期的互惠合作服务机制，尤其在同一行业之间，由于存在着一定竞争关系，合作显得更加困难，容易导致经营组织松散，因缺乏行业协会引导而导致制度失效。这一问题的存在及其影响如图1－6所示。

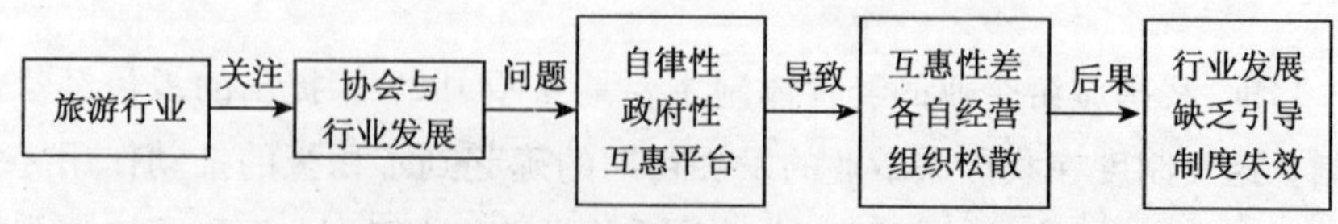

图1－6　旅游行业发展存在的问题及其影响

我国旅游行业协会起步虽较早，但是一直以来发展缓慢，主要表现在这些组织的功能发挥和职责确认等方面。中国旅游协会（CTA）于1986年成立，经过20多年发展，现已下设5个分会，即旅游城市分会、旅游教育分会、旅游景区分会、旅游商品与装备专业委员会和妇女旅游委员会；4个专业协会，即中国旅游饭店业协会（CTHA，1986）、中国旅行社协会（CATS，1997）、中国旅游车船协会（CTACA，1988）和中国旅游报刊协会（1993），各省区都成立了旅游行业协会。这些行业协会无疑成为旅游服务业的沟通、合作协调发展的桥梁。旅游供应商作为一个行业出现时，很多业务具有公共物品的属性，通过行业协会可以更加透明、更加公正地参与政府产业政策的制定与决策；同时，在行业协会的范围内，成员企业提供具有外部性的公共信息服务，并可以部分地从非合作博弈转变为合作博弈，更容易实现“帕累托改进”（Pareto Improvement）的结果。然而，从目前我国各类行业协会发展的实际来看，多数是挂靠或从属于旅游行政管理部门，使行业的整体利益和行业管理者之间出现职权混淆、关系不清。各地的协会组织开展的活动仍限于对行业主管部门工作的拾遗补缺，而独立的发展目标、内容及要求还很少，与之相应的职责也不到位。因而，我国的各类旅游行业协会组织实际上还没有发挥出应有的作用。旅游业是一个涉及多行业的交叉型产业，但是它们的服务对象具有同一性特点，具有很多可以共享的客户资源、信息资源和服务资源。然而，受体制制约、市场环境约束，行业协会在促进本行业内部交流、资源共享、服务创新等方面还缺乏有效的合作机制。这在一定程度上也造成了许多重复性浪费和资源消耗。

由于我国旅游服务存在着一定的制度缺陷，包括相关法律、法规的缺失以及缺乏相关的市场激励机制。因此，我们认为在一定的制度改进前提下，只有不断地提高旅游服务合作契约的设计与运行效率，才能成为解决这些问题的根本途径。

1.1.3 知识经济的需要

21世纪是知识经济的时代，知识作为一种生产力要素，已成为人们获取各种能力的重要源泉。知识经济是一种以智力资源的占有、投入和配置，知识产品的生产（产生）、分配（传播）和消费（使用）是最重要的经济因素，是以社会知识化、生产者劳动智力化、经济决策与管理知识化、价值取向多元化为特征。随着社会科技文化的发展,知识经济正逐渐成为全球化条件下的一种重要经济形态。长期以来,人们已经认识到知识的关键作用就是一种竞争工具(Penrose,1959;Polanyi,1958;Simon,1968);Nonaka(1991)提出:一种值得确信持久的竞争优势就是知识。郭菊娥、席酉民(2004)指出:人和知识经常是难以分离,信息不对等而使行为评价变得越来越难,导致报酬分配和激励难,使人力资本管理更难。旅游业既是一种劳动密集型产业,也是一种具有专业化分工的知识型服务行业。吴季松(2007)指出:旅游业的资源消耗较少、知识含量较高、附加值较高,属于知识经济产业,尤其是现代旅游业表现出越来越多基于知识的特点。知识服务业的核心优势就在于提供知识型服务产品,以消除信息不对称,降低社会交易成本。对于知识型服务供应商来说,服务就是收入的一项重要来源。旅游服务作为一种供需双方共同生产与消费的过程,更多也表现为一种相互间知识与文化的创造、传递和扩散等影响。Francina Orfila - Sintesa(2005)提出:在旅游饭店业中,一些服务(如信息和交流技术)是一种活跃的新知识创新元素。Jen - Te Yanga,Chin - Sheng Wanb(2004)从知识管理的角度强调了知识的重要性,并指出知识管理对于酒店经营至关重要。一名高级员工所拥有的知识就是一种连接顾客与酒店的宝贵资源。员工的流失就意味着一种知识流失,也是一个市场流失。因此,知识流在企业或产业群中的流动就是一种重要的竞争方式,也是企业吸收能力的一种表现。随着旅游产业链群的发展,相关企业间的关联性日益增强,知识的流动性和相互依赖性也会更强。可见,旅游服务供需过程的实质还是一种知识富集、流动与重新编码组合的过程,是一种对文化知识的共同观察、体验与吸收的过程。

目前,我国旅游服务在知识培训、创新及发展等方面还存在比较突出的矛盾或问题,主要表现在以下两个方面:

(1)专业化旅游服务设施与专业化智力服务之间的不匹配,导致专业素质下降。对于这一问题的存在及其影响如图1-7所示。

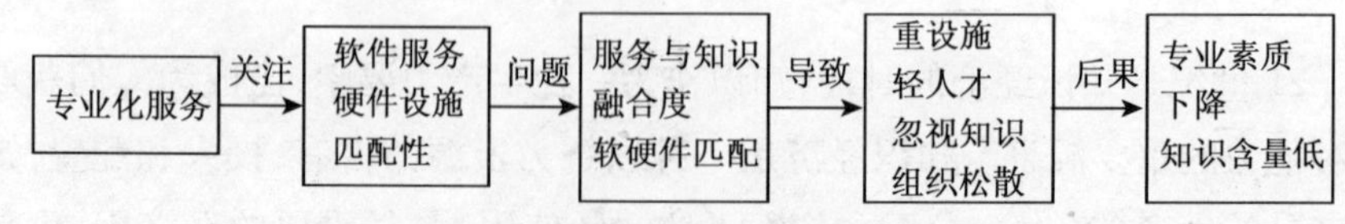

图1-7 旅游服务存在的问题及其影响

在传统的旅游服务需求中，人们似乎更多关注的是一些服务设施使用权的出让，而较少关注专业知识的提供与获取。实际上，随着人们对现代旅游业的服务需求变化，对专业知识的获取、学习要求也日益增多，使旅游服务过程中充满了知识价值的创造与实现，旅游服务供应商所提供的服务产品中除了应包括丰富、便利的服务设施外，还应具有丰富知识内涵的文化产品，具有可供学习、提高人文素养、提升生活品质等方面的价值和意义。旅游服务供应商的核心竞争力是资源、知识和能力的统一体，而其实质就是一个知识的集合体，即拥有的唯一独特的资源就是知识。同时，旅游服务供应商中知识流动和改进的重要表现是通过服务创新活动来实现。党兴华、汤喜建(2007)的研究指出:员工知识背景差异性小，就意味着组织内拥有知识的存量小，即可以转移的知识基数小。实际上，知识背景差异度是有效知识转移的基础，而连接强度是有效知识转移的重要辅助条件。如在旅游饭店业服务中，饭店知识价值链是以饭店的组织结构、企业文化、人力资源和信息技术为支撑平台，贯穿于饭店餐饮、客房、康乐、财务和营销等部门。这些知识的输入会使饭店内产生各种活动，进一步使饭店再作出有价值的知识输出，以及利用饭店知识再创造出新的知识，最终使知识的产生有利于饭店发展，以及形成具有价值增值作用的知识价值链。因而，知识型服务就是服务过程中知识的生产、传播和使用的服务，同时，知识在服务过程中实现增值。从这些解释可以看出:由于服务个性化强，员工必须能够根据消费者的需要进行情景设计，提供类似剧本式服务。这时员工的知识、技能还有企业文化等就非常重要，成为凝聚在企业员工中的一种核心竞争力。

因此，旅游服务合作的基础就是一种共同知识的积累、传递与融合共享过程。随着这一知识链在产业内的延伸，它将促进饭店产品供应商、旅行社、旅游交通部门、旅游景区(点)及旅游管理部门等建立共同的知识联盟，共享知识与信息并进行相互交流，及时了解产业发展动态、行业政策等，实现旅行社、交通、景点的信息流通和技术合作，更好地实现产业知识的融合与创新，促进旅游产业各环节的协调发展。

然而，目前旅游服务企业普遍存在着“重设施、轻人才”的现象，导致旅游服务知识性与技能性的培训日益弱化、脱节，本科及研究生以上的专业人才很难进入该行业就业发展，即使就业也很少得到进一步的专业技能培训或职业发展规划，又会造成人才的二次流失，出现人才使用中的“劣币驱逐良币”现象。旅游服务似乎正蜕变成一种知识与技能含量低的简单重复劳动。另外,旅游企业间的互补合作程度也在不断降低,严重影响了该产业的提升发展。实际上,旅游服务业与传统的劳动密集型服务业相比,更需要大量的中、高级人力资本的投入。它强调的是服务中的一种知识交流与文化体验结合,并将其融入整个旅游活动的各阶段。如旅游咨询服务、导游服务以及专业网站评估等,一个重要方面就是看其能否提供高知识含量的智力服务。至于现代旅游业中出现的大量新型服务产品,如绿色旅游、会展旅游、休闲旅游和寻根旅游等,则更是一种融合知识与智力密集的高端服务产品,也是现代旅游服务业发展的新亮点。因此,为了增强旅游消费者的认同感,最有效的途径就是建立一线员工与游客之间的互动沟通,强调知识及能力是沟通(Communication)的重要因素之一。

(2)旅游服务合同契约的内容设计中缺乏知识元素,使供需服务合作缺乏可持续发展的动力。对于这一问题的存在及其影响如图 1 -8 所示。

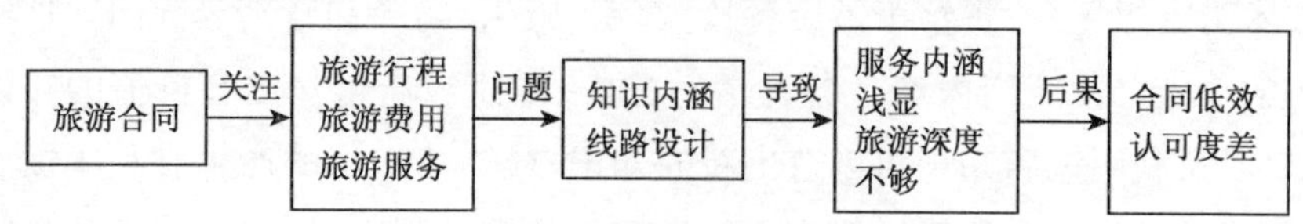

图 1 -8 旅游服务合同存在的问题及其影响

目前,由于人们对服务标准及量化考核模式的认识还不统一,造成旅游服务的专业化知识培训或认可还缺乏公认的依据。旅游服务供需双方必须学会相互间知识的沟通与交流。旅游者所购买的服务产品(无论是寻求旅游感受还是为了与他人交流),实际上都是用自己所积累的收入和时间换来的,在平时的辛劳之后求得一种知识的享受和体验。在旅游服务合同中,纳入知识元素并进行一种合意的设计,尤其是在旅游解说服务系统中,增添知识性内容是提高旅游服务质量的关键,否则旅游消费行为只能表现为一种浅层次的游山玩水、观光留影而已。

对于旅游服务供需合作发展的动力问题,有学者研究认为服务外包和知识创新不可能发生在不熟悉的知识领域内。这一结论提示我们知识创新需要对基础知识的熟悉,强调是内行创新而不是外行创新。因此,旅游服务供应商需要努力创造一种集体学习的能力与氛围,其实每个企业自身都具有一定的知识吸收能力。只要企业间具有共同的知识元素,它们就具有一定的共同发展动力。国际上最新的神经科学研究表明:人们在购买产品时,情感驱动占上风。在购买物质产品时,情感驱动与理智驱动的比例是2.5:1,而在购买服务产品时,这一比例则会高达6:1。从这一研究结论可以看出:旅游服务消费中也包含了大量的需求者个人的情感驱动,如何引导和激发旅游消费者的内在动力,需要旅游供应商对服务过程进行精心的设计与安排,包括线路安排、景区(点)讲解、交通、食宿、娱乐与购物等,甚至还包括酒店员工对顾客的热情、关心和问候等细节服务。

在知识经济的需求环境下,旅游服务供需关系需要更多的知识沟通,合作契约设计中也需要大量的知识补充与完善,合理、科学的契约可作为旅游服务合作发展的内在原动力之一。只有进行科学安排和设计,才能使服务合作契约的设计具有价值和意义。

1.2 研究问题

1.2.1 研究问题的提出

目前,旅游业已发展成为当今世界上规模最大的行业,许多国家或地区都在大力发展这一朝阳产业。在旅游消费需求不断增多的同时,旅游服务过程中各类纠纷及引发的投诉事件也在不断增加。这些问题一方面给旅游供应商带来了更大的供给和销售压力,另一方面也影响甚至挫伤旅游者对服务消费的积极性。从旅游服务供需发展的现状来看,旅游供应商的单体服务供给模式正逐渐向供需合作链服务模式转变。旅游需求的个性化、专业化发展也促使合作链条企业间的关系变得更加紧密且反应敏捷,这也需要供需双方或多方有更多的沟通与理解。这些新的需求与变化要有新的服务模式与之相对应,在旅游需求多元化发展的同时,供需关系也变得日益复杂和多样。依照市场经济的规律,需要有更多的交易合作契约关系来保障其实施。同时这种合作契约不仅需要法律、制度环境的规范,更重要的是它本身就是一种合理有效的经济契约。为此,只有对旅游服务市场中供需主体间关系,以及形成的具有激励效应的供需关系链和合作契约进行分析,才能不断减少旅游服务交易过程中的矛盾,增强双方或多方的信赖和持久合作能力。

美国著名旅游学家 Cooper(1998)在一项研究中就曾指出:旅游业是一个在供需关系上充满矛盾的产业。当前我国旅游服务供需关系中,还存在两个方面的突出问题:一方面是从旅游供给者来看,旅游业自身存在的某些特点容易造成旅游供给不稳定,如多主体性、脆弱性、季节性等。多主体性表现为旅游供给由多种旅游企业类型组成,包括旅行社、旅游饭店、旅游景区以及旅游交通运输等企业类型。虽然这些企业生产及销售的产品都属于一种混合的产品形态,即由无形的服务和有形的服务设施组成,但是这些旅游服务产品的内容本身还是存在着较大差异,具有不可替代性。因内部环节和外部环境所导致的脆弱性,一旦出现某一环节企业的缺失或不足,就会使旅游供给整体受到影响,甚至中断,如出现经济危机、遭遇自然灾害或恶劣气候等外部因素,都会使旅游活动终止,造成旅游收益下降,进而影响旅游服务供给市场的稳定性。由于旅游者消费时间的集中性,旅游目的地自然气候条件的季节性等,而使旅游服务供应商面临经营成本变化大、经营风险大等不利局面。这些供给过程中出现的不稳定因素都会直接影响旅游服务价格,造成旅游服务供给市场弹性大而不稳定。另一方面从旅游需求来看,旅游消费本身就属于一种精神消费、体验消费,旅游者的个性化差异加大。当前,人们对旅游服务的个性化、多样化需求日益增多,导致旅游服务的消费需求也常常出现变数,有时因客观环境因素,如气候、安全、经济等而变化,有时因主观的事务、时间甚至心情等而变化。这些都会使旅游服务的需求充满不确定性,最终造成旅游服务供需关系的不稳定,增大了市场交易的难度。同时,旅游供给者的信息优势又容易造成供需双方信息不对称、交易地位不平等以及交易权责不明晰等状况,若再加上政府监管或监督缺失等,则更容易导致旅游服务供需合同契约的不完全性,严重影响旅游服务交易的质量与效率,进一步影响了旅游业的健康发展。

近年来,国内外不少学者对旅游服务都进行了相关的研究。国外学者的研究多数是集中在旅游者体验性、景区开发评价及其他服务设施等方面;国内学者则更多关注的是不同类型旅游供应商的发展以及对经济、社会产生的影响等方面。在旅游企业发展方面,更多关注的是不同旅游服务供应商自身以及相互之间的合作与发展。可以看出,这些研究多数是基于企业自身的体制(制度)、经营模式等方面,较少从旅游服务供需关系链的整体、合作、协调发展的角度进行研究。实际上,旅游产业的发展已成为一种基于供需关系链的共同价值创造与利益实现过程,旅游供需关系之间需要更多的共同利益与合作发展,它们之间是一种关系链、一个利益统一体,是同时生产与消费的合作者。因此,旅游服务供需关系主体是服务契约设计与实现的重要组织者和参与者。然而,长期以来旅游服务合约订立、执行等存在诸多的问题和漏洞,存在一些具有类似"霸王条款"的合同,如随意变更路线及行程、增加购物点、减少游览时间等现象,造成旅游服务质量下降、游客满意度降低等。这种因旅游供应商采取"事前逆向选择、事后道德风险"等行为,导致旅游服务供需方之间合作困难、信用下降。因此,笔者认为:旅游服务合作契约必须以供需关系链的共同建立、维护与发展为基础,构建具有激励效应的不完全服务合作契约,才能不断地强化相互间的信用,促进相互间的互惠与合作发展。

1.2.2 研究问题的内容

我国旅游业的发展实行的是政府主导型发展战略,在一定的市场机制以及政府相关制度环境下,以实现旅游者的需求期望和旅游供应商的最大效益为目标,以旅游者需求与旅游供应商共同选择的供需关系链条为依托,以旅游供需双方的效益均衡、最优合作契约实现为核心,构建以旅游者、旅游中间商(旅行社)及其他旅游供应商为关系主体的合作契约,并提出相应的激励措施。本书将重点对以下三个方面内容进行研究。

第一,旅游服务供需关系主体间的关系分析。旅游服务的消费是一个需要多方参与的交易行为,通常围绕食、住、行、游、购、娱等六大服务需求要素,涉及多个行业或部门的供应商,共同构成供需关系主体,对于其他教育、医疗、保险、邮政、房地产等行业服务商则为间接参与主体,本书不再做进一步研究。本书首先对旅游供需关系中所直接涉及的旅游者和旅行社以及旅游餐饮、旅游住宿、旅游交通、旅游景区、旅游购物和旅游娱乐等供应商组成的八大供需主体进行分析,确定它们相互之间形成的不同供需关系类型;然后对形成不同的供需关系链以及由此而产生的不同供需合作契约关系进行讨论。通过对这一旅游服务供需关系的分析,重点对旅游服务供需链的形成、内涵和分类进行讨论,并分别以自助游为例形成的逆向组合型、以参团游为例形成的逆向单链型两种关系链进行需求特征分析和消费模式讨论,进而围绕这两种供需关系链建立不同的契约关系。

第二,旅游服务合作契约的设计与激励效应。旅游服务合作契约的建立,需要从服务供需主体间的不同关系链出发,以不完全契约理论为基础来讨论供需合作及合理的利益分配,建立一种不完全的合作契约,关注旅游供需关系主体间的相互协调、合作与信任等问题。由于逆向选择和不对称信息等问题的存在,以及缺乏强制惩罚机制,使合作双方或多方出现违约或不合作的行为。因此,服务合约的设计必须具有一定的激励因素,即制定或建立一种有效的激励措施与规则,以保证不同利益主体间的合作能够持续进行,同时实施激励与惩罚措施也必须考虑选择合适的激励对象,采用适当的激励措施等,才能对最终的合作契约产生作用。

第三,旅游服务合作契约关系的实证研究。这一部分研究是以来西安的国内游客为研究对象,通过大量的问卷调查,采集第一手数据,然后使用STATA2.0、LISERL 8.7 等统计工具,运用均值分析、配对样本 T 检验、相关分析、结构方程等统计分析方法,通过对一些变量因子,如旅游者的满意度 θ、旅游服务项目的重要程度 ε、旅游供应商的努力程度 β 以及旅游者剩余消费服务量 x 进行检验分析,对旅游服务合作契约设计过程中推导出的一些理论命题进行假设检验。在此基础上,本书研究提出了相应的对策和建议。

1.2.3 研究问题的逻辑

基于对旅游服务供需关系矛盾的认识,本书将主要从三个方面对问题研究的逻辑进行阐明。

(1)旅游服务供需双方存在的矛盾问题

这里有两点解释:一是旅游服务过程的不确定性、服务信息的不对称性,导致服务质量、服务合同的不完全性增多。当前旅游供需双方是依照完全的契约关系来执行,刚性强而弹性不足,这显然与实际不符。同时多数旅游供应商是从自身利益的角度来设计服务产品,没有充分考虑旅游者的服务需求,这样势必会导致供需双方的“合意”(Suitable)性较差,供需关系出现矛盾。二是从参团型旅游来看,由于旅行社对旅游者的服务承诺往往是委托第三方或导游来实施,而导游的服务费在没有游客“小费支付”(Tip - pay)的前提下,必然与游客的二次消费联系起来。于是,参团型旅游者也就被动地进行了二次消费。旅游者为了避免被欺诈或“套牢”(Hold - up)的风险,也就只有减少与旅游中间商(旅行社)或第三方接触。由于旅游供需双方存在着这一消费信任危机，也就必然引起旅游供需关系的矛盾，不利于旅游业的持久、稳定与健康发展。因此，笔者认为：只有从旅游服务供需双方的交易关系入手，依据不同的供需关系链模式，进一步设计具有激励效应的旅游服务合约，才能从根本上解决旅游服务供需之间的矛盾。

（2）旅游服务供需关系的发展现状不乐观

这里从两个方面进行分析：一是我国旅游服务交易的合同或契约缺乏严格的法律保障，并且对其属性的界定还存在一些争议。20 世纪 50 年代末至 60 年代初，一些旅游业发达的国家已经先后制定了专门的旅游法律、法规。我国至今还没有出台独立的旅游法，值得一提的是 2009 年 12 月《旅游法》起草工作已全面启动。2010 年 5 月 18 日，国家旅游局召开配合全国人大财经委起草《旅游法》专家论证会，通报全国人大财经委调研组的调研情况，2011 年 2 月 15 日，《旅游法》立法专家座谈会在北京召开。当然，在《旅游法》正式出台之前，旅游服务过程中出现的降低服务质量或不履行承诺，以及故意设置陷阱等问题，只能通过参考相关的管理条例或法规来约束。二是旅游服务合约形成或制订过程存在矛盾。由于旅游服务消费的特殊性，它更多地表现是一种多阶段、多类型和多主体参与的消费过程，且通常在户外进行，存在缺乏控制力和检验质量取证难等问题，很容易出现旅游代理商降低服务质量、旅游服务商之间相互推诿责任等现象，造成旅游者的合法权益受到侵害，包括随意更改旅游项目、减少服务环节或服务态度恶劣等。目前我国的旅游合同属于继续合同，即旅行社提供的服务是继续性的，不会因签约前或签约后而不同；而且旅游合同本身通常是旅游服务供应商单方面制订，具有很大的不完全性和强制性。于是，在旅游服务合同的执行过程中，也就必然出现旅游供应商的逆向选择、道德风险以及旅游者不愿承担诉诸法律的高成本等问题，严重影响了旅游服务供需双方关系的协调、合作与共同发展，也就很容易产生相互间的矛盾对立。

（3）旅游服务供需关系合同契约的不完善

这种缺乏经济效率和激励效应的契约设计，也就必然会加剧旅游供需关系的多样性和复杂性。由于旅游服务供需各方之间存在信息不对称，产权属性与剩余所有权安排缺失，以及成本分享与监管等方面的问题突出，在旅行社与其他旅游服务企业进行的第一级合作过程中，因缺乏激励或强制惩罚机制而使合作契约难以完全执行并实施，一旦出现企业违约的净收益大于执行契约的净收益加违约成本时，就会出现中止或不执行契约的行为，使原先的合作企业面临危机。这样，旅行社再与旅游者进行第二级合作过程中，必然存在违约和不守信誉的做法。这些问题都严重影响了旅游服务供需关系合同或契约的执行与发展。

1.3 相关概念与界定

本书研究所涉及的主要概念包括：旅游服务、旅游供应商（企业）、旅游供需关系链、旅游服务契约（合同）和旅游价值链等。

1.3.1 旅游服务

旅游服务（Travel Service）是旅游业的主要产品形式，也是旅游供需市场形成的重要基础。通常它是由旅游中间商（旅行社）以及在旅游活动过程中提供食、住、行、游、购、娱等服务的旅游供应商向旅游者提供的一种关系与行为。旅游服务除了具有一般服务产品的无形性、不可储存性以及生产与消费同步性等特征外，还具有消费的连续性、多阶段性、空间变换以及感知期望性等显著特征，它也是一种供需互动的消费过程。

由于旅游者在服务供需过程中可以发挥积极的参与作用，即在需要时也付出一定的劳动，这时旅游者自身的知识、经验、动机乃至诚实的品格等都会直接影响服务系统的整体效果。因此，旅游服务严格来说也是一个需要旅游者主动参与和配合进行的服务生产过程，它的每一个关键时刻或节点都涉及旅游者需求与旅游服务供应者之间的相互作用。旅游服务还是一种知识传递与价值再造的过程，也是一种给人类创造和提供知识享受的经济行为，它的许多服务环节都包含着一系列的知识元素。因而，旅游服务不是一种可有可无的或购买过程中仅用一些礼貌语言及微笑就能展现的服务，它更需要的是一种包含丰富的专业化知识或技能的综合性服务。

旅游服务是企业的生命线，它强调"时空性"、"时效性"，更需要的是在旅游服务供需关系中的一种合作、协调过程中实现。因此，笔者认为：旅游服务是一种融知识、文化和精神享受于一体的体验式消费行为，是供需双方或多方以默认的共识性知识为基础，以多主体参与的交互博弈行为为根本，完成一种基于供需关系链的服务合作契约的制定、执行与实现过程。

1.3.2 旅游供应商(企业)

旅游供应商(企业)(Tourism Suppliers)是指那些为了满足旅游者活动的需要,利用各种旅游资源和服务设施,为旅游者提供观赏和愉悦性的产品和经历,从事一种旅游服务经营活动的、营利性的、相对独立的经济实体组织。旅游供应商除了具有一般企业所共有的性质外,还具有服务性、多样性、涉外性、生产与消费同一性等。其中,生产与消费同步性是旅游供应商与其他企业的最大区别。由于旅游者服务需求的多样性,因而旅游供应商实际上是一个多种服务类型的企业集合,构成相当复杂。旅游供应商是旅游服务供需关系的主体之一,也是旅游服务合约设计中的主角。目前学术界对旅游供应商的概念界定还不一致,向三久(2007)认为:旅游企业是指旅游活动中直接或间接地向旅游者提供各种旅游资源、旅游设施和旅游服务的经营单位。

实际上,直接或间接与旅游产业发展相关的经营性组织都可统称为旅游供应商。多数学者认为是那些与旅游产业发展直接相关的企业,即利用旅游资源和旅游设施,为旅游者提供观赏和愉悦性的产品与经历,从事相关旅游经营活动的营利性的、相对独立的经济实体(魏卫等,2006)。笔者认为:旅游供应商的界定实际上是对生产和提供一个系列完整的旅游服务产品的多类型企业群体的统称,主要包括旅行社、旅游饭店(宾馆)、旅游餐饮、旅游交通、旅游景区、旅游零售业和旅游娱乐等类型供应商或企业。

1.3.3 旅游供需关系链

旅游供需关系链(Tourism Supply and Demand Chain)是指在旅游服务业内供需双方之间因交易实现而存在的一种相互依存与合作的关系链。它是以旅游者的服务需求为核心,以旅游中间商(旅行社)为服务中介,通过采购相关的服务产品而形成的满足旅游者一系列服务需求的服务组合,再把组合好的这种服务产品销售给旅游需求者的过程。

在旅游服务中,人们通常将旅游者作为服务生产流程中的积极参与者和协同生产者。旅游供需关系链不是一个单向的供给过程,而是一个双向的互动过程，也是一个服务供需链的管理与实现过程。由于服务产品不易保存以及能力和需求的同时管理，并且结合顾客的需求和偏好，实现旅游服务产品总成本的最小化、服务质量的最优化过程。旅游供需关系链也是一种服务链，必然遵循服务链管理中的三个主要价值源泉：一是双向最优化，即服务企业供给最优的同时做到顾客最好的可能性，使某种服务的供给和需求同时达到最优；二是生产能力管理包括传输和替代，即传输一种顾客可以获得知识的方法，它使价值能够以低成本进行转换，替代人力资源与技术的战略，培养顾客进行自我服务的技术；三是易逝性管理，即使闲置时间最小化，在生产能力范围内配置服务劳动力。由于旅游服务供需关系过程就是旅游供需链的形成与实现过程，因而旅游供需关系链也必然存在着三个价值源泉的实现与管理问题。虽然旅游供需关系链是客观存在的，但目前学术界并没有对其运作机理和管理模式进行深入研究。

1.3.4 旅游服务契约（合同）

旅游服务契约（Tourism Service Contract）是旅游服务供需交易过程中形成的一种典型的服务契约，它是指作为平等主体的旅游者、旅行社、旅馆、旅游交通部门以及其他与旅游活动有关的部门之间达成的规定各方权利和义务关系的协议，通常有广义、狭义概念之分。1997 年 5 月的《中华人民共和国合同法（征求意见稿）》曾采用狭义说，在第三百二十五条中规定："旅游合同是旅行社提供旅游服务，旅游者支付旅游费用的合同。"广义的概念内容还包括旅行社与其他服务提供者签订的合同，如组团方与接待方旅行社之间的合同、旅客运送合同、旅客食宿合同等。这种服务合同契约通常强调的是一种法律关系，而它的经济属性却较少受到人们的关注。张嵩等（1998）认为：虽然广义的旅游合同立法可以规范与旅游合同有紧密联系的多种合同，也有利于保护旅游者的合法权益，但是这种旅游合同立法无疑涉及面过宽，在扩展的过程中，不能准确反映旅游业和旅游合同的内在规定性。况且这些与旅游有紧密联系的合同均可由其他典型的合同来处理，如食宿合同、运输合同、保险合同等。大多数旅游合同是旅游供应商为重复使用而事先单方面拟订好的格式合同。如果旅游者同意并接受其提供的旅游服务，则按照合同签订约定支付费用，否则就不能达成契约合同。这种现象在旅游业中普遍存在，且尤为突出。只有在旅游淡季或平季时，旅游者才能获得部分与旅游供应商磋商合同的机会,具有一定的再谈判主动权,包括增补删减相应的服务条款。

目前,学术界对旅游合同的性质认识也还存在较大的分歧,更多的是从法律角度进行区分,主要有7种观点或看法:①委托—代理说。即认为旅游者与旅行社之间就是一种对服务购买形成的临时性的委托—代理关系。这一说法与实际经济关系确实存在差异,至少有一点不同,消费者通常没有对代理方(即旅游供应商)提供激励行为。②行纪说。即认为旅游供应商作为行纪人,以自己的名义为委托人(即旅游者)办理从事旅游活动,委托人支付报酬的合同。③居间说。又称中介合同,指居间人(即旅游供应商)向委托人(旅游者)报告订立合同的机会或提供订立合同的媒介服务,委托人支付报酬的合同。④承揽契约说。即认为旅游供应商作为承揽人,按照定作人(即旅游者)的要求完成工作,交付工作效果,定作人支付报酬的合同。这一说法显然也有些过于牵强,至少在支付报酬方面不同。⑤无名契约说。即认为旅游合同在法律上没有规定契约名称,但是它与人们日常生活关系密切。⑥服务契约说。⑦混合契约说。还有学者认为:旅游合同是一种兼具承揽、委托、行纪、居间、雇佣、买卖等性质的有别于传统民商事合同的新型服务合同,这也是第八种观点。

由于人们分别用其所具有的性质等合同规范去调整,涉及较复杂的权利义务关系的旅游合同。因而,在实际运用中,不仅针对性不强,缺乏可操作性,且处理难度也较大,势必造成对法律适用的复杂化,形成各地用法不一,不利于解决争议及法律的适用,也严重影响了法律的统一性和严肃性,更不利于保障旅游合同主体旅游者的合法权益,也不利于旅游供需关系的协调和发展。因此,对旅游服务合同来说,不仅仅是法律上的一种权利义务约束,更为重要的是要有利于经济功能的发挥,有利于供需双方利益的实现。为此,本书中更多使用的是合同契约或合约,以强调其经济属性和功能。

1.3.5 旅游价值链

著名学者 Michael E. Porter(1985)提出的价值链(Value Chain)概念是旅游价值链(Tourism Value Chain,TVC)概念的前提。最新的研究观点认为:价值链是一些群体共同工作的一系列工艺过程,是以某一方式不断地创新,并为顾客创造价值。价值链的思想不只是增加价值,而是重在创造价值。在此基础上,旅游价值链(TVC)在旅游业发展演变的过程中,随着实现价值的重心不断转移,建立在以旅游者需求为中心,以顾客满意为战略的服务实施,即以旅游者看重的价值作为评价旅游供应商提供产品价值的标准。台湾地区学者陈永隆、杨泽泉等人提出:旅游价值链中还包含企业知识价值链(Knowledge Value Chain,KVC),即是一个整合模型。企业知识价值链是指企业对知识的输入以及由知识而产生的各种活动,再由这些知识性活动对企业产生贡献,以及企业利用知识再创造出新的知识,最终使知识产生价值和价值增值的整个环节及过程。因此,旅游企业只有建立适应自身独特的共有知识的专门系统,并使这些知识在企业内外循环和流转,不断地适应环境、创造财富,才能真正构成旅游价值链。借鉴Bhatt(2000)的知识创新圈模式,我们可以将旅游价值链的过程分为四个阶段,即知识创造、知识转移、知识应用和知识保护。实际上,知识创新是一个难以明确分割成为几个部分的整体行为,它的辅助性环节包括供应链主体间的协调、信息技术、知识创新网络和知识管理。旅游者不可能游离于旅游企业组织之外,相反他们应该成为企业组织的重要组成部分。传统的旅游价值链很容易被中间商控制,他们往往利用分销渠道和信息中介的独特优势,截断旅游服务供应商和旅游消费者之间的直接交流和沟通,从而控制整个价值链。

我们重构旅游价值链的目的就是力图通过最优配置,协调各利益主体间的价值关系,以实现旅游供需关系链各成员的共同利益为目标,发挥价值链的最大效能,以实现其最大的价值增值。旅游者实际上是旅游供应商创造价值的合伙人,将旅游者的知识与智慧融入旅游供应商的整体智慧之中,也是旅游供应商提供高质量服务的保证。因此,旅游价值链的关键就是旅游者价值的实现,而旅游者与旅游供应商之间的合作,则是实现旅游服务个性化、多样化价值链的有效途径。

1.4 研究的意义

1.4.1 实践指导性

旅游业发展的实践证明,单一的旅游供应商或企业是很难满足旅游者的多元化需求。旅游供应商只有通过相互合作,运用供需关系链式的运营模式,才能不断满足旅游者的差异化需求。在这一过程中,旅游供应商与旅游者之间的供需合作、关系协调也非常重要。旅游者既是服务的消费者,也是服务的生产者与参与者。旅游服务的规范化、契约化和合作化发展将有助于旅游服务合作契约的实现。合作契约实现将直接影响着旅游服务供需交易的效率和水平。在实践中,由于缺乏对旅游者消费方式及供需关系的分析,使得旅游者的需求差异性不能得到及时响应,旅游服务供应商还一直保持传统的销售渠道和产品类型,忽视旅游供需之间的差异,缺乏对旅游者满意度的信息收集、整理和分析,严重影响了旅游服务供需关系和服务质量的改进。面对我国旅游业中存在的大量消费不透明、不平等、不履行合约等问题,本书将从旅游服务供需关系中更为本质的契约问题入手进行分析,以期对我国旅游业发展的具体实践提供指导。

对旅游服务合作及合作契约的研究,不仅涉及旅游供应商的合作模式和利益选择问题,还要考虑旅游服务需求者的利益诉求。因此,旅游服务合作的实质不是一个简单的产品或服务交易过程,更重要的是建立在信任基础上的一种契约关系实现。这种契约关系的制订、执行等实现过程,不仅需要相关法律的支持,更为重要的是需要设计一种有助于多主体均衡发展的合作契约机制。因而,旅游服务合作契约是旅游供需市场规范发展的重要保障。旅游服务不仅是单一企业的供给行为,而且更多反映的是旅游服务供应商之间及供应商与旅游者之间的合作问题。

本书充分考虑旅游业的运行特点和价值实现规律,围绕旅游服务供需关系主体间的相互关联、相互作用等特点,揭示旅游服务供需链的形成与运行规律,通过改进旅游服务供需关系主体间的关系来提高企业的竞争能力,使旅游者能够获得预期的感受和体验。同时,本书对旅游服务合作契约的设计旨在增强旅游服务供需关系链的竞争力,提高我国旅游业参与国际化竞争的能力。本书的研究成果不仅适用于旅游产业,部分研究思路及结论也适合于其他服务业,对我国服务业发展和实践指导都具有一定的参考价值。

1.4.2 理论前沿性

自20世纪80年代以来,学者们对旅游业的研究逐渐指向科学化和技术化。旅游服务作为旅游业发展的核心,一直深受国内外学者的关注。由于旅游服务涉及的行业和部门较多,导致对旅游服务的研究一直较为分散,包括旅游者行为研究、旅游企业的管理研究以及旅游业的发展研究等,还有的研究包括旅游服务的质量、价格、服务创新以及旅游服务合同执行等一系列新问题。然而,针对旅游服务的本质以及供需主体间契约关系的研究并不多。对旅游服务契约行为的研究也主要集中在法律角度的旅游合同,但是从经济学的不完全契约理论、博弈理论及机制设计理论等方面进行的研究还很少,因而本书具有一定的理论创新性。

由于旅游服务的无形性、阶段性与连续性等特点,使得旅游服务生产与消费空间充满多变性、开放性、流动性和不可预期性,造成旅游服务供需交易行为的执行与控制的难度加大。旅游服务供需关系是市场交易的基点,也是构建服务合作链的理论依据。本书的研究基于供需关系的视角,在旅游服务供需关系的基础上,从旅游服务供需关系链的基本构成、模式和契约关系出发,以委托—代理理论、合作博弈及机制设计为理论依据,以逆向组合型和逆向单链型两种合作契约模式为研究基础,对旅游服务合作契约机制的设计进行创新性研究。

本书研究的前沿性主要体现在以下五个方面:

(1)明确旅游服务供需关系主体的概念、内涵及类型,并对供需关系主体间的不同供需关系类型进行分类研究。

(2)提出逆向组合型和逆向单链型两种供需关系链,然后运用重复博弈等理论对这两种链条模式的特征进行分析。

(3)以委托—代理理论、线性合同契约和子博弈合作理论为基础,对旅游者进入并参与服务合作契约设计进行探讨。

(4)设计旅游服务合作契约关系,对契约设计的优先性、等级性等进行讨论。

(5)结合旅游服务消费中的小费、尾款及剩余消费权等控制手段,对旅游服务合约中的激励问题进行研究,并对实现供需双方合作收益的最优化问题进行讨论。

总之,旅游服务合作契约的设计与实现是发展现代旅游业的重要前提,也是提升旅游服务水平、规范服务业健康发展的重要保障。因此,对旅游服务供需关系基础上的合作契约设计是一个需要深入研究与探讨的重要问题。

1.5 研究目标的确定

本书的研究主要从旅游供需市场、政府规制以及知识经济等现实背景出发，以供需关系链合作、不完全契约与机制设计等相关理论为基础，结合旅游服务消费的特点，通过对我国旅游服务供需关系与合作发展的趋势分析，提出了旅游服务合作契约的设计问题，具体的研究目标包括六个方面：

第一，明确旅游服务供需关系主体以及建立主体间的供需关系模式。

明确旅游服务供需主体是建立供需关系的基础。依照我国旅游业发展的实际和旅游者服务需求的现状，笔者提出影响合约制订的、最直接的八大旅游服务主体，即旅游者与旅行社以及旅游餐饮、旅游住宿、旅游交通、旅游景区、旅游购物、旅游娱乐等供应商，对这八大旅游服务供需关系主体进行了单体特征和整体特征的分析。基于此，笔者提出旅游服务供需过程中存在的三种供需关系模式，即直接式、间接式和混合式，并分别对这三种旅游服务供需关系模式的特征进行分析，并结合对应的实际消费群体进行匹配性论证。

第二，建立旅游服务供需关系链。

在明确旅游服务存在的三种供需关系模式的基础上，对供需关系主体间形成的逆向组合链型和逆向单链型两种供需关系链进行特征分析，将旅游者直接与多个旅游服务供应商（或生产商）形成的一系列供需关系链界定为逆向组合链型，将旅游者与旅游中间商（旅行社）及旅游供应商等两个以上主体建立的供需关系链界定为逆向单链型。在此基础上，运用数学模型进行逻辑仿真推导，论证并分析两种供需关系链条存在的可能性与必要性。

第三，设计旅游服务合作契约。

对逆向组合型和逆向单链型两种供需关系链进行分析，结合对自助型旅游者（通常采用逆向组合型）形成的契约关系进行分析，以建立委托—代理关系合作契约为目标进行设计。对参团型旅游者（通常采取逆向单链型）形成的契约关系进行论证；依据旅游者的实际消费需求，分别从线性契约、优化契约和子博弈特征等方面进行数理分析和论证。

第四，讨论旅游服务合作契约的激励问题。

旅游服务合作契约的实现是一个多方长期的合作过程,要保证合作契约的有效实施,必须设计一种激励机制。从旅游服务供需交易实现的过程来看,旅游者是最主要的委托方或信息最少者,需要在消费过程中激励旅游供应商说真话,以降低信息的不对称性、减少损失。在这一过程中,谁将拥有剩余消费权和费用支配(控制)权将成为激励机制的重点。为此,围绕这一目标,本书将对多方合作博弈以及动态的重复合作博弈问题进行讨论。

第五,检验旅游服务合作契约模型中的理论命题及引申假设。

通过对西安旅游市场的实证调研分析,采集大量的一手数据及资料,结合本书的理论基础、概念模型,使用STATA2.0、LISREL8.7等统计工具,运用均值分析、配对样本T检验、相关分析、结构方程、回归分析等统计方法,对旅游服务合作契约设计过程中产生的一些理论命题引申假设进行检验,主要是通过对一些变量因子,如旅游者满意度 θ 、旅游服务项目的重要程度 ε 、旅游服务供应商的努力度 β 以及旅游者剩余消费服务量 x 进行检验分析,进一步验证本书研究的理论推导及有关观点。

第六,揭示旅游服务合作契约研究的实证结论及理论贡献。

结合我国旅游业发展的实际,从理论和实践两个方面来看,这一研究都具有重要的意义。旅游服务供需关系的实质是一种有效的契约关系设计,供需关系间需要相互依存和利益共享,建立一种合作型契约关系是旅游业发展的内在需求。本书结合旅游服务消费的特殊性,从不完全契约理论出发,依赖供需过程中旅游者参与服务契约的地位或顺序的调整,讨论如何通过改变旅游供需关系来改变消费和契约模式,并通过不同剩余消费权的控制来改变旅游者与供应商之间的关系,实现具有激励效应的旅游服务供需合作契约。

1.6 研究框架、思路与方法

(1)本书的研究基本框架,如图1-9所示。

(2)本书的结构。

第一部分:导论部分,即为本书的第1章。该部分阐明了研究背景,主要从我国旅游业发展中的供需市场、政策制度与知识经济等三个方面对研究

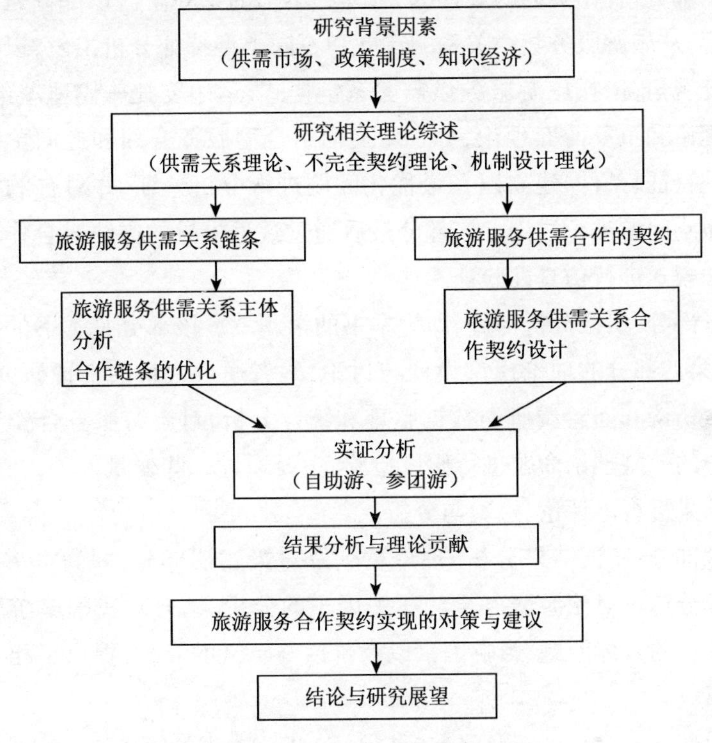

图1－9 本书研究的框架结构

背景进行分析说明，提出了旅游服务合作契约设计的必要性与可行性；同时对相关概念，包括旅游服务、旅游供应商、旅游服务契约、旅游供需关系链、旅游价值链等进行界定和说明；然后进一步说明本书的研究意义、研究目标和研究思路、方法与框架。

第二部分：理论基础部分，即为本书的第2、3、4章。该部分对本书研究所涉及的相关理论，主要包括供需关系链理论、不完全契约理论和机制设计与互惠理论等进行了综述与评论，并提出和确立了旅游服务合作契约设计的研究主线。

第三部分：理论应用与分析部分，即为本书的第5章。该部分是本书的重点内容，结合当前我国旅游业发展的实际，从确立旅游服务供需关系主体入手，提出了供需关系主体间形成的直接式、间接式和混合式三种基本模式；在此基础上对逆向组合型和逆向单链型两种供需关系链条进行特征分析，并运用合作博弈理论对供需关系链的博弈特征做进一步分析。

第四部分:合作契约的设计部分,即为本书的第6章。该部分是本书的核心内容,从旅游服务契约关系的建立和不同类型特征分析出发,以契约经济为研究视角,依托旅游服务供需关系链模式,运用委托—代理理论、不完全契约理论和重复博弈理论,分别对逆向组合型服务合约和逆向单链型服务合约的特征、条件、建立以及最优化问题进行分析论证,并对合约实现的动态性激励问题进行讨论。该部分最后通过数理推导的方法对合作契约形成的有关模式进行仿真性验证。

第五部分:实证分析部分,即为本书的第7章。该部分是本书的关键内容,结合第四部分的理论模型设计与讨论,笔者通过大量的实证研究,包括运用多次访谈和问卷调研的数据整理和统计分析,对旅游服务合作契约设计过程中的一些理论命题进行假设检验,主要通过一些变量因子,并对实证分析的结果进行了评论、检验与分析。

第六部分:实证结果分析、理论贡献及对策建议部分,即为本书的第8章。该部分通过对旅游服务合约相关因子的分析,结合对我国旅游服务合作契约存在的具体问题、影响因素以及价值与意义的评析,提出了相关的对策和建议。

第七部分:结论、创新及研究展望部分,即为本书的第9章。该部分从不完全契约视角对旅游服务合作的关键问题进行分析与研究。通过对逆向组合型和逆向单链型的服务契约设计,讨论如何改善供需链中主体间关系,以促进建立一种新型的旅游服务合作契约关系,对实现我国旅游业的健康、稳定与可持续发展具有积极的意义。

第 2 章　供需关系链的理论基础

2.1 供需关系链的概念与问题

2.1.1　概念形成

早在 20 世纪 60 年代,供需链设计之父 Jay Forrester 在他的《企业的新设计》一文中,就较早预言并设计企业的供需链问题。后来学者们对供应链的研究逐渐增多,研究的广度和深度也在不断加强。1980 年迈克尔·波特发表了《竞争优势》一书,并提出"价值链"概念。随后供应链管理(Supply Chain Mangement,SCM)的概念、基本思想和相关理论开始迅速发展。20 世纪 80 年代以来,SCM 理论在实践中得到了广泛而成功地运用,这一概念逐渐被更多的学者所关注,该理论的内容也不断得到丰富。学者们从不同的角度对 SCM 理论进行了研究,如 Christopher(1992)提出供应链是一个"组织网络"的概念;Cooper Lambert Pagh(1997)则认为:供应链是所有关键商务环节的集成;Buscher(1999)则进一步提出:供应链是在整合的基础上为顾客创造价值。从国外学者的研究可以看出:供应链是一个围绕核心企业,从供应商到最终顾客形成的网络结构,以最大程度减少供应链各主体成员间的内耗和浪费,并通过整体最优来提高全体成员的竞争力和福利水平,以达到共赢,其中集成的思想是关键。近年来,国内部分学者也进行了相关概念的基础研究。陈祥锋、朱道立(2002)认为:供应链中的每一个节点企业既是后一个节点企业的供应商,又是前一个节点企业的采购商,供需关系贯穿整个供应链。虽然至今人们对供应链还未形成统一的认识,但是对供应链思想和关键内涵已逐渐达成一致。正如 1998 年的全球供应链研讨会提出:供应链是致力于环节中管理的实物流、信息流和资金流。可以看出,被人们所广泛接受与发展的供应链实质还是服务业中企业间的供需链。因此,笔者认为:旅游供需关系链是一种需求导向下的供应服务流、信息流和知识流。

2.1.2 研究扩展

近年来,随着SCM理论与实践的发展,学者们对该理论的研究也日益深入,正逐渐趋向终端客户化的需求管理。SCM理论实质上是公司或企业层面上的一种比较优势集成,它的目标是建立一个由供应商、生产商和零售商组成的合作团队。该团队的优势是可以降低成本,提高服务质量,创建有效的流程,为最终消费者创造价值。从制造业生产运营的过程来看,它反映的是一种产品内在生产环节上的供需关系链,其终端产品的需求即消费者实际上并没有参与该产品的生产制造过程,但是需求的变化正在日益影响着制造业上游企业的研发、生产过程。供需合作则可以有效地降低这种“牛鞭效应”(Bullwhip Effects)。相比之下,在旅游服务业中,由于旅游服务产品具有生产与消费的同时性特点,因而旅游服务的生产过程实际上就是一个供需交易过程,即需求方旅游者要始终参与旅游服务产品的生产与消费过程,这显然与有形产品的生产、供给与消费过程不同。从供应链管理的特点来看,主要包括四个方面内容:①整体最优的集成化管理;②实施顾客导向、需求导向;③围绕核心企业成为供应商;④链上各节点企业不存在产权关系,彼此相对独立。因此,旅游服务供应链更多地表现为旅游供应商与需求者之间的一种供需关系链。从目前学术界的研究来看,国内外学者对旅游服务供需关系链的研究并不多,只有少数学者将供应链的概念或说法引入旅游业中,但是并没有进行深入的分析。

2.1.3 研究的重点问题

20世纪80年代中期,Houlihan第一次提出“供应链”概念以后,许多企业开始纷纷实施供应链管理,重新设计了采购、生产、销售、物流等业务流程。直至现在,SCM理论依然是国际上企业管理研究和实践应用的一个热点。近年来,随着顾客需求的个性化、多样性、及时性等市场特征的发展,企业之间的竞争正逐渐转向供应链之间的竞争,供应链合作、快速响应能力

(QR)、降低成本、提高效益等问题已成为目前学术界和实业界关注的重点。

本书将充分借鉴由制造业中发展而来的SCM理论成果,积极探索其在旅游服务供需关系链中的改进与应用问题,并为旅游供需关系链的理论探索与实践发展提供思路。当前,国内外学者在SCM理论的研究中,更加注重机制设计(最优合约)、企业间的信息共享、信息传递、协调与合作以及绩效等问题。根据本章研究的重点,笔者将对供应链理论中的企业合作、合作契约、激励机制以及绩效等方面问题进行相关回顾与评述。

2.2 供需关系链合作问题研究

供需企业合作是供需关系链合作的难点。合作看似一种简单行为,长期合作的收益超过短期机会主义行为的收益,这一过程中要求非投资方有足够大的主观贴现因子。在供需关系链中,合作有纵向和横向两种模式。通常供需关系链是一种纵向合作伙伴关系,即要求有信息共享、服务支持。合作协议迫使企业按照约定的协议来规范自己的行为,降低交易成本。这一合作中就不存在逆向选择、道德风险等问题。

有效的机制是合作的成功基础。为了使合作能够持续下去,消除供需关系链中各个环节之间的不确定性、不稳定性,通常通过价格联盟、信息共享、让利和惩罚、战略结盟以及制度约束等办法来实现。供需合作关系是供需关系链中的核心,也是企业成功实施供需关系链管理的关键。国内外学者在供需关系链合作方面的研究较多,下面重点对供应链管理中的信任、契约、波动性等方面内容进行评介。

2.2.1 信任问题研究

信任是供需关系链的核心问题。Sahay(1997)研究指出:供应链合作伙伴之间的信任是非常重要的,并且对信任的本质和作用进行了论述。他的研究进一步论证了供需关系合作中相互信任的重要性。实际上,相互信任就是任一方有能力监控或控制另一方,但是却愿意放弃这种能力而相信另一方会自觉地做出对自己有利的事情。相互信任还是互惠互利的一种需要。徐学军、谢卓君(2007)通过对供应链伙伴信任维度和合作行为的回顾与研究,提出了包括能力、可靠、友善三个信任维度与联合回应、共享计划、柔性安排三种合作行为的关系模型,并指出信任对供应链合作有着非常重要的作用。谭涛(2004)在研究中提出,供应链的信任(指双方的信任)包括四个方面,即能够保持自己的承诺(可靠)、彼此都相信对方所提供的信息(友善)、看到对方获得利益感到愉悦和彼此之间值得信任(能力)。许淑君、马士华(2002)在研究中曾指出:企业合作存在的一个重要缺陷就是信任消退,它的“循环效应”很快会使双方的合作关系不复存在。林英晖(2007)指出,合作中的信任危机通常表现在两个方面:一是相互信任程度不够高;二是双方信任程度的不对等。其中一个重要原因是许多企业认为合作对象有不良记录,比如失信行为。合作关系中存在着一种信任关系的“信号传递”,这种信任关系的传递有助于提高现有企业合作关系中一方企业对另一方企业的“信任度”,促使企业之间的合作产生。而信任维持因素包括信心、容忍、治理结构、关系投资、联盟范围扩张和联盟绩效等。

目前我国旅游服务供需关系中的信用问题也非常突出,如旅行社履约、导游服务和购物服务等,这些已成为影响旅游供需关系链建立与稳定发展的关键。协议在旅游服务供需关系中更具优势,当然需要有合同的约束。许秋红、李新春(2003)指出:在旅游企业的战略联盟中,合作伙伴之间的信任是关键因素,而联盟信任产生有赖于原有的协作关系、风险承担、公平维持、沟通、企业适配、能力评估等要素。张毅等(2005)研究中提出了企业间合作的信任度问题,在重复合作中“信号传递”效应对后期合作关系具有正激励作用。合作的次数越多,合作越默契或者理性递增,合作中正反馈的激励贴现因子就越大。在法律和市场经济不健全、行业缺乏应有的规则、缺乏第三方评估等的旅游行业,信任更为重要。因此,在旅游服务中关注需求市场及相互信任就非常重要,而这方面的研究目前还明显不足。

2.2.2 契约问题研究

在供需关系和代理问题研究方面,邵晓峰等(2001)指出,供应链成员之间是通过相互合作来满足客户需求的过程中实现价值增值,达到了双赢目的;供应链中的每一个节点既是后一个节点的供应商,又是前一个节点的顾客。陈志祥、马士华(2001)提出了建立供应链条上企业间合作的对策与委托实现机制、代理商之间透明的合作机制,以及不同合作方式下的多代理供应链组织管理模式。以上研究表明:在供应链上的供需关系中,双方或多方追求的是一种双赢或共赢目标,供应链企业间必须具有一定的委托—代理关系。这些重要的理论成果也成为旅游供应商与旅游者之间供需合作关系的建立,以及契约关系设计研究的重要理论基础。

关于供应链企业间合作契约问题的研究,柳健、马士华(2002)的研究提出,供应链合作是一个合作目标、关联要素、合作行为的互动过程。在此基础上,通过对普通合约与利益共享合约下的供应链合作收益的论证,得出普通合约和利益共享契约下企业合作实现帕累托最优的不同条件。其中利益共享合约适合于合作伙伴较少的供需关系。从长期来看,企业间的合作伙伴越少,供需双方对渠道关系的依赖性就越大,更容易形成紧密的合作关系。这一类型的契约关系对旅游服务有着重要的参考价值。王冰、张子刚(2002)在基于帕累托原则的条件下,运用市场需求的线性函数,推导出了供需双方就供应商在创新活动中进行合作的条件。以上研究结论对旅游服务供需双方如何实现帕累托最优契约具有重要的参考价值。

2.2.3 合作中的其他问题

日本的供应链管理(SCM)研究会从顾客消费需求的角度提出:以供应商的"推动"(Push)方式应变为以消费者为主导的"拉动"(Pull)方式,即在买方市场情况下,消费者的需求越来越多样化,变化速度也越来越快,原有的推动方式响应过于迟缓。这一研究说明供需市场关系的变化是供需关系链走向合作、创新发展的重要前提。该结论对当前我国旅游服务供需市场及环境的变化也有重要的参考价值。在旅游服务合作研究中,Tazim B. Jamal 和 Donald Getz(1995)的研究指出:协作理论在旅游服务业发展策划(规划)中具有重要作用。

国内一些学者对供应链合作中的阶段性投资、波动性及实证研究等进行了讨论。如汤世强、季建华(2005)研究了供应链合作伙伴之间一个多阶段投资的有限期合作模型。该研究主要是针对专用投资带来的风险条件下,非投资方的主观贴现因子较小而不具备长期合作条件情形下的合作问题,并提出在声誉机制的作用下,多阶段投资有限合作的理论模型中,投资方愿意投资并进行有限合作的两个条件:一是合作契约期限长,即非投资方采取不诚信的时间越迟,投资方的总收益越大;二是能获得正的总收益。实际上,在旅游服务供给市场中同样存在着一个多阶段投资的实现过程。如针对回头客、会员客户等旅游消费者,都需要有一个服务投资计划,以便能够更好地留住这些顾客,使他们成为可靠的忠实消费者。因此,这一研究对旅游服务供需主体间的阶段性合作关系建立,以及不完全契约设计都具有重要的指导意义。唐林彬等(2004)对供应链周期性波动情况下的合作模型问题进行了研究,他从订货商和供应商签订协议开始,设计并建立了一个谈判模型,可以让供需双方消除波动,收益变得稳定,可以使整个供应链长期合作下去,最终使合作成功,并使带来的收益在双方分享而达到双赢。这一研究对具有淡旺季波动的旅游服务合作有重要的参考价值。

这些结论虽然缺乏数据支持,但是对供应链的合作研究已经显示出较好的实践价值。另外,在合作型供应链中,由于自利行为的存在,一些链条企业往往以最大化其利润为代价,最终导致整个供应链利润下降,效益受损。为此,就必须考虑采取一些激励措施,有助于在整个供应链的整体收益达到最优时,各个供应商和需求者都有收益。

可见,国内学者对供应链合作的研究起步虽然较晚,但涉及的领域较广,包括合作中的供需关系、代理、信任、契约、波动性及阶段性投资等方面,并且也得出了一些有价值的重要理论成果,对旅游服务供需双方的合作研究具有一定的参考价值。

总之,供应链管理研究强调利用企业外部资源来达到快速响应消费者需求的目的,其核心思想就是企业间的合作。由于供需关系始终贯穿整个供应链,供需双方之间应该是一种合作博弈(Cooperation Game)关系,其结果是达到双赢(Win - win),获得比非合作博弈更高的效益和效率。因此,旅游服务供需关系链的建立非常必要,这将对旅游业的发展具有十分重要的应用价值和意义。

2.3 供需关系链的绩效问题研究

在管理实践中,人们通常认为那些不能测评绩效的活动,也就不能控制它。测评绩效实际上比沟通、培训或其他管理行为还要重要。传统的测评主要指资产管理、成本、顾客服务、生产率和质量等方面。通常大多数企业都在每个领域设置一些测评指标来控制和管理不同的增值活动。在供应链管理中,由于强调目标的一致性、顾客的满意度、流程的整合、全部成本以及组织内协作，于是传统的测评方法已不能适应。因此在供应链管理中，测评指标的选择很关键，如平衡记分卡、顾客定制化、标杆法等。由于获取相关资料、信息困难，以及受观测时间和空间的限制及影响，国内外学者对于供需关系链的绩效问题研究还较少。近年来也只有少数学者才开始这一方面的研究工作。

从国外学者的研究来看，他们多偏重于技术应用方面的研究，如 Disney (2003) 研究了顾客需求随时间变化的动态供应链；采用了控制论中的噪声带宽，并通过牛鞭效应和顾客服务水平的频率来反映系统性能。Li Yan (2004) 基于 GPSS 平台，采用仿真模型提出了随着顾客需求模式变化而相应调整信息分享的策略，以提高供应链的性能。这一方面的研究技术性强，对旅游服务供需关系链的变化研究具有较强的启发和引导意义。另外，Jeremy Northcote 等 (2006) 从概念性收益角度，对旅游可持续管理进行分析研究。

从国内学者的研究来看，他们偏重于定性方法，如李随成、张哲 (2007) 研究了在不确定性条件下，从物流协作、资金与成本、服务和质量等三个构面对不确定条件下的供需合作绩效进行分析，指出供应链中的三大不确定性因素，即供应过程、制造过程和客户需求过程；通过对相关文献分析，提出了在供应链关系水平与供需合作绩效关系方面的相关研究命题，包括供应链合作关系水平与服务和质量水平呈正相关，而与合作绩效的成本水平呈负相关等。虽然这些命题是从相关文献的逻辑推演中得出，但还是具有较强的实践指导意义。李晔、陈燕 (2005) 研究了动态顾客需求信息下，生产商和零售商所组成的供应链系统，通过仿真、分析和比较顾客需求信息对三种供应链性能影响的效果，指出提高供应链的性能是先进研究的一个热点。本书是以数理推导的方式对旅游者满意度与旅游企业合作收益、旅行社与其他服务商合作收益的两个命题进行分析论证。陈志祥 (2004) 通过对国内 80 家企业的供应链管理问题进行调查分析，得出了包括内部管理薄弱、信息缺乏共享、运作缺乏协调以及供应商管理缺乏合理分类、缺乏激励约束等问题，并提出重点改善内部、外部企业管理以及供应链结构的重要性。另外，刘伟华、季建华等 (2006) 对供应链中企业合作阻力度的研究，定义了合作阻力系数的概念，并提出了供应链多层节点阻力度的计算方法。这一研究有利于评价供应链上每个节点企业与相邻的节点企业之间的合作效果，也有利于评价供应链整体的合作效果，并发现节点企业在相互合作中存在的问题,为优化供应链提供了必要的依据。

可见,学者们关于供应链绩效问题的研究已经越来越突出在供需关系的应用研究,这些研究不仅理论意义大,而且对旅游服务业的实践发展也具有较强的指导意义。

2.4 供需关系链的应用问题研究

供需关系链的应用研究多数是针对制造业。随着服务业的快速发展,服务业中大量而显著的供应过程也不断增多,包括服务传递、信息传递、信任传递以及集成服务过程中的服务外包等方面。面对服务业中大量的供需关系链问题,直接影响到服务业的绩效发展。因此,关于服务传递过程中供需关系的维护与依赖等问题的研究也显得非常重要。近年来,国内外学者对旅游业中供需关系链的应用研究并不多。

2.4.1 国外学者的研究

在旅游业发达的国家和地区,由于较早建立了完善的市场体系,学者们的研究热点多集中在游客对景区的感知度和游览过程中的满意度问题,还有的是从心理学、社会学及地理学等视角进行研究,但是较少从管理学或经济学角度对旅游服务系统或旅游服务合作契约等问题进行研究。但是从这些国家或地区的旅游业发展实际来看,还是与供应链管理的理论相符合,如欧美国家的旅游市场发展中,旅行社业内部实行批发经营商和零售代理商的垂直分工,且批发经营商和零售代理商又是根据市场状况和企业实力,在各自的领域中进行了水平分工,实现了专业化经营。Inwon Kang(2006)研究了旅游服务管理中的信任与合作问题。在澳大利亚,各种旅游产品先通过众多的零售代理商销售给客户,然后再集中起来批发给旅行社,这种先分散后集中的经营方式可以充分满足游客的个性化需求;同时,旅游供应商能够充分利用信息技术,也有助于旅游者对各种服务产品的选择。这种供需关系充分体现了一种逆向需求型的供需关系链特征。

2.4.2 国内的实践与学者研究

我国旅游业的发展更多关注的是如何提高旅游服务质量,更好地满足旅游者的需求,以提高旅游者的满意度。在旅游服务实践方面,大多数研究集中在旅游供应商对游客心理、态度以及服务技巧等方面。有关旅游服务管理系统方面的研究文献还较少。邹慧萍(1996)的研究较早探讨了建立灵活快速反应的旅游服务系统 ATSS 的必要性、可行性以及初步构想。张文建(2001)则分别从旅游和服务两个角度提出了旅游服务系统模式以及旅游服务传递系统等。赵洁(2002)的研究中构建了基于 Browser /Server 的旅游服务系统 TSS,并分析了该系统的功能、特点、网络结构、软件结构和关键技术等。杜文才(2003)在分析了旅游业的信息特征、信息技术、互联网技术引起的旅游业经营环境变化的基础上,提出了旅游服务供应链管理的概念,并进一步提出利用信息技术对旅游企业过程重组。张英姿(2005)提出了旅游服务供应链的意义,但并未对其运作机理进行深入的分析和研究。

可以看出:近年来旅游服务供应链问题已逐渐成为学者们关注的重点。本书并没有直接沿用旅游服务供应链的概念,而是提出旅游服务供需链的概念,认为这样可能更加符合旅游服务业的发展特点和规律。另外,从我国旅游服务业的发展实际来看,由旅游服务主体、中介体和客体组成的供需关系链模式已初步形成,其中的服务质量(Quality)、成本(Cost)和时间(Time)是三个关键要素,也将成为本书研究旅游服务合作契约的重要约束条件。

总之,旅游服务供需链的研究核心就是解决旅行社、旅游景区、旅游交通、旅游餐饮、旅游住宿等供应商与旅游者之间的合作与协调问题。供需关系链的建立与其内在的契约关系是关键环节。为此,本书将在第 3 章探讨供需关系主体间的委托—代理关系及不完全契约关系等重要的理论问题。

2.5 本章小结

供应链管理理论是管理学中较为成熟的理论之一,也是在管理实践中应用最为广泛的理论之一。从制造业发端直至扩展到服务业应用,供需关系链也成为旅游服务合作研究的重要理论基础和前提。本章通过对相关研究的理论基础回顾和评述,同时结合旅游服务供需关系形成、发展的特点,提出了对旅游服务供需关系链及旅游服务合作契约进行理论性探讨和分析的必要性。通过对源于制造业的供应链管理理论的回顾,结合旅游服务生产与消费的特点,进一步提出了旅游服务供需链概念的价值和内涵,同时指出旅游供需关系链是一种因需求而产生的链条,是一种终端客户与多服务商直接接触的典型需求拉动型链条,需要具备即时响应、协调、合作与信任等前提条件。在供需关系链的绩效考核方面,提出了消费者满意度与供应商的努力程度之间的正相关关系假设。

虽然国内外部分学者运用供应链管理理论对旅游服务业进行了一定的探讨和分析,但是还存在明显的研究不足。目前我国旅游服务业中关于合作的研究,主要强调的是区域性或企业间的服务项目合作等问题,忽视了最终需求者在旅游服务合作中的重要地位,缺乏从供需关系视角进行合作研究,造成供需合作难以落实或持久。因此,本书以供需关系为研究主线,以最终实现旅游服务交易的有效性与持久性发展为目标,将具有重要的理论价值和实践意义。

第3章 合作契约的理论基础

3.1 不完全契约理论综述

在国外的经济学研究中,契约理论很早就被学者们所提及和关注。从契约理论的发展过程来看:古典契约思想强调契约的个别性、不连续性以及即时性;在新古典契约理论中才出现契约的不确定性。完全契约在现实中是不存在的,这是由于有限理性、专业条款的不可验证等造成。该理论的代表人物埃奇沃斯(Edgeworth)在重新签订契约的交易模型中创立了契约曲线和无差异曲线,并天才地提出了契约不确定性的思想。阿罗(Arrow)认为:"凭借出售和购买一些只有在某些不确定的事件发生的时候才能兑现的合约",来取代不确定性所毁坏的市场,从而明确地将不确定性纳入考虑视野范围内。这一重要表达对不完全契约理论的发展具有重大意义。

3.1.1 基本概念

自从1970年以来,以威廉姆森(Williamson)和哈特(Hart)为代表的经济学家认识到,由于某种程度的有限理性或者交易费用,现实中的契约是不完全的(Incomplete)。而后,围绕契约的不完全性,克莱因(Klein)提出契约的不完全性存在两个主要原因:一是不确定性意味着存在大量可能的偶然因素,且要预先了解和明确针对这些所有可能的反应,其费用是相当高的;二是履约的度量费用也是很高的。然而,最终对于不完全契约理论确立起决定作用的是Grossman & Hart(1986)、Hart & More(1990)两篇奠基性论文,即格罗斯曼—哈特—莫尔理论模型(Grossman - Hart - Moore, GHM理论)的提出,开创了正式的不完全契约理论(Incomplete Contracting Theory)。该理论认为:由于人们的有限理性、信息的不完全性及交易事项的不确定性,而使得明晰所有特殊权力的成本过高,拟定的完全契约就是不可能的,于是不完全契约是必然和经常存在的。从而明确了契约理论的核心问题就是解决不对称信息下的收入转移和不同风险态度的当事人之间的风险分担两个问题,进而不完全契约理论进入主流经济学,并逐渐成为研究前沿。

3.1.2 性质与特征

契约是详细地规定了支付、权利和责任的一种双方或多方约定。要全面认识契约的性质与特征,还需要更加完整地理解阿罗—德布鲁(Arrow - Debreu)模型提出的竞争市场。该模型认为:要想得到在不确定环境下竞争市场的一般最优结果,需要存在一个或有限商品的完全集合。显然,在市场经济中,市场的完全集合是难以得到满足的。下面我们从六个方面理解不完全契约的性质与特征:

(1)契约是不完全的。因为契约不可能详细地规定在不同环境中,当事人双方或多方所要做的所有事情,人的有限理性理论也是一个重要的支持。

(2)执行契约的成本很高。当事人为了履约,在很大程度上就必须依赖于声誉——以及由此而产生的租金。这也是契约的重要特征之一。

(3)一些条款实际上是不可执行的。这里面包括因为法律不允许执行某种规定,租金也对至少一个当事人遵守该规定而提供了弱激励;或者当事人双方都知道,当条款被强制执行时,重新谈判对双方都有好处。这说明契约也应具有一定的柔性,否则对当事人都没有好处。

(4)在契约中的关键是那些契约中未提及的资产用法的控制权力,即剩余控制权(Residual Rights of Control)。对一项资产的所有者而言,关键是对该资产剩余权力的拥有。剩余控制权天然地归非人力资本所有。当契约不完全时,将剩余控制权配置给投资决策相对重要的一方是有效率的。

(5)现实经济中契约充满了不确定性。当事人不可能预测到所有未来将要发生的事情,因而在合约中就要对交易各方在各种可能情况下的责权利作出明确界定,而且这样做的交易费用将会相当高。

(6)在有限合伙制契约设计中,激励机制设计十分重要。激励相容就是通过建立一个契约激励机制,使得风险投资家在追求个人效用最大化的同时,也最大化投资者的利益。由于现行的有限合伙契约将激励方案事先"内置化"了。因而,容易导致激励机制"刚性",结果是风险投资家激励合作出现"钝化"现象。

3.1.3 旅游服务供需交易的不完全性

由于供需主体的多样性、信息的不完全性、时空的多变性等原因,旅游服务交易行为充满了不确定性,其合同契约也必然是不完全的。为了有效降低旅游服务供需交易的不确定性及不完全性,提高交易效率,基于旅游服务供需交易实现的不确定性,由此而设计的合作契约也必然具有不完全性,如图3-1所示。因而,不完全契约理论对本书所研究的旅游服务供需关系合作契约设计具有重要的理论指导意义。

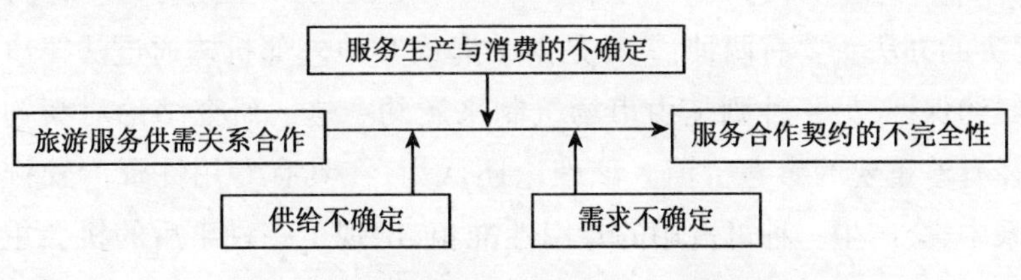

图3-1 旅游服务合作契约的不完全性

3.2 不完全契约理论的两个重要分支

虽然经济学家对不完全契约的理论基础还没有达成共识,但是基本上都认为有限理性、机会主义、第三者无法验证、信用制度的不完善、交易费用等是契约不完全的主要原因。同时,不完全契约理论沿着科斯思想还产生了两个重要的理论分支:一支是以威廉姆森为主要代表的交易费用经济学(Transaction Cost Economics,TCE),另一支是以哈特为代表的产权理论(Property - rights Theory,PRT)。这两个重要的理论分支对不完全契约理论的完善与发展都产生了重要影响。

3.2.1 TCE 理论的基本逻辑

在契约不完全的条件下,资产专用性越强,交易越是应该采取一体化的企业形式而非市场形式。每次交易过程都可视为一种契约。旅游服务供需交易的不同方式，也就必然形成不同类型的契约。由于人的有限理性，契约天然具有不完全性、机会主义、资产专用性等特性，而且维持契约关系的成本巨大，并且可能根本无法实现。同时，不同性质的交易必然形成不同的契约关系，通过私人秩序或者说治理结构(Governance Structure)来"注入秩序，转移冲突，实现双方的共同利益"。Bajari & Tadelis(2001)利用TCE理论的思路建立了一个采购模型，证明了契约越是不完全，就越是偏向于采取成本加成的契约，而非固定价格契约。这一研究结论有助于我们讨论旅游服务供需交易过程中的付费方式，最为典型的就是关于旅游服务过程中的小费问题，我们可以基于该理论得以解释。克莱因(Klein)在研究后契约机会主义行为(Post - contractual Opportunistic Behavior)时曾提出，可占用的专用性准租(Appropriable Specialized Quasi - rents)是使用市场机制的一种特殊成本，解决的办法主要有两种：一种是由政府或其他外部机构通过法律事实来明确履约保证；另一种则是由市场机制来履约。这一研究结论对契约实现的途径有着重要的参考价值。该理论还认为，在具有专用性资产安排的契约关系中，会产生一种可占用的专用性准租，出现了一种事后的机会主义行为，即"敲竹杠"、"套牢"或"要挟"(Hold - up)。由于契约的不完全性，契约中的一方当事人就可能会利用契约的漏洞而占用另一方的准租。为了解决这一问题，契约经济学家设计了收益分享契约、成本分享契约以及第三方仲裁等应对措施，这也是契约设计研究中的难点。在实际的契约关系建立中，由于信息成本高，且存在专用性投资，所以"敲竹杠"现象就不可避免。

为此，在实践中，契约关系就需要设计一种自动履约机制，并可以利用交易者的性质和专用关系将个人惩罚条件加在违约者的身上。另外，学者Klein. et, al(1978)、Grout(1984)、Williamson(1985)、Tirole(1986)等都从不同方面指出：不完全契约可能会导致无效投资。这一研究结论也使许多交易过程与行为变得复杂起来。正因为如此，笔者提出：只有减小契约的不完全性和实施有效的合作契约，才能提高供需市场的交易效率。

3.2.2 产权(PRT)理论研究

因为契约是不完全的，所以应该设计一种机制保护的事前(关系专用性)投资激励，以实现次优社会福利效果。松弛型(Loose)契约更具事后灵活性，但是会妨碍事前专用性投资激励；紧密型(Tight)契约将激励事前投资，但是可能事后是低效率的，因而最佳的契约是在事前效率和事后效率之间权衡取舍。目前，在旅游服务合同契约中出现的是旅游前的全款支付，导致旅游服务合同开始执行后，供应商普遍出现的低效率或违约行为，这一现象正是紧密型契约的一种反映。因此，该研究结论对旅游服务最佳契约的设计具有重要参考价值。

不完全契约理论的重点是资本所有权和剩余控制权的最佳安排，因而 Grossman & Hart(1986)和 Hart & Moore(1988)分别从合作博弈的角度首次给出了严格形式化的证明。由于 PRT 理论的重要框架是由 GHM 理论模型构成，根据该模型设计，如果存在关系专用性投资的情况，就必然会发生“敲竹杠”(Hold - up)行为。该理论指出应该通过资产所有权或者声誉控制权的配置，确保在此条件下实现最大化总剩余的最佳(Optimal)所有权结构，这就要求把所有权安排给投资重要的一方或者不可或缺的一方。从旅游服务供需市场交易的实践来看，主要发生在食、住、行、游、购、娱等六个方面。在这一系列的供需交易过程中，通常存在的消费剩余空间就是购物和娱乐。这两项通常被认为是旅游的非必需型消费，若是参团游，则属于自选消费项目。当然，这两项消费通常是随着其他必需型消费的开展而出现，而且消费的不确定性和变动性也较大。在参团型旅游者的消费过程中，这些消费往往受导游服务的影响较大，甚至出现消费权被导游所控制，即可能发生强迫或变相强迫消费等情形。这种情形的发生所导致的直接或明显的负面效应就是游客的投诉事件增多，旅游者的满意度下降以及旅游者开始减少消费或厌恶参团游等。这些方面的消极影响已经引起了旅游业界的普遍关注。同时，对于讨论我国旅游服务中的剩余消费权配置问题也具有重要的启发意义。

GHM 模型从产权和激励的角度重新审视了一体化的成本和收益。为了改进 GHM 模型，Hart & Holmstrom 将分析视角从资产(Asset)扩展到活动(Activity)，他们认为：企业合并的好处就是可以将正的外部性内在化，但其代价就是可能丧失部分的私人收益。因此，最佳的企业规模是对二者的权衡取舍(Trade - off)。蔡(Cai)在一个模型中将专用性投资行为内生化，进一步改善了 GHM 模型。贝克(Baker)和哈勃德(Hubbard)以美国卡车行业为例，考察了契约不完全时卡车所有权的配置问题，他们的研究结论支持了 PRT 理论的结论。在旅游服务中，交通、导游服务的控制权配置与此类似。

另外，“合意”的做法是由一方将契约中难以明确的这部分“剩余消费权”购买过去，获得剩余控制权的一方将具有增加投资的激励，失去剩余控制权的一方将减少激励。如果增加的激励所提高的生产率足以弥补减少的激励所损失的生产率，那么这种权利的转移就是帕累托改进的。这一结论说明：在旅游服务供需关系链中，旅行社将参团游客后续服务中的二次消费权交给导游，实际上就是一种对服务合约中剩余消费权的处置，其他服务供应商则因没有这一部分“控制权”，也就必然存在道德风险。

3.2.3 国外的研究进展

进入20世纪90年代以来，不完全契约理论的研究又取得了一些新的进展。如哈特(Hart)的研究提出：信息不对称而导致所有权与签订完全的(Comprehensive)契约无关，进而无效率将成为信息不对称函数的因素，这种函数关系取代了所有权；Tirole(1999)的研究进一步指出，委托人在完全契约条件下可能面临着一定的福利损失(相比较不完全契约条件)。Brousseau & Fares(2000)认为契约的不完全性来自于特定的有限理性，即只有仲裁人是有限理性的，而交易成本理论中契约的不完全性则根源于在不同经济体系下的每个人的有限理性。Salanie(1997)指出：不完全契约理论是建立在以Coase & Williamson所创立的交易成本理论基础上，是模型化了的交易成本理论。Maskin & Tirole(1999)提出了不相关定理，其内容实质是发现了在不完全契约条件下也可以设计出完全契约，进而使完全契约与不完全契约的对立开始趋于缓和。Hart(1991)提出：契约在事前是不完全的，但在事后可以是完全的。事后完全的途径是重新假设缔约各方具有短期承诺能力，并且进行一种承诺博弈(Commitment Game)，即看谁在这种机制中率先实施特殊战略而赢得“赛跑”。与此同时，Laffont & Martimore(2002)指出，激励理论框架的第一部分以委托—代理理论模型为基础分析了逆向选择、道德风险以及不可验证性，以及在不完全契约的动态框架下，又引入完备贝叶斯均衡来分析不完全契约下的资源配置问题。Chen在考虑人们对诚实的倾向性之后，将完全和不完全契约内化在一个模型当中，提出“不完全契约有利于提高社会总剩余”，“社会总体诚信有利于提高交易效率”等观点。可以看出：这些新的契约理论对于旅游服务合约的设计都具有重要的参考价值。

3.2.4 国内的研究进展

近年来,国内学者对不完全契约理论方面的研究开始增多,但还属于起步阶段,主要是在介绍和说明不完全契约理论的基本思想以及拓展到一些简单应用。杨瑞龙、聂辉华(2006)以一个基本模型为基点,围绕专用性投资效率问题,从司法干预、赔偿、激励结构、产权以及履约等多个视角,全面介绍了不完全契约理论的产生、发展、应用及面临的挑战和前景。汪晓宇等(2003)介绍了目前国外流行的不完全契约理论,并对来自传统产权学派和主流经济学家两个方向的契约理论进行批判,提出不完全契约的核心观点是区分特定控制权和剩余控制权。不完全契约必然是契约各方谈判的动力,所以事先约定不再谈判的承诺(Commitment),从动态博弈的角度分析是不可信的。帅萍、孟宪忠(2007)讨论了不完全契约条件下企业间的交易效率问题。苏启林、申明浩(2005)在评介和分析不完全契约理论主要观点和缺点的基础上,概括了不完全契约在公司治理机制等三个应用领域研究的新进展。贾殿村、汪波(2006)讨论了多代理虚拟企业的契约机制设计,引入了契约柔性机制,以动态稳定的联盟契约为基础,建立了激励约束机制模型和联盟契约柔性机制模型。聂辉华(2005)讨论了新制度经济学中不完全契约理论的分歧和融合问题。王海帆、袁宁(2007)以不完全契约理论为工具,指出契约的不完全性作用于公司权力划分时,控制权配置就成为影响公司治理的关键因素。

总之,目前直接关于旅游服务契约设计方面的研究还很少。但是,不完全契约理论对旅游供需关系链上不同利益主体间的合作实践研究具有重要意义。无论是交易费用经济学派(TCE)还是产权学派(PRT),对旅游服务合作中不完全契约设计和激励机制设计也都具有重要的理论指导与借鉴价值。

3.3 不完全契约的类型与模型研究

目前关于不完全契约类型研究的文献并不多,而且也不系统。学者们根据研究的目的和目标不同,对契约进行了不同的类型划分,也产生了不同的契约类型。笔者依据本书研究的需要,主要分析以下四种不同的契约划分。

3.3.1 从契约发展史的角度进行划分

根据诺思(North)的观点,考虑研究的方便将契约划分为原始人(史前社会)与现代人的契约安排及交易行为。由于在史前,人们的交易行为主要是基于宗教、习俗、礼仪以及个别市场等情形而发生的偶然性交易。所以这种交易属于人情式的交易。而后,受人情式交易的局限性,非人情式交易随着远程贸易的发展而不断增多。由于信息的不对称性、不完全性,契约制度也就应运而生,如在中世纪的贸易往来中,金融契约就起了很大的作用。现代人的契约又分为人情式的交易、非人情式的交易以及互动的契约安排;非人情式的交易行为和契约安排又可以分为古典式、新古典式的关系交易。其中古典式的关系交易中所产生的古典契约具有三个特点:①契约是具有自由意志的交易当事人自主选择的结果,他们所签订的契约不受任何外来力量的干涉;②契约是个别的、不连续的;③契约的即时性。新古典式的关系交易中所产生的新古典契约也具有三个要点:①契约的抽象性;②契约的完全性;③契约的不确定性。

这一划分是对契约的最早期划分思想的一种体现,对于现代契约理论的发展产生了积极的推动作用。

3.3.2 依据契约的用途差异与特点划分

(1)等级契约:是指缔约一方拥有契约中的大部分权利,另一方只拥有抉择权,这也是解决契约不完全问题的一种方法。目前在旅游服务契约中,缔约双方的权利是不平等的,旅游供应商拥有大部分甚至全部的缔约权,而旅游者通常只拥有选择权。可见,旅游服务契约中存在明显不合理的等级性。因此,通过分析这一契约类型的特点,消除等级契约,对于逆向单链型服务合作契约设计将具有重要的参考价值。

(2)激励契约:是指委托人采用一种激励机制,以诱使代理人按照委托人的意愿行事。在通常情况下,制订激励契约时,主要采用实物地租的形式,如张五常分析的计件工资、拉齐尔(Edward Lazear)和罗森(Harvey S. Rosen)设想的竞赛市场等。这一契约类型将是本书服务合作契约设计中的重要参考。

(3)最优契约:现代契约理论认为在放松了阿罗—德布鲁范式(Arrow - Debreu Model)假设条件的情况下,仍存在一种在现实约束条件下的最优契约,通常不是帕累托最优契约,而是一种次优的契约。一个最优契约通常满足三个条件:①委托人与代理人共同分担风险;②能够利用一切可能利用的信息;③在设计机制时,其报酬结构将依据信息性质的不同而有所不同,委托人和代理人对未能解决的不确定性因素以及避免风险的程度都十分敏感。在本书的旅游服务合作契约设计中,最优契约设计将成为一种最理想的模式。

(4)自动实施契约:声誉在交易中起了很大的作用,尤其在重复博弈中,信誉决定了合作关系,同时市场力量也在起作用。该契约类型对旅游服务合作契约设计也具有重要的参考价值。

3.3.3 依据契约双方的权利与义务进行划分

威廉姆森(Williamson)利用资产专用性程度、交易效率和不确定性等三个维度,将所有的交易划分为三种契约:古典契约、新古典契约和关系契约,其中古典契约属于完全契约,古典契约更加接近于当今的市场关系。依据麦克尼尔(I. R. Macneil)的观点可进行如下分类:

(1)理想型契约:在古典契约法中,契约签订前协约条件已制定得详尽明确,而且契约中规定的各种权利和义务都可以明确地测量,协议双方并不关心契约关系的长期维持,只关心违约情况下的罚款和索赔。一旦发生纠纷,直接诉诸法律。该类型契约没有任何交易保障机制来维护交易的持续进行,一旦交易失败,供给方的经济价值无法在长时间实现,为了减小风险和损失,这一契约关系的交易价格较高。

(2)仲裁型契约:从“人的有限理性”出发,双方当事人所关心的是契约关系的持续,尤其重视书面协议的不完全性和日后调整的必要性。因此,这种契约一旦发生纠纷,双方谋求协商解决。这一类型契约中,由于交易频数的增加,双方重视相互关系的维护,形成了相应的交易保障机制,于是交易风险减少,容易形成稳态的生产(服务)费用,交易价格也会偏低。

(3)关系型契约:如果交易趋向于复杂化和长期化,双方所建立的契约就会包含很多局部性知识或具有很强的专业性(如雇佣关系),因而导致双方产生很强的相互依赖性,迫使双方强调关系的维持和调整,甚至不惜成本设立一个专门的管理机构来对契约关系进行监控和协调。在这一类型契约中,交易频数更大,且双方具有很强的依赖性。同时这种契约关系的稳定性强,具有交易的内部化倾向,同时交易价格也降得最低,有充分的保障性,这也是合作契约中较为理想的一种模式。

3.3.4 依据契约相关利益主体间的关系划分

依据所存在的利益主体间关系的不同划分,契约可分为两种类型:

(1)强契约:主要是指企业间或企业与组织之间达成的一种合同或协议。在旅游服务契约设计中,笔者认为旅游供应商之间达成的就是一种强契约。

(2)弱契约:主要是指存在于企业内部的部门间或企业间的一种合同或协议。笔者认为在旅游者与旅游供应商之间存在的就是一种弱契约,这也就容易导致旅游服务契约执行的困难。

3.3.5 关于契约模型的研究

信息不对称是不完全契约理论的核心和根源,而非对称信息又分为两大类。

第一类是指外生的非对称信息,主要是指自然状态所具有的一种特征、性质和分布状况,并非由交易双方造成。如在旅游服务交易中出现的天气、地质、水文等环境变化,这些往往属于合同规定中不可抗拒的自然力因素。如契约合同签订后,出现火山、地震、泥石流等不可控制和不可预知的灾害环境时,契约合同将自行终止而不存在违约或赔偿等问题。

第二类是指内生的非对称信息,是指契约签订以后其他人无法观察到,事后也无法推测的行为,即"隐蔽行动和隐藏信息"。如旅游景区的讲解服务就存在这一风险。在此基础上,依据时间的不同,契约模型还存在两个研究视角:

(1)事前信息不对称的模型,又称为逆向选择模型(Adverse Selection)。在这一类契约模型的设计中,契约双方更多地考虑降低信息成本,正如阿克列夫(Arncliffe)分析的典型旧车市场一例。在旅游服务中自助游所涉及的一系列服务交易过程中,必然存在大量的随机事件。由于旅游消费主体的偏好不一致,就会存在多种瓦尔拉斯均衡(Walrasian Equilibrium),而且能够按照帕累托标准分级。在逆向选择的情况下,市场力量也就不可能引出一个单一的价格(Wilson C. 1980)。为此,信息传递模型、信息筛选模型(Screening Model)也就成为解决逆向选择的主要方法,于是就存在多元市场供给的匹配能力与效率实现问题。

(2)事后信息不对称模型,又称为道德风险模型(Moral Hazard)。该模型又可分为两类:

①隐藏行动的道德风险模型。在这种模型中,委托人必须设计一个激励契约,诱使代理人从自身利益出发选择对委托人最有利的行动。模型中有委托人与代理人,行动变量是一个不严格确定的努力水平;委托人和代理人的契约是由货币收入与行动结果联系起来的报酬表组成。对委托人来说,一个最优化契约就是代理人在有限理性条件下,所有报酬表中最大化的那个解。

②隐藏信息或隐藏知识的道德风险模型。在这一模型中,共有的信息或知识越多,则就越有可能实现接近完全契约;隐藏信息或知识越多,则委托人需要设计一种激励契约,以诱使代理人给出更多的真实信息或知识,这一模型在旅游服务契约中尤为重要。因为隐藏行动是困难的,更多的表现为信息或知识的隐藏。因此,对于旅游服务合同契约来说,设计一种激励契约就可以防止出现事后道德风险。

可见,这些契约类型和模型对于旅游服务合作契约的设计具有重要参考价值,也是解决旅游服务契约复杂性和综合性的主要途径。

3.4 不完全契约理论的应用研究

任何一种理论如果没有实践指导价值,也就会逐渐丧失其存在的生命力和意义。不完全契约理论作为一种前沿理论,同样面临着与实践的结合以及应用方向的选择等问题。近年来,国内外不少学者已开始了这一方面的积极探讨。

3.4.1 国外的应用与理论进展

2000 年以来,国外学者对于不完全契约理论的研究已开始逐步转向实证研究，如 Rahman(2002)运用不完全契约理论，通过实证方法检验了不完全的财务契约是公司治理(包括信息披露)的重要决定因素。Bolton & Rosenthal(2001)以美国 1819 年经济恐慌(该次恐慌导致了棉花价格的大幅下降)为基础，指出政府对不完全债务契约的干预(允许对土地相关债务的延期支付)具有提升效率的作用。在纵向一体化与企业的边界、公司金融和公司治理，投资的资产专用性程度越高，契约越是复杂，投资风险越高，契约越是倾向于采取股权融资的形式，反之则相反。不完全契约关系下的交易效率(尽管无法达到帕累托最优)、产权安排或者说剩余控制权直接而有效(Foss & Foss,2000)。这说明剩余控制权的重要性。在旅游服务供需交易过程中，尽管不存在产权转移，但是剩余消费控制权同样重要。总之，不完全契约理论若能得到更多的实证研究结果支持，对契约理论分支的整合无疑将起到巨大的促进作用。

3.4.2 国内的研究与进展

关于不完全契约理论在旅游服务中的应用研究，学者们习惯从旅游合同的设计与法律规定等方面进行研究。实际上，有关旅游合同的研究一直存在争议，其实质就是人们对合同的契约性、不完全性认识还不够充分。当然，旅游合同也只是实践中旅游服务契约关系的一种安排，有关其他类型的旅游合同或契约在旅游业界中的体现和应用，还较少受到人们的关注。根据本书研究的需要，下面将重点对国内旅游合同契约的研究进行回顾与评述。

国内学者对旅游合同研究的比较晚。2000 年以来，关于旅游合同的研究文献才逐渐多起来，研究内容主要集中在四个方面：①旅游合同的概念特征和法律性质等基础理论；②关于旅游合同纠纷等；③关于旅游合同双方的权利义务；④关于旅游合同立法。张巍(2005)讨论了不对称信息下委托—代理关系中合同的线性化与线性化合同，指出线性合同是事后不稳定的。如果产出受到随机扰动的影响，那么代理人必将从中获得风险租金，不需要设计无数个合同以甄别并激励每一个代理人，而只需要设计一个简单的线性合同。并且制订无参数的线性合同具有次优配置下参数的整体特征。通常意义下的最优合同应该是非线性的，然而实际上线性合同得到了大量的使用，主要原因有两点：①复杂的激励方案难以实现；②信息结构或技术条件的微小变化，都会使激励方案很难保持最优。

可见，不完全契约理论在旅游服务方面的应用主要是旅游合同，还主要是从法律角度进行分析，而从委托—代理关系出发的契约应用研究非常值得关注和参考。

3.4.3 关于旅游合约（合同）

合同属于一种合作协议，需要合作伙伴共同投入资源，并形成一种相互抵押的激励机制。旅游合约并不具有合作伙伴的商业性质，更多具有的是一种交易服务产品的承诺和实现。由于旅游合同缺乏更权威的司法解释，人们也就形成了不同的学术观点。

（1）关于旅游合同的内涵与性质问题，学者们一直以来都存在较大争议。

第一种观点认为：旅游合同就是一种服务合同，是指由双方当事人约定，一方提供旅游服务，另一方为此支付约定的旅游费用的合同。

第二种观点认为：旅游合同是专指旅行社提供旅游服务，由旅游者支付旅游费用的合同。

第三种观点认为：旅游合同是旅游者与旅游业者所订立的旅行及游览契约，是约定旅游活动双方权利义务关系的协议。

（2）台湾地区有关机构在审理一起旅游合同纠纷的上诉案件中曾指出，旅行契约是指旅行业者提供有关旅行给付之全部于旅客，而由旅客支付报酬之契约。孙森焱（2007）认为，旅游契约系由旅游服务经营者为旅客设计全程之旅游计划，并提供旅游服务，其报酬则由旅游服务经营者预先确定总额，为旅客所接受而承诺订立契约。黄茂荣根据台湾地区相关规定认为，旅游合同是一种综合服务的承揽契约，主要由运送、导游、餐饮、保险及其他相关手续之代办所组成。针对以上不同的解释与看法，左翠莲、符信新（2003）提出：旅游合同实际上是一种兼有代理、行纪、居间、承揽、服务性质的混合合同，用传统民商合同法理论进行界定是很困难的，把它归入任何一种传统的有名合同都是不妥当的。

（3）由于旅游活动涉及面广、内容丰富、形式多样，因而各国立法对旅游合同理解并不完全一致。

我国1999年颁布的《合同法》中认为旅游合同仍属无名合同，即非典型合同。由于我国旅游立法的滞后以及旅游合同的复杂性，导致各地司法实践中比较混乱，一些地方结合本地的特点已率先制定了地方性的旅游法规以及规范文件。

德国民法典第651a条规定：①根据旅游合同，旅游举办人负有向游客提供全部旅游给付（旅游）的义务。②有关介绍与应履行个别旅游给付的人（给付承担人）订立的合同声明，如果根据其他情况从表面上看，声明人自己负责提供合同规定的旅游给付是有理由的，该声明将不予考虑。前南斯拉夫的债务关系法则将旅游合同分为旅游组织合同（第859至879条）、旅游代理人合同（第880至884条）和分配房间合同（第885至896条）。从日本的旅行业法和标准旅行业条款来看，旅游合同主要指旅行社与参加包价游的团队为明确双方的权利与义务而缔结的合同。1970年在布鲁塞尔制定的《关于旅行契约的国际公约》则将旅游合同分为两大类：一类是组织旅行合同，是指某人依约以其个人名义，按照总价格，承担向他人提供一项包括交通、逗留（不在运输时间的逗留）或任何其他相关服务的综合服务项目的一切合同；另一类是中间人承办旅行合同，即指某人依约以个人名义，按照一定价格承担向他人提供一项组织旅行合同或提供一项或数项单个服务，使任何旅行或短期逗留得以完成的一切合同。

(4)随着旅游合同适用范围的日益扩大，快速、简捷且低成本的旅游合同订立程序已成为旅游企业经营的客观要求。在参团游的旅游活动中，旅游合同的标的就是旅行社向旅游者提供包括餐饮、住宿、交通、娱乐、导游甚至购物等在内的一揽子服务；而旅游者所享受的这些服务显然并不是由旅行社所提供的。由于旅游供应商与旅游者缔约能力的不均衡，在旅游合同的订立过程中，旅游供应商往往借助其市场地位及专业优势而隐匿一些真实信息，使旅游者不能根据需求而购买服务，只能依赖旅游供应商预先制订好的格式合同条款消费。尽管旅游格式合同是旅游者自愿接受旅游供应商预先拟订的全部格式条款，并且与旅游供应商达成了一致，然而这种失去前提和基础的“合意”所反映的旅游者意愿的真实性将大打折扣。在旅游合同的内容设计中，旅行社往往拟就有利于其自身利益的更多条款。

由于旅游服务质量是一种难以定量化和标准化的弹性评价指标，服务合约的建立更加必要。虽然国内外学者对契约理论在旅游服务方面的研究还不多，但是笔者认为，针对服务合作契约的研究具有深远意义。

3.5 本章小结

不完全契约理论是在主流经济学基础上发展而来。对不完全契约理论概念、性质、特征等方面分析,可以证明旅游服务的供需交易具有不完全契约性质。通过对威廉姆森和哈特提出的交易成本经济理论(TCE)和产权理论(PRT)两大学派理论分析,结合各自的研究优势,提出了旅游服务不完全契约的应用思路,包括非固定价格契约设计、自动履约机制以及旅游剩余消费控制权的问题,并指出在旅游消费过程中,旅游剩余消费控制权主要表现为旅游购物和娱乐消费。同时,在对国内外相关研究回顾的基础上,从不同的划分角度,对不完全契约的类型与模型进行了分类说明,结合旅游服务合约的特点,提出了构建具有激励性、最优化特点的服务契约,并为建立这一最优契约提供了理论准备。虽然国内外一些学者运用不完全契约理论,对旅游业进行了一定的理论探讨和分析,也有一些学者对旅游合同或契约等进行了研究,但主要是从法律特征和环境等角度,忽视了旅游合同或契约的经济属性,尤其是缺乏对契约的不完全性进行深入研究。

本章通过对不完全契约理论的应用说明,重点强调了旅游合约建立的重要性和必要性,并对构建的相关理论进行了阐明。可以看出:目前我国旅游服务业发展中出现的诸多问题,从本质上来看还是缺乏对旅游服务合同或契约的深入研究和分析,而造成旅游服务供需交易缺乏公平和效率。

第4章 机制设计的理论基础

4.1 相关理论综述

在一个存在委托—代理关系的双方或多方关系中，机制设计（Mechanism Design）通常由一个典型的三阶段不完全信息（贝叶斯）博弈构成。1973年，两篇针锋相对（Tit for Tat）的论文正式开创了激励机制理论。一篇是Gibbard的"投票机制的运作"，该论文提出：如果对个人的偏好域不加以限制，则对于任何一个非独裁的社会选择规则，都不可能找到一个使得每个人都说真话的机制。后来Satterthwaite（1975）对该文进行了补充证明，并得出了著名的Gibbard－Satterthwaite不可能定理。后来，Groves又在"团队激励"中提出了著名的Groves－Clarke机制，即证明在拟线性偏好下，可以找到一个说真话的机制，占优实施任何一个非独裁的社会选择规则。由贝叶斯均衡（Bayesian Nash Equilibrium）机制而产生的激励理论中最基本的原理就是"显示性偏好原理"（Revealed Preference Theory）。这一理论是由Gibbard（1973）完成，后来由Green & Laffont（1977）、Dasgupta（1979） & Myerson（1979）等学者加以完善和补充。1977年Laffont & Green发表了"满足公共品显示原理的机制特征"一文，提出并证明了存在说真话的机制，占优策略（Dominant Strategy）实施是任何一个非独裁的社会选择规则的充分必要条件，并指出Groves－Clarke机制是符合该条件的唯一机制。曹兴、石中华（2005）在对国外学者研究的基础上，设计了三阶段的激励机制对策模型，建立了一个可以同时分析隐藏行动、隐匿信息、道德风险的总体框架，并运用米尔利斯—霍姆斯特姆模型（Mirrlees－Holmstrom Approach）对每种情况下推导出的最优激励合约特征进行分析。

激励机制的设计就是体现委托人通过建立某种分配制度,促使代理人提供更多的私人信息,缩小委托人和代理人之间的信息不对称,并诱使代理人的目标决策和委托人的利益目标趋向一致。这一机制的实质就是对不完全合约的一种有益补充。

在机制设计中,必须关注“可实施”(或者激励相容),即代理人接受机制的收益总比拒绝机制的收益占优,这一点也正是旅游服务合作契约中引入激励机制的关键。目前,机制实施的方式可分为占优策略实施(即Gibbard - Satterthwaite 机制)、Groves - Clarke 机制以及基于阿罗悖论(Arrow Paradox)的单峰偏好研究;纳什均衡(Nash Equilibrium)实施(Maskin 定理);贝叶斯均衡实施(主要是对拟线性偏好研究)。从机制形式上来看,可分为单个代理人、多个代理人以及多个委托人等。根据代理人之间的不同关系以及不同策略,又可细分为更多的类型。

4.2 供需双方的重复性合作博弈

合作博弈又称正和博弈,是双方或多方博弈过程中的一种方式。合作博弈的实施使双方的利益都有所增加,或者至少是一方的利益增加,而另一方的利益不受损害,整个社会的利益有所增加。这一合作博弈过程的实现需要满足三个基本条件:①合作者为了克服自身的不足,需要最大限度地提高优势效用水平;②需要具有与另一方合作的动机和行为;③合作者之间经过彼此交流、充分沟通和协商,并订立各种有约束力的契约,最终实现一种联盟(Coalition)。当然,合作博弈能够产生一种合作剩余(Cooperation Surplus)。而合作剩余的分配既是妥协的结果,又是达成妥协的条件。合作博弈强调团体理性(Collective Rationality),即是效率、公平和公正。因此,合作必须产生于一种专有资产的“锁定”(Lock - in)功能。旅游供应商若转移交易对象,则损失巨大。因而多数旅游供应商不愿意转换行业,否则就会失去合作博弈基础。

4.2.1 重复合作博弈

在重复合作博弈的过程中,只要博弈双方在第一轮博弈中双方能够进行合作,则双方就会永远合作下去。大量的重复博弈(Repeated Game)与合作博弈(Cooperation Game)的实现是由于这种重复博弈的时间相对很长,具有无限重复博弈的性质。企业间信任的产生就是一个重要的重复博弈过程。当然,在重复合作博弈中,通常有三种可能发生的情形:

情形一:供需关系链要获得较强的竞争力。在这种情形下,供需关系链的节点企业间就应采取长期、稳定的战略合作伙伴关系,链条中企业间的博弈需要具有无限次重复博弈的特征。若贴现因子(Discount Factor)δ 越大,则供需双方对未来利益或长期收益的依赖及重视程度也就越大,于是博弈双方就会更加关注未来的效用,均不会为了短期利益而激怒对方,导致自己的长期收益受损。若贴现因子 δ 越小,则供需双方就会更加注重短期收益,容易采取机会主义行为,不利于双方采取完全的合作策略。于是,合作倾向变小,供需关系链的效率降低,最终导致合作失败。

情形二:若供需关系链上企业能够长期垄断某一市场,那么博弈双方将采取重复博弈,并且采取“针锋相对”策略。在这种情形下,供需关系双方可能都会从一开始就选择不合作策略,发展到最后私下达成合作协议;若出现单方违约,则导致合作契约失效。只有经过长期的反复博弈,供需关系链企业间的这种合作协议才是有效率的。

情形三:供需关系链上企业进行有限博弈和一次性博弈。在这种情形下,无论是有限博弈还是一次性博弈,在本质上没有什么区别,其结局都会导致不合作。如果博弈一方不选择合作策略,则另一方也一定会选择不合作策略,结果将是两败俱伤;如果一方选择合作而另一方选择不合作策略,则一方就会在下一次博弈中惩罚对方。如果双方进行无限次重复博弈,则合作会对双方都有利。因此,只有在无限次的重复博弈中,双方的理性选择才可能是合作均衡。

在旅游服务的供需关系中,博弈方具有单次或多次重复以及不确定性的多阶段、多任务博弈等特点。这些也增加了旅游服务合作契约设计的复杂性和难度,也是本书研究的重点和难点所在。

4.2.2 国外学者的研究

国外学者对于供应链企业间的合作博弈问题研究较多。Axelrod R, Dion D(1988)研究指出:当一种博弈在多人之间(而非两人之间)同时进行时,合作倾向更难发生和维持。根据重复博弈的无名氏定理(Folk Theorem),在未来足够重要的情形下,每一回合博弈符合个体理性的选择,在无限次重复博弈中则构成纳什均衡。在所有的重复博弈中,任何纯策略都存在相应的中性策略。Maynard Smith & Price(1995)在构造的进化稳定对策(ESS)条件中所要求的强稳定性(Strong Stability)在现实中是无法实现的。Nowak(1990)研究了无限次重复博弈中,由应对型策略组成的同质人口,通过分析支付函数形态指出,进化稳定对策(ESS)策略不能同时也是聚点策略(Attracting Strategy)。因而,ESS策略无法实现。"在重复的囚犯博弈中没有任何一种纯策略是进化稳定的。"Lorberbaum(1994)进一步将此结论推广到混合策略下的情形。另外,对于合作博弈的研究证明:当谈判者多于三方时,即使在完全信息条件下,也常常会出现"空核"(Empty Core)解,即协议的结果不是有效率的。阿克塞尔罗德(Axelrod)指出,针锋相对(Tit for Tat)这种策略虽然看似简单,却是最佳的取胜策略。克瑞普斯(David Kreps)等人的研究指出:只要博弈次数足够大,针锋相对的策略对于解决"囚徒困境"问题同样具有吸引力。为了控制合作伙伴的机会主义行为,完备的合同是非常必要的,即包含有明确的阻止和监督机会主义行为的条款。这些研究说明,有效的信息沟通有助于合作博弈的实现。迈尔森(Roger Myerson,2001)指出:"博弈中的参与者能够有效合作,一种可能的解释是他们可以利用博弈前通信,把他们的期待协调到一个对某些或全部人都有较好福利性质的焦点均衡。"

这些重要的研究结论说明:一方面在旅游服务合作契约的设计中,必须考虑博弈方的数量限制;另一方面重复合作博弈有助于旅游供需关系链上主体间的合作。

4.2.3 国内学者的研究

近年来,国内学者也有一些相关研究。郑君君等(2006)指出:从总体上来看,供应链中的合作关系可以概括为供需双方的一种合作,双方为自愿达成的契约合同。供应链中的双方合作将使双方收益增加,供需双方博弈要达到一种均衡解,通常需要具有四个条件:①合作能够产生优于不合作的结果;②供需双方可能合作的原因是存在一种激励机制;③导致合作出现的原因是双方可能再次相遇;④对实施非合作策略的背叛行为要进行惩罚。刘友金等(2007)指出,不论是非集群的企业之间,还是集群中的企业之间,只要它们之间具备无限、不确定次数的交易条件,或者具备长期的交易条件,其理性的选择都将是采取互相回报式的合作行为，并由此而建立长期的信任关系，形成一种进化稳定对策（ESS）。同时，他们的研究还指出：集群中企业即使是一次性交易，一般也不会采取机会主义行为，因为集群企业具有应对道德风险的“社会实施”机制。张维迎（1996）指出，根据“在重复博弈中，从任何一个阶段开始的子博弈都与这个博弈的结果相同”的定理，此战略是无限次重复博弈的一个精炼子博弈（Sub - game Perfect）Nash 均衡，即帕累托最优（合作，合作）是每一个阶段的均衡结果。

可见，重复博弈是信任产生和维持的一个重要前提条件。重复博弈中的信任（守诺）并不是基于利他主义，而是基于长期利益最大化的认知和理性选择。在存在多方契约的博弈中，合作是困难的。正是这种“不是有效率的”的解，促使企业间在竞争的同时，也保证了消费者利益不会因市场力量的不均衡而受损。

4.3 供需关系链的机制设计研究

4.3.1 国外学者的研究

由于一个市场里可能有多个供应链的利益共同体，每个供应链包含着多个经济主体，它们都在独立地追求各自的利益。事实上，局部最优的行为可能并不是全局最优（Whang，1995）。因而，在机制设计方面，不少学者都进行了相关探索。Cachon G. P. & Lariviere M. A.（1999）认为：说真话不一定就能够实现社会最优，甚至利益各方的收益反而会因此减少。考虑了下游厂商作为决策者时的随机需求情景，他们（2001）重点分析了不完全信息下的制度设计，上游厂商根据下游厂商设计的可供选择方案来判断下游厂商所面临的真实需求（分离均衡，Separating Equilibrium）。博弈论中的拍卖理论也被引入供应链的制度设计中，以优化整个供应链效益。（Chen，RR，Roundy，RO，Zhang，RQ and Janakiraman，GE，2005）同时，运输成本在这样的模型中也第一次被考虑进来。通过拍卖机制，采购人员从供应商那里获得真实信息。一般来说，上游厂商和下游厂商通过价格来交易，因而价格方案的设计也就成为制度设计中的核心问题。

供应链合约设计除了增加供应链的整体收益之外，还能够在供应链伙伴之间分担风险。这一点对于旅游服务合约设计也具有十分重要的现实意义。Tsay等(1999)根据决定企业之间关系的条款,提出了一系列的合约方案:如决策权分配;最少商品的购买承诺;回购和退货政策;分配规则;延迟交付时间方案;定价方案,包括用价格折扣来协调供货商和零售商,以发现最优定购数量;数量方案,有不同的折扣机制,如总量折扣和增量折扣。Dolan(1987)提出快速响应(QF)方案减少了牛鞭效应(Bullwhip Effect)。Cachon & Lariviere(2000)提出RS(利润共享)合约,并研究了这一合约对供应链绩效产生的影响,供货商向零售商索要产品成本的ω比例,分享零售商销售商品收益的φ比例,于是其模型被刻画为(ω,φ)。Giannoccaro & Pontrandolfo(2004)对利益分享方案作了进一步研究,并建立了三层次模型,以分析最优的收入分享方案。

4.3.2 最新的研究进展

在供需关系链的合作机制研究中,Taylor(2002)提出了制造商奖励给零售商的两种回扣方式:即线性回扣和目标回扣。Cachon(2001)在论述竞争与合作的选择问题时,构造了一个供应商和n个零售商的模型。在模型中,成本包含库存持有成本和退货成本,竞争性的解决方案就是一个纳什均衡解,并存在三种合作战略:一是改变激励(Change Incentives),即改变企业的激励,但并不能保证实现最优。二是改变均衡(Change Equilibrium),即均衡点的改变,能够改善绩效但不一定实现最优绩效。三是改变控制(Change Control),即改变控制的方式,如供应商控制订货点(VMI的重要部分),会实现供应链绩效最优化。Gjerdrum、Shah和Papageorgiou(2001)提出利用纳什博弈模型,辅之以混合整形非线性规划,通过转移支付手段来解决供应链的整体最优问题。Boyaci和Gallego(2004)则构建了一个具有两个供应链市场的三种情形:即合作、竞争和混合,讨论了均衡服务战略、相应的库存策略以及每种情形下的利润,并进行了相关比较,进一步提出合作是占优均衡。可见,供需关系链合作不但要保证合作各方的当期利益,还要考虑长期利益,因而供应链中的创新非常重要。如Gilbert & Cvsa(2003)提出上游企业可以通过战略性价格承诺,来激励下游企业的产品创新。

4.4 合作契约下的激励机制研究

4.4.1 相关理论解释

国内外学者对于供应链合作契约与机制设计方面的研究，主要是运用委托—代理理论进行设计与分析。这一研究的主要思路表现在两个方面：

一是假定在信息完全对称的确定性情况下，进行三个阶段的博弈。即第一阶段是委托人制定合同选择代理人；第二阶段是代理人选择并接受委托合同；第三阶段是代理人面临两种选择，即若选择努力，给委托人带来高收益，同时代理人得到较高的报酬 w_1，代理人则需要付出较高的成本 c_1，若选择偷懒，则导致委托人获得低收益，代理人也将得到低报酬 w_2，同时付出较低的成本 c_2。于是，根据理性博弈方的决策原则，如果 $w_1 - c_1 \geqslant w_2 - c_2$，此时代理人就会选择努力，该不等式被称为理性相容约束（Incentive Compatibility Constraint）；否则代理人会选择偷懒。但是，无论第三阶段的选择是哪一种情况，代理人的第二阶段选择接受委托条件：$w_1 - c_1 \geqslant \theta$ 和 $w_2 - c_2 \geqslant \theta$（其中 θ 为接受委托合同时的机会成本）都必须满足。这两个不等式被称为参与约束（Participation Constraint），即为代理人接受委托的基本条件。

二是假定在信息不对称的不确定性情况下，令 α 是不受代理人和委托人控制的外生随机变量，也称“自然状态”，它只是在代理人选择行为 χ 后才实现，α 在取值域上概率分布的密度函数为 $g(\alpha)$。委托人的收益是一个以 χ 和 α 为自变量的函数 $\pi(\chi,\alpha)$，χ 和 α 还共同决定了一个可观测的代理人的产出结果 $p(\chi,\alpha)$，委托人根据观测结果选择报酬函数 $w(p)$。另外，代理人每作一次选择，就需要付出相应成本，表示为 $c(\chi)$。这样委托人和代理人的效用函数可分别表示为：$v(\pi(\chi,\alpha) - w(p(\chi,\alpha)))$ 和 $U(w(p(\chi,\alpha)) - c(\chi))$。基于委托—代理模型，设计契约的实质就是通过契约的形式寻求参与者个体利益与整个供应链集体利益的统一。委托—代理关系是有效合作的实质要素，有效合作有助于最小化代理监督和关系成本。

因此，关注委托—代理理论的利益矛盾和激励机制问题，是进行合作契约设计的重要理论依据。

4.4.2 国内外研究实践

近年来,国内外学者对合作契约问题也进行了相关研究。孙昌群、汪应洛(2005)分析了现行有限合伙契约的刚性激励对风险投资家努力水平的抑制,并提出有限合伙契约的"柔性"激励思想。这一思想也正是旅游服务契约设计中需要借鉴的。Comper & J. lerner(1999)认为:声誉及品牌会导致风险投资者在前期提高其努力水平。同时,假设将 λ_t 计为在第一期低于其努力水平的边际损失,则在第二期就等于其努力水平的边际损失,可以提高风险投资者的努力水平,以实现有限合伙契约的"柔性"激励设计。这一柔性契约对于旅游服务合作契约的设计具有良好的借鉴价值。若将旅游者作为服务投资者,而供应商作为服务资本投资家,则它们之间就可以建立一种关系。由于旅行社与服务供应商之间也存在一种合同契约关系,在实践操作中,建立边际损失 λ 与风险投资家努力水平 α 之间的连续函数关系,显然是不现实的。因为连续函数关系要求有限合伙契约的清偿必须是不定期的,这将导致契约的不稳定。因此,在风险投资实践中,普遍将有限合伙设计为有一定存续期的契约。这种到期清偿机制使得风险投资家必须每隔一段时间,就需要与投资者签署新的有限合伙契约。郭琼、杨德社(2005)研究了基于期权机制的一种供应链协调决策模型,发现期权机制下的供应链及其成员的收益要优于报童模型(Newsboy Model)的情况。为了实现供应链协调,供应商必须给定相应的契约参数,激励零售商参与协作的愿望,而使供应链的整体收益达到最优的同时,也增加供应商和零售商的利润,从而实现帕累托最优。卢纪华、赵希男(2005)的研究指出:为了调动合作伙伴的积极性,并避免由于合作伙伴未在要求的时间内完成相应的工作,致使项目延期带来损失,盟主非常有必要建立一种动态契约机制,通过完全承诺的长期契约关系,分时段激励和约束合作伙伴的活动。王夏阳(2005)提出从企业间契约关系入手,设计合理的激励性契约,包括合作中的收益分配、信息披露或共享,以达到供应链的动态协调。这些研究对旅游服务合作契约设计中的激励问题都有重要的参考价值。

此外,还有不少学者在契约机制方面进行了研究。郭敏、王红卫(2002)以供应链组成成员自治性利益要求为前提,提出了合作型供应链模式存在的两个主要问题,即合作收益的合理分配和合作中信息与行动的激励,进一步提出了利益协调的三层结构模型，协商机制主要包括市场机制、拍卖机制、双边、多边谈判机制等；而在激励方面还提出一种供应链成员使用的契约或合同，用来规范成员行动的约束或制度。梅铁群等（2006）对供应链企业间的合作契约机制进行设计，通过博弈分析设立了一种惩罚机制来约束参与者个体行为。晏再庚（2006）基于委托—代理理论，运用博弈论对供应链管理中的激励合同进行设计和分析。叶飞等（2005）研究了不同需求函数假设对供应链协作契约机制设计的影响。

因此，基于供需关系的激励机制设计理论，对于旅游服务供需合作契约设计具有重要的参考价值，而合作契约设计问题也正是本书讨论的重点。

4.5 不对称信息的最优激励设计

针对不对称信息条件下的最优激励问题，詹姆斯·米尔利斯（James A. Mirrlees）提出了"委托人—代理人模型"，并奠定了委托—代理理论的模型框架。随后，霍姆斯特姆（Holmstrom）等人对委托—代理理论的研究方法做了进一步发展，并形成了米尔利斯—霍姆斯特姆模型方法（Mirrlees - Holmstrom Approach），从这个方法中可以推导出最优激励合同的基本条件。在信息不对称条件下，如果能观察到当事人的活动结果，但不能观察到活动本身，那么对当事人支付的报酬就必须以能够观察的结果为基础，即必须对当事人进行激励。这一理论有助于我们改变现有的旅游服务支付方式，包括可为增加小费支出的合理性提供理论依据。由于委托人的效用是通过代理人来实现的，因而委托人面临着来自代理人的两个约束：一是参与约束或个人理性约束（Individual Rationality Constraint，IRC），即代理人从接受合同中得到的期望效用不能小于不接受合同时能得到的最大期望效用。这一效用往往成为契约设计中的代理人接受合同的机会成本。二是代理人的激励相容约束（Incentive Compatibility Constraint，ICC），当委托人不能观测到代理人的行动和自然状态时，在任何激励合约下，代理人总是选择自己期望效用的最大化。满足参与约束的机制就是可行机制，满足激励相容约束的机制就是可实施机制。委托人设计合约的目标就是选择一个可行的可实施机制以达到最大化的期望效用。

当代理人的努力水平可以观测时，激励相容约束就是多余的。这时委托人只须考虑个人理性约束，即满足 $U(\beta,W(\beta))\geqslant Uv$，根据对 H 分布及每一种总努力水平下产出分布的先验概率，就可求解满足代理人参与约束的最大化自身收益的最优努力水平 β。当选定最优努力水平 β 后，强制性合同、临界值合同和线性合同三种合同形式就是同样有效的。因此，在不对称信息的激励问题上，需要考虑到最优激励就是一种合约的设计。

4.6 合作契约下的互惠机制研究

4.6.1 相关理论的解释

大量事实证明：互惠是人类行为的一个强有力的决定因素。在互惠博弈中，参与者的效用不仅取决于原博弈的报酬，还取决于善意程度和互惠条件。互惠行为往往是受善意回应的驱动，而不是为了降低不公平的程度。即使在动机缺失的条件下，大多数人仍然会出现合作互惠行为。互惠是人们对感知的善意或恶意的行为反射。根据进化论的生态理性，相当一部分的利他行为（Altruistic Behavior）不能被亲缘和互惠理论解释，其中最重要的是强互惠。它是合作伙伴关系已经建立起来的一种合作，是通过长期的合作形成相互受益和相对稳定的关系。强互惠存在的真实证据来自于"最后通牒"（Ultimatum）的实验和基于代理模型。旅游服务供需主体间的稳定发展，一方面必须存在互惠的基础，即双方有合作的愿望和要求；另一方面也必须存在互惠的条件，即供应商与需求方之间有知识和信息外溢的好处。这样，双方的合作互惠行为才能发生。当然，供需主体之间还需建立一种合理的退出机制，必要时应对违规者进行惩罚，这样才是强互惠合作。此外，供需主体间互惠合作的受益不都是直接的利益，还有间接的受益，如声誉增加就是一种（Leimar & Hammerstein，2001；Milinski et al，2002；Nowak & Sigmund，1998）。

由于旅游服务合作行为的存在，互惠可能是达到的一个好的目标；正互惠能够被描述为一种第二个行动者回报第一个行动者昂贵的行为，基于交换中获利，对于第二个行动者及其对第一个行动者动机意图的信任。大量的实验及实证数据从不同的学科角度表明：人的行为中包含互惠因素，即人具有普遍的互惠行为,对友善回报以友善(正互惠),对不友善回报以不友善(负互惠)。然而,Alexander(1987)也进一步假设"间接互惠是发生在其他人面前的直接互惠"。间接互惠需要群体成员不断地对声誉和成员资格进行评估和再评估。互惠信任关系通常存在于三种条件:(Ⅰ)相互的收益来自于供需双方联合的行动;(Ⅱ)博弈者A将采取冒险行为相信博弈者B;(Ⅲ)博弈者B放弃某些利益是为了互惠博弈者A的信任。当然可考虑条件(Ⅱ)博弈者A相信博弈者B,只有当博弈者有两个相互的信任:博弈者B将解释他的行动是由于信任博弈者A,博弈者B将互惠报答作为条件(Ⅲ);很清楚条件(Ⅰ)博弈者B的行动能够被描述为互惠,只有解释博弈者A的行动作为信任。根据Baron - Cohen,主体必须有一个共享的或可能的共有利润。

4.6.2 互惠理论的应用与实践

对于旅游服务合作行为的研究,关于多方利益主体的行为必须充分考虑旅游供需双方的行为问题。传统经济学认为人的理性是第一位的,而从博弈论的研究来看,许多发生的问题是理性不能或难以解释的,而需要从供需双方的互惠合作理论中得到求证。旅游服务的交易过程涉及多利益主体,最简单的就是旅游供应商与旅游者之间的合作关系。从建立一种友好、信任、互惠的合作关系过程来看,服务过程中互惠行为的产生与演变尤为重要。近年来,实验经济学理论的探索与实验研究也证实:人们的许多经济交易行为中包含着非自利的因素,互惠(Reciprocity)行为就是一种重要的表现。依据互惠理论,从旅游服务的互惠合作发生与演变过程来看,互惠不仅有助于旅游服务供需合作双方或多方关系的稳定发展,而且也有助于它们各自的收益所得与长期共存。对于旅游供应商与旅游者之间的互惠合作演变模型,如图4-1所示。

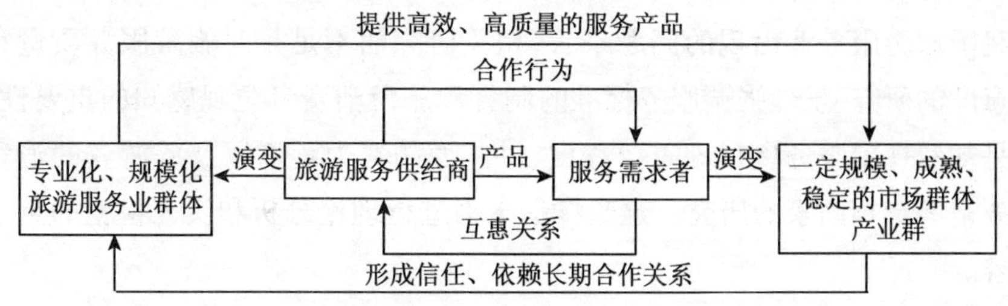

图4-1 旅游供应商与旅游者之间互惠合作关系演变

从图 4 - 1 可以看出:当旅游者与旅游供应商之间的互惠合作关系稳定后,旅游供应商的规模、专业化服务能力也将不断增强,并最终形成一种集团或产业集群;同时,旅游服务需求者也逐渐演变成为具有一定规模、成熟而稳定的市场消费群体,从而有助于提升旅游产业化发展的整体水平。

从以上文献的研究回顾可以看出:目前学者对于旅游服务合作契约的研究并不多,但是随着旅游服务供需关系链的客观存在与发展,旅游业与制造业等传统产业在供应链发展方面存在的差异会日益引起人们的重视。虽然旅游服务合同制已存在多年,但是旅游服务合约设计缺乏经济性内涵以及各利益主体的诉求,同时在实施上还缺乏法律上的有效保护。服务合作也是一种互惠互利的过程,供需双方在合作中获得各自的最大收益,同时实现共同发展,也是服务合约建立的价值所在。因此,通过多种理论的交叉运用,有助于将我们所研究的旅游服务合作契约设计问题不断向前推进。

4.7 本章小结

机制设计理论是合作契约实现的重要前提,尤其激励机制设计对合作契约具有十分重要的意义。通过对供需双方的重复性合作博弈、合作契约下的激励机制、不对称信息下的最优激励以及服务合约实现中的互惠理论分析,有助于我们进一步理解机制设计的重要性以及基本思路,对旅游服务合约的设计研究具有重要指导意义。虽然目前国内外已有一些学者运用机制设计理论和互惠理论等,对旅游业的发展等相关问题进行了理论探讨和分析,但是还存在明显的不足。

服务合作是一个互惠互利的过程,供需双方的合作有助于实现各自的最大收益,同时也有助于他们实现共同发展,这也是服务合约建立的价值所在。从行为科学的角度来看,互惠利他等理论也支持本研究的开展。从目前我国旅游服务业出现的问题来看,相关研究的不足是对旅游服务质量和满意度的研究,虽然强调服务标准的制订和旅游消费者主观感知的重要性,但是却忽视了服务项目的重要程度、供应商的努力程度以及旅游者的消费服务量等影响因素的研究。这些将是本书进行理论分析和实证检验的重点内容。

第5章　供需关系链与主体间博弈特征分析

5.1 旅游服务供需关系主体特征

旅游服务供需关系主体是供需关系链生成的基础和前提，也是旅游服务合作契约关系实现的根本保障。Steve selin(1995)曾较早研究了旅游伙伴主体之间关系的模式进化问题。随着旅游服务业的专业化、特色化和规范化发展，目前学术界和实业界对旅游服务供需关系主体的认识已基本趋于一致，即包括旅游(消费)者和旅游中介(旅行社)，以及提供景区(点)服务、交通服务、餐饮服务、住宿(宾馆或饭店)服务、购物服务和娱乐服务等六大供应商。这八大旅游服务主体是旅游服务供需关系最直接、最基本的构成要素，他们之间往往因多种供需关系模式而形成具有不同特性的供需关系链。

本章的重点是对旅游服务八大供需关系主体的个体及总体特征进行分析，在此基础上，进一步对其所构成的供需关系链以及相互之间的博弈关系进行分析。

5.1.1　单个主体特征分析

在旅游服务的生产和消费过程中，由于旅游服务供需关系的八大主体所处的交易角色和地位不同，因而他们在基本属性与内容、交易方式和契约形式及关系等方面的特征也不同，具体表现可参照表5－1。

表 5-1　　旅游服务供需关系主体的类型与特征

类型\特征	基本属性与内容	角色与地位	交易方式	契约形式	契约关系
旅游者	服务需求主体 可自行组织自助游	服务主导者 参与生产与消费	前期部分支付，后期支付尾款或小费等	直接付款、提供信用卡或签书面合同、口头承诺等	委托
旅行社	服务中介 组织参团游服务	服务中介 纽带作用	前期支付 合同或承诺	书面合同书 口头承诺	双重代理
旅游交通服务商	提供交通和运输服务	必需设施	票据 前期支付	交通票据(车票、机票、船票等)	委托
旅游住宿服务商	提供住宿服务	必需服务	前期支付部分，后期再支付余款	各种住宿票据 房卡	代理
旅游餐饮服务商	提供餐饮及文化服务	不可缺少	事前或事后支付费用	各种餐费票据	委托
旅游景区服务商	提供参观游览体验场所	服务核心区	票证式 事前交易	各类景区(点)门票或参观券	代理
旅游购物服务商	提供购物环境 旅游商品	非必需服务 增值性服务	现场交易	购物发票 信用承诺书	委托
旅游娱乐服务商	提供娱乐场所 设施服务		事前约定	各种票据 设施实际使用	代理

(1)旅游者(Tourist):即旅游消费者或游客,通常指具有旅游动机、旅游支付能力和闲暇时间三大基本要素特征,并已参与旅游活动的实际消费者。旅游者是旅游服务发生的逻辑起点,也是影响旅游供给行为的最重要主体。旅游者的消费行为特征将直接影响旅游供给市场的变化,是供需合作主体间博弈的重要一方,也是合同契约制订的直接相关者。在基于委托—代理关系的旅游服务合同契约设计中,旅游者作为委托方,具有风险中性、类型特征明显等特征。作为旅游服务供需关系链中的主导者和直接需求主体,旅游者是链条企业价值实现的核心要素,也是影响供需关系链建立的最重要因素。长期以来,国内外学者分别从不同角度,运用不同方法对旅游者的消费行为进行大量的实证研究。近年来,已有部分学者关注到旅游服务供需链及合同契约等方面的研究。

(2)旅行社(Travel Agency):旅行社是旅游服务的生产与中介组织,也是旅游市场的前沿和枢纽。其基本业务是围绕旅游者的需求链开始,这一链条的起始点就是旅游者的动机。旅行社一方面作为旅游服务的中介机构或中间商,主要是借助相关的旅游供应商和相关产业的关联供应商,为旅游者在服务需求过程中所派生出的系列服务需求提供单项或组合服务;另一方面作为具有生产和销售功能的专业化旅游服务组织,还为旅游者设计旅游线路产品,不断满足旅游者新的服务需求。Hsien - Tang Tsai 等(2005)提出利用电子商务开展一些服务业务的重要价值。在供需关系链中,旅行社处于双重代理或委托—代理的双重角色。一方面旅行社具有代理方的属性特征,它接受旅游者或其他服务供应商的委托,向旅游者集中提供服务和线路产品;另一方面,作为委托方,旅游社具有委托其他旅游服务商向其提供采购服务的属性特征,它是旅游服务合作契约中的关键环节,也是旅游合同契约设计中的重要参与者。实际上旅游中间商(旅行社)销售产品的一部分就是一种服务承诺或者旅游权利。旅游零售商在销售服务产品时,还会与旅游者产生契约关系。旅游服务活动的正常运行依赖这些不同形式、不同内容的契约关系进行的。因此,合理的、严密的契约是保证旅游市场正常交易和旅游经济活动正常运行的主要手段。

(3)旅游交通(Tourist Transportation)服务商:是指为旅游者在旅行及游览过程中提供所需的交通运输服务的企业总称,包括航空公司、水运公司、铁路公司和公共交通运输公司、长途汽车公司等。它们是旅游服务实现的重要保障条件之一,也是旅游基础供给要素之一。旅游交通服务商所提供的服务内容主要包括交通车辆、交通路线、方向定位仪以及寻找路标、标识等。旅游交通服务的主要功能或价值体现在两个方面:一是游客抵达目的地的手段;二是游客在目的地内活动的必要方式(John. Westlake,1998)。在旅游服务供需关系中,交通服务供应商提供一种必需服务,属于旅游服务供给市场之一,具有专业化代理服务特征。

(4)旅游住宿(Tourist Lodging)服务商:是旅游服务供给中规模最大、范围最广的行业或组织,主要指大型饭店、宾馆,还有可为旅游者提供住宿服务的组织或个人,包括农场出租住房、出租公寓和别墅、由个人分时占有的公寓套间、度假村、提供住宿的会议和展览中心,以及野营营地、旅行拖车度假营地和提供住宿设施的船坞等。住宿服务是旅游者的基本需求与吸引要素之一,Cooper(1998)曾提出:“无论怎样对住宿设施进行概括,种类丰富多彩、形式多种多样,都不要忘记这一点。”住宿业是旅游业的重要支柱。目前饭店、酒店企业服务内容非常丰富，包括开发技术含量高的高质量、高附加值、多功能的住宿产品及个性化的住宿产品等。数字化酒店服务（视频点播、网站浏览、电子邮件、网上游戏、账单查询、物品清点、留言、无线点餐系统、店外服务等）都是值得开发的服务项目。在旅游服务供需关系链中，旅游住宿服务商也属于旅游供给市场之一，具有专业化代理服务属性。

（5）旅游餐饮（Tourist Catering）服务商：是指利用餐饮设备、场所和餐饮产品为旅游者提供饮食服务的组织或个人，主要包括酒楼、茶坊、咖啡屋、特色小吃及简餐等。它是旅游服务需求的基本供给之一，主要提供有形线索或有形提示以及无形文化礼仪产品，这些往往成为重要的吸引要素之一，也是旅游供需关系过程中需要多次重复的消费内容之一。在旅游供需关系中，它主要承担供给功能。

（6）旅游景区（Sightseeing District）服务商：是指某一组织或企业向旅游者提供其行使管理职能的旅游景区（点），即有明确的界限同外界相隔并有固定的出入口，对游人的出入能够行使有效控制的游览点或参观点。旅游景区服务商提供的服务产品包括解说服务、标识服务、导游服务和导购服务等。其中景区的门票价格及服务项目和类型是游客关注的重点。旅游景区供应商往往也是连接餐饮、住宿、交通、购物及娱乐服务的集散中心或消费中心，有时还具有一定的代理中心功能。它是供需关系中的核心主体，也是诱发人们产生旅游动机的直接原因，是旅游供需关系链形成的根本条件，属于供需关系中的核心环节。

（7）旅游购物（Tourist Shopping）服务商：是指为旅游者提供以旅游纪念品为核心的服务组织或企业，主要包括旅游商品店、旅游购物街、旅游特色街区等，提供包括旅游纪念品、日用品和免税商品。它是典型的有形服务供应，属于旅游供需关系中的非必需类消费服务，但又是一种产生极大经济效益的服务。它提供的服务属于旅游供给服务中的非必需服务产品，也是旅游价值链中属于推荐或自选服务项目，往往成为扩大需求者剩余消费控制权、提高旅游者服务量、增加收入的一个重要环节。因此，旅游购物供应商也是一种供需服务供给或需求的重要延伸环节。

（8）旅游娱乐（Tourist Recreation）服务商：是指由一定的设施、技术和具有特殊才艺的人员组成的组织或企业，向旅游者提供娱乐性、消遣性强的服务产品。它们往往成为一种独立的供给体，并以旅游活动项目形式出现，如迪斯尼乐园、欢乐谷、环球嘉年华等。它属于供给服务中的一种特殊消费，也是旅游服务中的时尚产品，是旅游供需服务链中的一个服务延伸。旅游娱乐属于旅游者剩余消费服务量的主要内容之一。

在旅游服务供需交易过程中，这些不同类型的旅游服务供应商因业务和活动需求而连接在一起，共同满足旅游者的服务需求，形成了不同的利益关联体，并具有了一定的整体供需关系特征。

5.1.2 供需关系主体的总体特征分析

(1)整体性与连续性

在旅游服务发生的过程中，这些供需关系主体之间因旅游者的购买行为而链接成为一个综合服务组合链或网，它们会从不同角度和方向为旅游者提供旅游活动过程中各种需求，从而保障旅游者获得一个完整的、满意的旅游服务体验。在旅游服务供需关系结构中，任何一个单体组织都不可缺少，同时也无法单独提供完全的旅游服务。它们之间只有形成一个紧密相连、完整的、需求带动型供需关系链或网，才能使旅游者的服务需求得以满足。同时，旅游消费过程又是一个连续的消费或购买过程，面对时间、费用、空间线路等方面约束，任何一个供需关系主体的缺失都会影响旅游服务的完整性和连续性。图5－1显示了旅游服务八大主体作为一个整体时的供需关系。

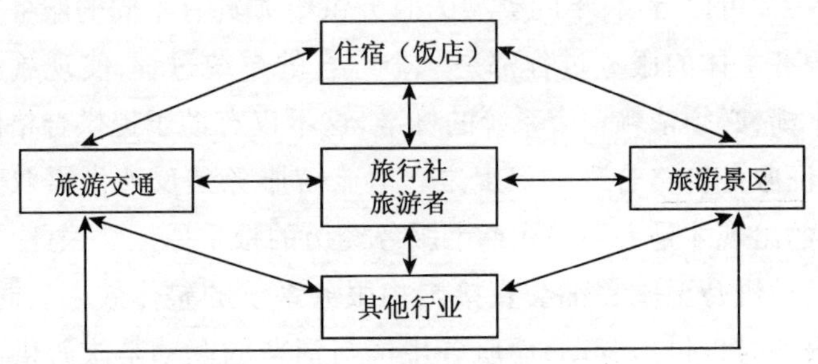

图5－1 旅游服务主体之间的关系

(2)系统性与互动性

旅游服务是一种综合性服务，其多重维度是服务传递系统设计和控制的核心。旅游服务的实现是一个开放的、多主体参与的动态系统化过程，旅游者是服务发生的根本动因;同时,每一个供给主体又有一个系统的服务包,而服务包(Service Package)是指在某种环境下提供的一系列产品和服务的组合,分为支持性设施、辅助物品、显性服务、隐性服务四个部分,它们是这个服务系统的重要支柱。具体可参见表5-2。

表5-2　不同类型旅游服务供给方的服务包构成

企业类型 服务包	餐饮业	住宿业	旅游交通业	旅游景区业	旅游购物	娱乐业
支持设施	餐厅建筑、招牌、餐桌等	宾馆建筑、卧具、前台大厅等	旅游车、座椅、行李物品架、走道等	景区空间资源、导路标牌、休息亭等	建筑设施、柜台、展示柜、椅子等	建筑设施娱乐器材、器具等
辅助物品	电灯、饮料、电视、音乐、消声实施等	肥皂、卫生纸、拖鞋、洗涤用品等	卫生袋、耳机、电视、杂志、音乐等	进出通道、观景车、便利车等	柜台、物品休息椅等	娱乐环境、灯光、背景等
显性服务	饭菜可口、上菜守时、规范、满意	舒适的床、桌椅、柔和灯光等	舒适座椅、快速、安全	景色满意、体验心情	商品精美、环境优雅、视野舒服	轻松、自由
隐性服务	问候语、折扣、餐前点心、水果等	服务态度、停车服务、行李运送等	服务态度、安全、不排队等候等	服务态度、环境、导游服务周到热情等	服务态度满意、折扣	服务态度、免费项目、试听材料等

从表5-2可以看出,不同类型的服务供给方具有不同的服务包。任何一个旅游服务主体的服务过程都是一个综合的系统过程,实现旅游服务供需关系的平衡,必须依赖一个系统的标准,这不仅有助于提供合格的服务产品,也是保证服务价格合理的尺度之一。旅游服务是反映供需双方互动的过程,游客的出现才是人们关注整个服务经历的根本原因。因此,旅游者的知识、经验、动机乃至诚实都会直接影响服务系统的整体效果。同时,旅游者在需要服务时也付出劳动,而服务生产与消费的互动是旅游供需双方的突出特征。

5.2 旅游服务供需关系的概念模型

通过对旅游服务供需关系主体的特征分析,结合现代旅游的具体实践,笔者认为可以将旅游者实现服务供需交易划分为两种主要类型：一种是自助型，即旅游者不通过旅游中介（旅行社）组织而直接与其所需旅游服务的供应商进行接触而实现交易的方式；另一种是参团型，即旅游者通过旅游中介（旅行社）组织而间接与其所需旅游服务的供应商进行接触和实现交易的方式。这两种主要交易类型是形成三种供需关系类型的基础，也是形成两种供需关系链和契约关系的前提。

5.2.1 三种供需关系模式

根据旅游者的需求模式、消费习惯以及供应商提供服务产品的类型、特点，这些供需关系主体之间可形成不同的模式。笔者结合我国旅游服务业发展的特点，认为可划分为三种供需关系模式：即直接式、间接式和混合式。如图5－2所示。

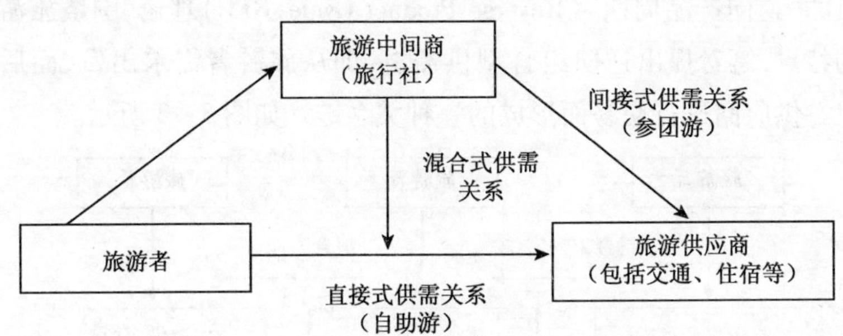

图5－2 旅游服务供需关系的概念模型

（1）直接式供需关系：主要是指旅游者直接、分散购买各种旅游服务产品并与不同的旅游服务供应商进行交易的一种关系模式。在这一供需关系模式中，旅游服务供需双方采取直接接触，并在相互的讨价还价中选择和完成交易。这种关系模式的主要需求方即是自助型旅游者。

（2）间接式供需关系：主要是指旅游者通过旅游中间商（旅行社）而间接、集中购买各种旅游服务产品的一种关系模式。在这一供需关系模式中，旅游供应商基本上不与旅游者直接接触，而只是按照事前与旅游中间商达成的隐性供需关系合同或约定进行履约服务。这一关系类型通常表现为旅游者通过委托旅行社的方式来购买旅游包价服务产品，提高了效率。这种关系模式的主要需求方即为参团型旅游者。

(3)混合式供需关系:主要是指旅游者一方面通过旅行社订购部分所需的服务产品,另一方面又直接购买某些旅游供应商提供的服务产品。通常表现为旅游者通过两种或两种以上方式购买旅游服务产品,并可能与多种旅游服务供应商建立一种供需关系。

5.2.2 两种供需关系链模式

从图 5 -2 三种供需关系模式来看,旅游服务供需关系之间实际上主要存在两种供需关系链模式。

(1)逆向组合型供需关系链

它是建立在直接式供需关系模式的基础上,形成具有单次、自选组合式交易的特点。由于这种供需链模式的实际起点是旅游者,而非传统供应链的起点——旅游供应商。因而,本研究依据美国学者 Barras(1986)针对服务业提出的"逆向产品周期"(Reverse Product Cycle,RPC)理论,围绕旅游服务消费的特点,笔者提出逆向组合型供需链,即从旅游者需求出发,而后分别与各旅游供应商进行交易而形成的一种关系链。如图 5 -3 所示。

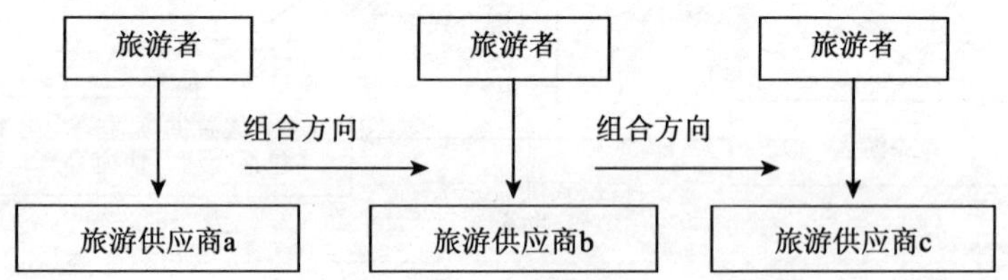

图 5 -3 逆向组合型供需关系链的概念模型

注:a、b、c 分别表示不同的旅游供应商。

从这一组合关系链可以看出,这是一种以需求为导向,具有阶段性而非连续性的关系链,也是一种交易复杂、不确定、稳定性较差的短期性供需关系链条。

(2)逆向单链型供需关系链

它是以间接式供需关系为基础而形成,是以旅游者服务需求为主导,以旅行社为中介而形成的一条连续的、需求导向型的供需关系链。笔者将这一种供需关系链称之为逆向单链型供需关系链。在这一链条中,旅游者不直接与各服务供应商建立供需关系,而是通过旅游中间商(旅行社)来完成整个服务流程。该种供需关系链的概念模型如图 5 -4 所示。

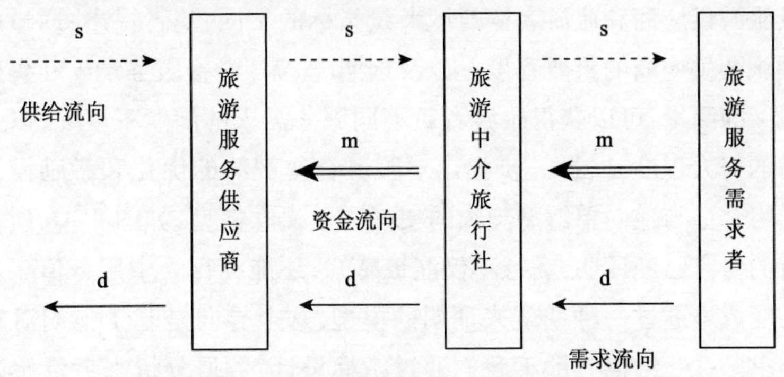

图 5 -4 逆向单链型供需关系链的概念模型

注:s(supply)是指供应商;m(money)是指资金流;d(demand)是指旅游需求。

从这一组合关系链可以看出,这是一种以需求为导向,具有连续性、稳定性较强的关系链,也是一种交易次数少、稳定性较好的长期性供需关系链条。

5.2.3 两种契约关系的概念模型

根据旅游供需关系的特征分析,本书将重点分析与讨论旅游者与旅行社、旅游景区、旅游交通、住宿、餐饮、娱乐和购物等不同服务供应商所形成的不同关系链,以及由此而形成不同的契约关系如图 5 -5 所示。

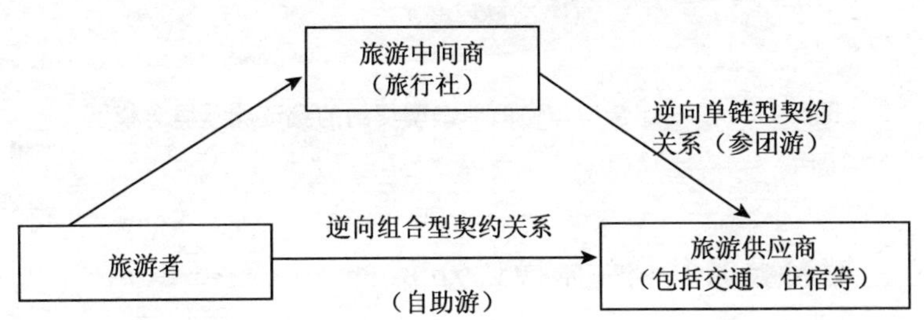

图 5 -5 逆向组合型与逆向单链型契约关系的概念模型

5.2.4 实证测量的概念模型

本研究是在旅游服务供需关系的基础上,针对供需关系的整体过程、相互间契约的形成以及影响因素来构建模型。考虑到旅游服务的不同契约类型以及旅游供应商和旅游者满意度考量指标的不同,笔者提出:通过旅游者对不同旅游供应商的重要程度 ε 以及预期(必需)消费服务量 q 和剩余消费服务量 x 的测量,可以获得旅游者对不同服务需求的满意程度 θ,以及旅游供应商的努力程度 β,进一步提出对服务合作契约的优化和激励设计。关于逆向组合型与逆向单链型契约的实证测量概念模型,如图 5－6 所示。一些学者的研究已经证明,满意不仅能被感知,还能在行为中用分值表示。满意度已变成可通过一种期望来证明的模型,这个导向是基于他们对知识的直接需求。这一结论有助于我们通过指标设计、数据分析来考量旅游服务的真实价值。

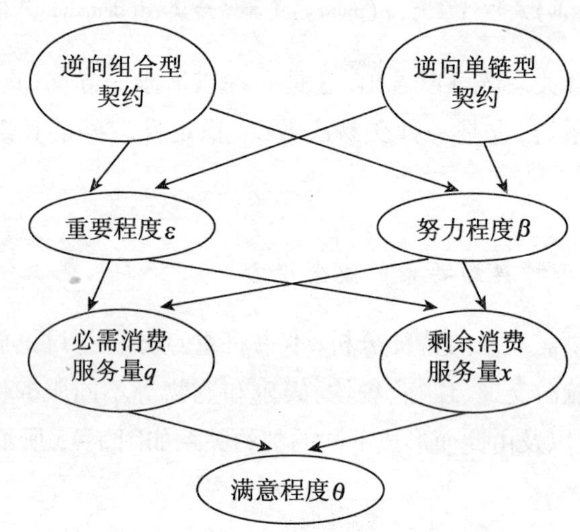

图 5－6　逆向组合型与逆向单链型契约的实证测量概念模型

5.3 旅游服务供需关系模式分析

5.3.1 直接式供需关系

这种供需关系中的旅游者直接将需求信息显示出来,基于对服务供应商的初步判断后而进入选择、谈判、交易实现的过程。旅游供应商直接与终端消费者接触,旅游消费者采取的是一种随到随买的交易方式,具有灵活性、自由性、随机性和主观感受性等特点,往往表现出对旅游供应商的现场服务效果、效率的特别在意;同时,也会看重旅游供应商的品牌与声誉。通常这一供需关系较不稳定,但却是赢得回头客的重要渠道和机会。因此,旅游供应商应该表现出对需求者较高的服务热情,主动营造现场的服务气氛。这一关系模式如图 5-7 所示。

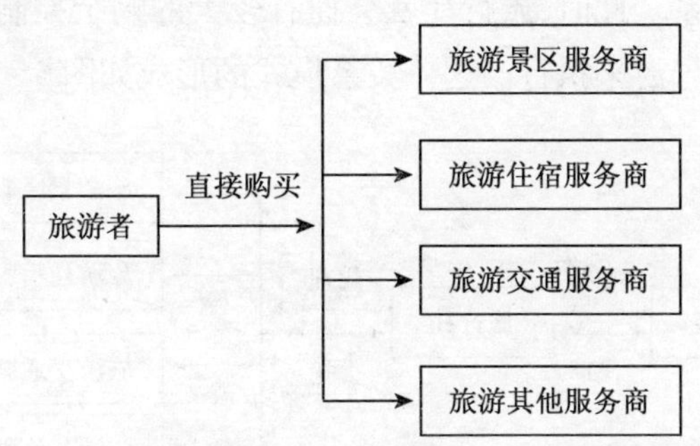

图 5-7 旅游者与旅游供应商之间供需关系模式

这一关系模式的主要载体形式通常属于自助型旅游市场。该模式有助于旅游者满足其个性化需求,具有随意性大、自选择性强、消费灵活自由等优点;同时,该模式也具有消费的时间与成本较高等不足。这一关系模式通常表现是供需关系不确定,并不能保证旅游者与所有旅游服务供应商都建立这种直接式供需关系。在供需信息不对称的情况下,旅游者已有了一定的服务准备,如自驾游,一般就会减少旅游交通服务需求,野外探险游就会减少对住宿服务的需求等。因此,笔者根据这一模式的特点,将其称为直接式供需关系,即表示旅游者依据单项需求情况直接与不同服务供应商建立的一种供需关系。伴随国内旅游者需求的个性化增强,该模式将逐渐成为多数旅游者的选择。

为了减少旅游供需双方交易的风险,降低不确定性,提高旅游服务交易的效率和质量,目前,供需双方往往愿意提前通过某种方式建立沟通关系,如电话、传真、网络、邮件等,并以预付款和合同票据等方式建立一种供需合作关系。

5.3.2 间接式供需关系

这种供需关系是目前旅游服务交易中较为普遍的一种关系模式,也是旅游者通过旅行社与各个服务供应商建立一种供需合作关系的重要模式。该模式具有稳定性较强、风险小的特点。在这一关系模式中，旅行社的信誉、品牌往往成为核心，并具有一种双重代理属性，即旅游景区、住宿、交通等服务供应商要将其经营的服务产品以某种方式委托旅行社，同时旅游者也会将自己的服务需求委托旅行社。这样，这一模式中就会产生双重或多重委托—代理关系。此时，旅行社就会拥有较大的剩余控制权，而这一剩余控制权又会委托导游来执行。这一关系模式的形成如图 5 – 8 所示。

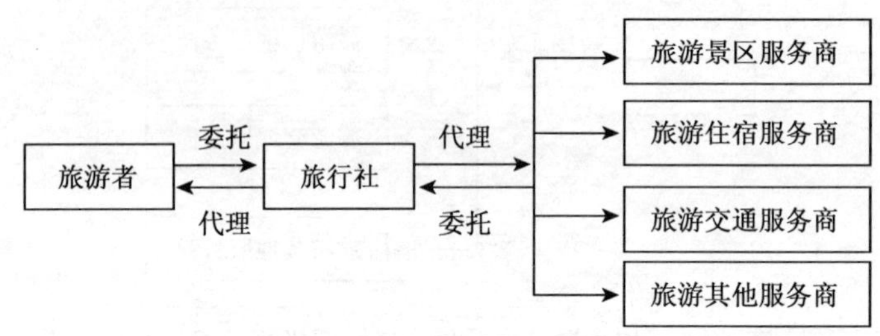

图 5 – 8　旅游者、旅行社、旅游供应商三者间供需关系模式

这一关系模式的主要载体形式通常属于参团型旅游市场，包括旅行社开发设计的各种旅游线路产品、包价旅游产品。这一类旅游者通常为奖励旅游、集体考察或某一特殊群体的散客拼团。旅游消费具有连续性、省时、省费用以及内容完整性强等特点。同时，由于参团费用及时间相对固定，该模式还有旅游服务供给弹性低、自由度较小、不灵活等不足。这一模式中的旅游者通常购买旅游供应商提供的所有服务产品。由于供需关系主体的多元化参与，他们之间通常是以书面合同或口头协议等方式来确定双方或多方关系。

该模式参与主体之间的关系可分三个层次来理解：

第一层：旅游者和旅行社之间存在较为明显的一种委托—代理关系。

旅游者是服务的需求者，具有委托方性质；而旅行社则是服务的间接提供者，负责提供相关服务信息或承诺，具有代理方性质。

第二层：旅行社与其他旅游服务供应商之间存在的一种委托—代理关系。

旅行社通常先收取总的服务费用，然后再按照整个服务过程的需要，与其他旅游供应商发生一种隐性的供需关系，它们之间的委托—代理关系将依据服务产品的流向不同而不同,可能出现两种情形:一是当由旅行社向其旅游服务供应商发出购买或订购服务需求信息时,旅行社就具有委托方性质,而旅游服务供应商,包括住宿、餐饮、交通、娱乐和购物等服务商则具有代理方特点。该情形通常是在旅游者需求的导向下出现,也是最大量的一种情形。二是当旅游服务供应商主动向旅行社提出代理销售其服务产品的需求时,旅行社又具有了代理方的一部分特点,包括营销、宣传等,而其他旅游服务供应商则又成为了委托方。在这一情形下,旅游者的真实需求可能被忽视,旅行社与其他旅游服务供应商之间存在多种合作或合谋行为,而控制了旅游者的消费选择。当然,实际上旅行社与旅游服务供应商之间存在着这两种情形是可以相互影响、相互转化的,可能通过一份契约合同就解决。他们之间往往会成为利益共同体。本书的研究将其视为一个总的供给方。

第三层:旅游者与其他旅游供应商之间的关系。

通常表现为一种间接交易而直接服务式的显性关系。在这一模式中,旅游者不直接与其他旅游供应商进行供需交易,但是这些旅游供应商是在旅行社统一委托购买的服务合同下为旅游者提供服务需求,即直接向游客出售其所需的服务产品。

在这一模式中,旅行社可能具有双重代理关系或具有委托—代理双重角色,这时旅行社的角色和地位特别重要。如何平衡两种角色之间的关系变换,使得双方共同受益,非常值得研究和探讨。

5.3.3 混合式供需关系

这一模式具有直接式和间接式两种供需关系模式的特点,可以说是一部分服务需求采取直接式购买,另一部分服务需求采取间接式购买的模式。这一供需关系模式如图5-9所示。

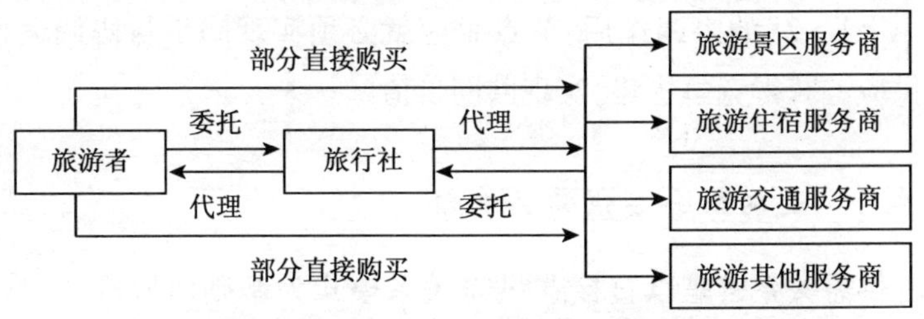

图5-9 旅游者与旅行社、旅游供应商三者间供需关系模式

该模式通常适合于旅游者开展中、小尺度的旅游活动，他们具有一定的旅游经验，并且可能在旅游业比较发达的地区进行旅游。该模式的供需关系既有合同约定服务的一般性，又有一定的自助游特性，适合于较成熟的旅游者群体。该模式具有一定的风险性，会受到某些条件的制约，使用范围受到一定限制，并且通常需要在社会、经济的信用机制较好的环境下，才能得到推广和实施。

总之，以上三种旅游服务供需模式中都蕴含着一定的供需关系链，并以旅游者的服务需求为驱动，不断促进旅游服务供需关系的发展以及供需关系链的形成。

5.4 旅游服务供需关系链分析

旅游服务供需关系链是一种需求带动型关系链，它是以多种供需关系模式为基础而形成的一种关系链(网)。从以上三种供需关系模式的分析可以看出:它们都具有各自的形成特点、形成条件以及需求群体，也具有动态、链条化发展的特征或趋势，为进一步建立服务契约关系而提供基础。在直接式、间接式和混合式三种供需关系模式中，前两种模式具有显著的差异性，也是旅游服务供需关系的主要模式，分别具有各自的典型特征。第三种模式实际上是前两者的一种组合模式。为此，笔者依据直接式、间接式两种供需关系模式的形成特点，提出逆向组合型和逆向单链型两种供需关系链模式。在这两种供需关系链中，供需双方不仅关注旅游供应商的利益，还必须考虑链条上旅游者的利益与期望收益，即建立一种以供需双方或多方利益为核心的关系链，以精细分工、低成本运营和高收益为合作目标，实现一种动态的供需服务合作联盟。传统的供需关系链是供应商之间建立的一种相互依存关系链。由于链条上的节点企业间都是一种供需关系，要使供应链发挥“1 +1 >2”的协调作用，节点企业就必须实现同步与协调运行，才能使整个供应链获得竞争优势，实现共同价值。

5.4.1 逆向组合型供需关系链

这种供需关系链是以直接式供需关系模式为基础而形成，它是指旅游者与旅游服务供应商之间形成的具有单次、单阶段、往复式消费特点的供需关系链，并且具有链条短、临时性强、稳定性差等不足。通常是旅游者在一次旅游活动中存在三个以上逆向组合供需关系链。因此，又称为往复式组合供需关系模式。如图 5-10 所示。

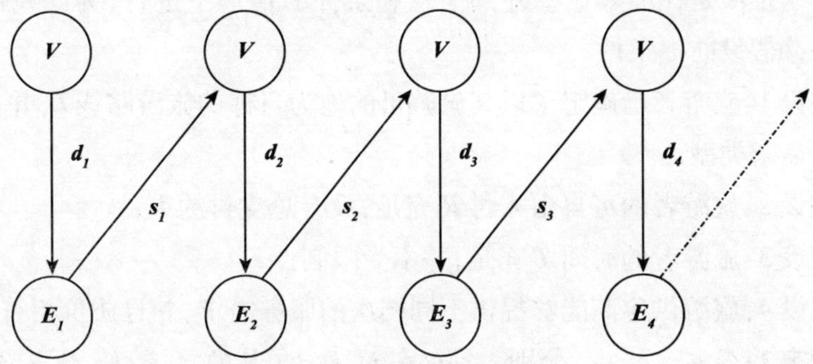

图 5-10　逆向组合型旅游服务供需关系链

注：V 表示旅游者；E_i (i=1,2,3,4) 表示不同的旅游供应商；

$d_i(i=1,2,3,4)$ 表示需求方向；$s_i(i=1,2,3,4)$ 表示供给方向。

从图 5-10 可以看出：逆向组合型供需关系链可表示为：$\left(\begin{array}{c} d_1 \to s_1 \\ d_2 \to s_2 \end{array}\right)$。

为了便于进一步研究逆向组合型供需关系链的形成与建立特点。本书分别以旅游交通、住宿和饮食三大服务需求为例，对逆向组合型供需关系链的特征进行分步骤研究。

第一步：假定旅游者具有不同档次的服务需求，即旅游交通、住宿和饮食等服务都可以划分为高、中、低三种不同服务水平（档次）。

第二步：旅游者根据其自身的偏好、经济实力和需求特点，开始与不同旅游服务供应商建立不同的供需关系链。

第三步：假定旅游者先选择旅游交通服务，则在购买到相应的旅游供应商服务后，它们之间就建立了第一条逆向组合型供需关系链；接下来，旅游者开始选择住宿服务，并建立了第二条相应的供需关系链。

以此类推，随着旅游者服务需求的变化，即可建立一个存在三种逆向组合型供需关系链。这种系列供需关系链条又是一种多供给、多需求的组合式链。当然，以旅游者需求为导向的供需关系链还必须以供需双方利益均衡化最优原则。

为了进一步分析这一模式的发展、演变规律，本书将采取仿真模拟与理论推演相结合的方法，对逆向组合型供需关系链的选择与构建过程进行推导。

本次推演是在屏蔽一些外部信息和条件的情形下进行，为此我们必须提出一些假设前提条件。

假设1：旅游者已确定了以某旅游目的地为目标的旅游路线 L，并初步确定服务需求类型；

假设2：旅游者的可自由支付 R 充足，没有总支付约束；

假设3：旅游者的时间 T 充足，并不受限制；

假设4：旅游供应商能够提供不同档次的服务需求，并且质价相符。

假定1：令 a_i 、b_j 、c_k 分别表示存在 i , j , k (其中 i , j , k =1,2,3)种不同档次的旅游交通、住宿和饮食服务，每种档次存在服务供应商为 m , n , q (其中 m , n , q > 1)。

旅游者可以依据自身的偏好、需求进行选择，在不分顺序的供需关系链条中，从理论上来看，即可存在 $a_ib_jc_k=27$ 条服务关系链条，由于 $\frac{1}{m}\cdot\frac{1}{n}\cdot\frac{1}{q}$ 而实际上旅游者最终能够选择或决策的只是其中一种组合链。

令旅游者任意选择某一种交通服务的概率为 $\frac{1}{m}p(a_i)$，且 $\sum_{i=1}^{3}p(a_i)=1$；选择住宿服务的概率为 $\frac{1}{n}p(b_j)$，且 $\sum_{j=1}^{3}p(b_j)=1$；选择餐饮服务的概率为 $\frac{1}{q}p(c_k)$，且 $\sum_{k=1}^{3}p(c_k)=1$。

假定2：旅游者选择逆向组合型的每条服务供需关系链发生概率为 $\frac{1}{m}\cdot\frac{1}{n}\cdot\frac{1}{q}p(a_i,b_j,c_k)$ ，即存在 $p(a_i,b_j,c_k)=p(a_i)p(b_j)p(c_k)$ 。这样，旅游者选择一条由旅游交通、住宿、餐饮服务共同构成的关系链出现概率为 $\frac{1}{27m\cdot n\cdot q}$。可以说明，当每一链条的选择概率为：$p(a_i,b_j,c_k)>\frac{1}{27m\cdot n\cdot q}$ 时，则该链条存在。于是，假设 $p_0=\frac{1}{27m\cdot n\cdot q}$ ，当存在 $p(a_i,b_j,c_k)<p_0$ (其中 p_0 为事件发生的最小概率)时，可将其视为小概率事件，该

服务供需关系链可不予考虑。

从以上推导来看,依据显示原理:旅游者与各个旅游供应商要比较顺利地建立逆向组合型供需关系链,旅游者事前与旅游供应商之间必须有所了解,然后才能获得较大概率选择。为此,旅游供应商需要增强提供服务产品的宣传和展示,包括广告、宣传片等。

不同旅游者选择各项旅游服务的途径存在差异,旅游服务供应商也可以采取不同方式有针对性地进行旅游选择,包括通过网络、电话、传真等途径与各个服务供应商建立直接联系,以减少随机性和搜寻成本。在逆向组合型供需关系链的模式中,旅游者已不是一个简单的购买者或消费者,而是要积极参与服务生产与消费过程的重要主体,包括事前信息沟通、事中生产过程和事后服务评价三个基本阶段。这一状况将直接影响旅游供需关系链的运转效率。同时,对于每一条供需关系链的选择,必须从旅游者与旅游供应商两个方面来考虑。当然,这里还存在一个旅游者能否接受这一服务价格以及旅游供应商获得最小收益等问题。

假定旅游者开始选择不同档次的住宿服务,最主要是依据不同档次的服务产品的价格 P 与相应的服务质量 W 两个因素来确定。依据经济学的基本原理:当服务质量 W 不变,而其价格 P 发生变化时,必然导致供需关系的数量 Q_0 发生变化,即若价格 P 上升到超过旅游者的承受预期时,则旅游者就会放弃这一选择。实际上,在外部环境不变的情况下,旅游供应商与旅游需求者之间存在着一种重复多次的动态博弈。可见,从逆向组合型服务供需关系链的表现、形成、建立和选择等方面来看,这一关系链中供需双方的合作需要加强。

通过对以上逆向组合型供需关系链的数理推导与模型分析,笔者引申出本研究的三个重要理论命题。

命题1:建立以旅游者需求为导向的供需服务关系链时,旅游者需要具有较为丰富的经验、信息量以及自主性。

命题2:旅游者个性和自主性选择的特点,使得他们在获得旅游交通、住宿和餐饮等方面服务时,对这些服务的满意度评价必然存在差异。

命题3:旅游服务需求档次的不同,旅游者的需求项目也不同。

为了保证以上三个命题的可靠性和实践应用性,本书将在第7章对它们进行实证性假设检验与分析。

5.4.2 逆向单链型供需关系链

该链条的建立是以旅游者的需求为导向,其具体模式如图5-11所示。

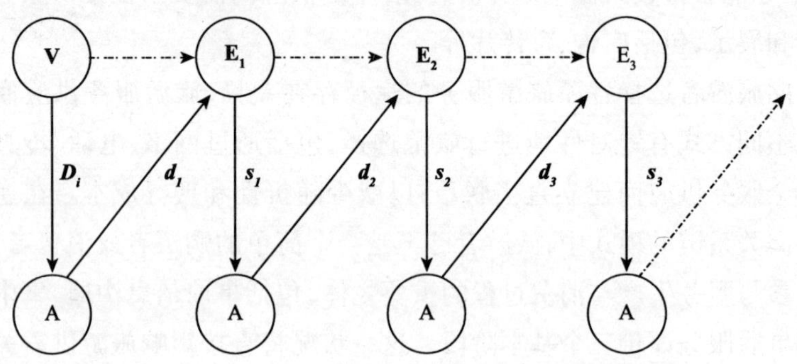

图5-11 旅游服务的逆向单链型供需关系链

注:V表示旅游者;E_i (i=1,2,3)表示不同的旅游服务商;A表示旅行社。

从图5-11可以看出:逆向单链型关系链可以表示为:$D_i \rightarrow s_1 \rightarrow s_2 \rightarrow s_3 \rightarrow \cdots$ 这一关系链条模式具有链条长、稳定性强、完整性好等特点,同时具有相关利益主体多、灵活性差、较难以管理和控制等不足。该链条为显性供需关系,旅游者与旅行社进行一次总的交易,存在显性的供需关系;其他服务产品均由旅行社和其他服务供应商进行交易,存在隐性的供需关系。该链条的运行方向对链条服务关系主体之间的委托—代理关系都有重要影响。为了进一步分析逆向单链型供需关系链的形成特点及特征,本研究将从旅游服务供需关系的建立、选择、决策等方面进行模拟仿真。

在这种供需关系链条中,参与方之间具有明显的重复博弈关系,同时存在着多种委托—代理关系,而且在该模式中旅游者的时间、费用均是受约束的。旅游者选择愿意委托的条件是:在旅游者委托旅行社购买服务,即出现类似的委托—代理关系问题;在这一供需关系链条中,首先必须考虑旅游者愿意进行委托,以及旅行社愿意代理的条件;同时存在旅游服务供应商愿意将其服务业务委托给旅行社,即可能出现旅行社双重代理问题。此时,旅行社就必须考虑双方利益的协调、均衡,进而保证这一供需关系链的正常运行。为此,笔者进行以下理论推导分析:

假定旅游者直接购买交通、住宿、饮食三种服务的成本费用分别为 c_1、

c_2、c_3，通过旅行社购买这些服务的成本费用为 C，旅游者支付给旅行社的费用为 π_1，旅行社的运营成本为 C_1，经营利润为 R，旅游者的心理预期收益为 E_π。于是，保障该旅游服务供需关系链条运转，需要满足的三个条件是：

(Ⅰ) $\pi_1 - C_1 \geqslant R$；(Ⅱ) $C_1 < c_1 + c_2 + c_3$；(Ⅲ) $E_\pi - \pi_1 \geqslant 0$

在旅游服务供需关系链中，旅游者的服务消费链条是明显的，且旅游者通常表现出是一个上行逆向的需求链条；同时，每个服务链的存在也具有一定的条件。

(1)逆向单链型供需关系链的建立

假定1.1：某一旅游线路产品是由旅行社A来经营，然后旅行社A分别将旅游交通、住宿、餐饮服务委托给JT、ZS、CY三企业提供，且费用分别为 π_1、π_2、π_3。

假定1.2：旅游者需要的旅游交通、住宿和餐饮服务可划分为三个档次（即高、中、普通）。于是，旅游者选择三类服务的高档服务时出现的概率分别为 P_{11}、P_{21}、P_{31}；选择中档服务时出现的概率分别为 P_{12}、P_{22}、P_{32}；选择普通档时出现的概率分别为 P_{13}、P_{23}、P_{33}。

假定1.3：旅行社A经营该线路产品形成的某一链条的最低费用为 $\pi_{\min}$。则该旅行社可经营的链条即为：$i \to j \to k$，其中 i,j,k = 1,2,3。

假定1.4：$K = \begin{bmatrix} k_{11} & k_{12} & k_{13} \\ k_{21} & k_{22} & k_{23} \\ k_{31} & k_{32} & k_{33} \end{bmatrix}$ 为旅行社A与不同档次旅游企业合作时的提成额度。

则旅行社服务合作不同档次模式时的收入可记为：$A = \begin{bmatrix} \pi_1 P_{11} & \pi_1 P_{12} & \pi_1 P_{13} \\ \pi_2 P_{21} & \pi_2 P_{22} & \pi_2 P_{23} \\ \pi_3 P_{31} & \pi_3 P_{32} & \pi_3 P_{33} \end{bmatrix}$

若将 $\pi_{\min}$、A、K 对应的数值输入程序，即可算出旅游企业适宜经营的服务合作关系链条：$i \to j \to k$。

于是，在该情形下，可模拟反映旅行社与旅游服务供应商之间建立的合作过程。

(2)逆向单链型供需关系链的选择

假定2.1:某一旅行社组团的人数为 Q ,旅游交通、住宿、餐饮三类企业的各自经营收入为 π_i ;对于各企业服务选择的档次 j 的游客量为 Q_{ij} ,则记: $p_{ij} = \frac{Q_{ij}}{Q}$; A_{ij} 为企业 i 中的档次服务为 j 的收益; k_{ij} 为旅行社对企业 i 中的档次为 j 的提成率。

假定2.2:旅行社保证该链条运营的最低收益为 $\pi_{\min}$, $A_{ij} = p_{ij}\pi_i$ 。则运营合作链条模型条件为: $\pi_{\min} \leqslant \sum_{i,j=1}^{3} k_{ij}A_{ij}$,其中 $i,j,k = 1,2,3$ 且 (i,j,k) 是对应于小概率事件排除后对应链条的标号。

假定2.3:所有满足旅游者需求的关系链条,旅行社可获收益记为 π_{ijk} 。

对 π_{ijk} 进行从小到大排序,记为 $B_1,B_2,\cdots,B_m,m \leqslant 27$ 。同时记录下它们对应的标号 i,j,k 。即 $i \to j \to k$ 游客所选择的链条与各档次标号,即为所要找的链。

比较 B_1 与 π_0 的大小,若 $B_1 \geqslant \pi_0$,则说明游客所选择的路线均可为旅行社经营所考虑的路线。否则:我们取 $B_{[\frac{k}{2}]}$ 与 π_0 进行比较,其中$[\frac{k}{2}]$为 $\frac{k}{2}$ 的余数部分;若 $B_{[\frac{k}{2}]} \geqslant \pi_0$ 时,则说明比 $B_{[\frac{k}{2}]}$ 大的 B_s 所对应的链即为旅行社所选择的。将以上选择过程设为ZX。再考虑 $B_1,B_2,\cdots,B_{[\frac{k}{2}]-1}$ 中的中间一个与 π_0 比较,同上ZX过程进行。

否则,可以知道 $B_1,B_2,\cdots,B_{[\frac{k}{2}]}$ 所对应的链是旅行社不愿运营的路线。我们可以在 $B_{[\frac{k}{2}]+1},\cdots,B_k$ 中选择中间的一个与 π_0 比较,同上ZX过程进行。

经过有限步骤后,可找出旅游者选择且旅行社所愿意运营的路线: $i \to j \to k$ 。

数学符号的定义:(以下 $i,j,l = 1,2,3$)

Q:游客总量;

w_i :旅行社所提供的单个人团费标准($i = 1,2,3$), $w_1 < w_2 < w_3$;

d :某一旅游线路中单人景点费用;

π_i :交通、住宿、餐饮各服务商的总收入($i = 1,2,3$);

Q_{ij} :游客对第 i 个部门进行第 j 档次选择的人数(i , $j = 1,2,3$)。

P_{ij} :游客对第 i 个部门进行第 j 档次选择的概率(i , $j = 1,2,3$), $P_{ij} =$

$\frac{M_{ij}}{M}$；

W：整个过程中的总资金量；

W'：整个过程中影响到旅行社收益的资金量；

A_{ij}：第 i 个部门中第 j 档次的收入；

k_{ij}：旅行社从第 i 个部门中第 j 档次中抽取的提成，$k_{i1} < k_{i2} < k_{i3}$；

Q_i：游客选择第 i 种团费的人数；

P_i：游客选择第 i 种团费的概率，即 $P_i = \frac{Q_i}{Q}$；

π_i：旅行社从第 i 个部门中获取的收益；

π_{ijl}：旅行社在三个部门中选定链 ijl 后的链上收益；

q：旅行社参与某一链收益的现金量预期比例；

π_0：旅行社在某一链的最小期望收益；

$\widetilde{W}_{ijl}$：旅行社在链 ijl 上收取的现金量。

符号分析：通过上面的符号说明，可以得到如下一些关系：

$$P_i = \frac{Q_i}{Q};\quad W = \sum_{i=1}^{3} Q_i w_i;\ p_{ij} = \frac{Q_{ij}}{Q};$$

$$W' = \sum_{i=1}^{3} Q_i(w_i - d) = \sum_{i=1}^{3}(Q_i w_i - Q_i d) = \sum_{i=1}^{3} Q_i w_i - d\sum_{i=1}^{3} Q_i = W - Qd;$$

$$\widetilde{W}_{ijl} = A_{1i} + A_{2j} + A_{3l};\ A_{ij} = \pi_i P_{ij};\quad \pi_i = \sum_{j=1}^{3} k_{ij}A_{ij};\quad \pi_1 + \pi_2 + \pi_3 = W';$$

$$\pi_{ijl} = k_{1i}A_{1i} + k_{2j}A_{2j} + k_{3l}A_{3l} = \frac{(k_{1i}\pi_1 Q_{1i} + k_{2j}\pi_2 Q_{2j} + k_{3l}\pi_3 Q_{3l})}{Q};$$

$$\pi_0 = \widetilde{W}_{ijl} q$$

模型建立：上述 π_{ijl} 就是旅行社在不同链上的收益，将它们排序后与 π_0 比较，再剔除掉那些收益小于 π_0 的链。

通过旅游者选择逆向单链型旅游服务链的算法：

(1) 计算 $A = \begin{bmatrix} \pi_1 P_{11} & \pi_1 P_{12} & \pi_1 P_{13} \\ \pi_2 P_{21} & \pi_2 P_{22} & \pi_2 P_{23} \\ \pi_3 P_{31} & \pi_3 P_{32} & \pi_3 P_{33} \end{bmatrix} = \begin{bmatrix} A_{11} & A_{12} & A_{13} \\ A_{21} & A_{22} & A_{23} \\ A_{31} & A_{32} & A_{33} \end{bmatrix}$

(2) 步骤如下：

第一步，输入：π_0、A_{ij}、$k_{ij} \in (0,1)$，$(i, j = 1,2,3)$；

第二步,计算:$\pi_{ijk} = k_{1i}A_{1i} + k_{2j}A_{2j} + k_{3k}A_{3k}$,$(i,j,k = 1,2,3)$;

第三步,排序:对 π_{ijk} 进行从小到大排序,记为 $B_1,\cdots,B_M$,同时记录下 B_s 所对应的 π_{ijk} 的标号 $i \to j \to k$;

第四步,标号:用二分法判断 $\{B_s\}$ 中比 π_0 大的并且记录下相应的标号 $i \to j \to k$;

第五步,输出:结果 $i \to j \to k$。

该设计步骤的运行可以通过编程软件进行演示。

本模型的设计主要是针对逆向单链型供需关系链的产生过程进行模拟,对于具体实践的应用价值还需讨论。通过以上数理推导可以看出:旅游者通过旅行社的代理服务来完成整个供需关系链服务需求,该链条应从多方利益角度进行设计。从推导的结果来看:参团型旅游者存在一定的档次选择,并且在不同档次选择方面存在差异;参团型旅游者的心理预期一般要高于自助型,参团型旅游者的各个单项服务需求费用支出总和要小于自助型旅游者的费用支出。另外,由于参团型旅游者在服务需求的个性化方面较难实现,因此他们对旅游必需服务的满意度和服务项目的重要程度方面也必然存在差异。而在剩余消费服务中,如购物消费是参团旅游的一个供需矛盾体,尤其是存在导游导购现象时,参团型旅游者最不期望的就是导游的导购行为。通过对逆向单链型供需关系链的理论推导,从分析结果笔者引申出本研究的理论命题4。

命题4:参团型旅游者得到的服务项目是由旅游供应商所确定,旅游者在交通、住宿、餐饮服务等方面通常较难获得高的满意度。

这一命题将在本书的第7章进行相关的假设检验和分析。

5.5 供需关系链主体间的博弈分析

5.5.1 动态重复博弈与最优策略的选择

实际上,在旅游供需关系链的不同主体间存在的是一种动态博弈关系,这一过程将直接影响链条的竞争力以及链条关系的稳定。从旅游服务主体间关系来看,主要存在直接式、间接式和混合式三种关系。同时,通过对它们之间的不同关系特征分析来看:因接触次数、时间的不同,如单次、短期或多次、不定期与长期等,而形成不同的博弈关系。从链条发展的稳定性需求来看,供需关系链条间的合作行为成为主要博弈策略选择。为此,链条主体间的博弈行为就表现为一种动态的重复博弈关系。

旅游服务供需链中的双方具有明显的供需关系。根据博弈理论,博弈任何一方的收益不仅取决于其自身的行为,还要取决于与之进行交易的另一方的行为。于是在供需交易过程中,合作和不合作将成为两大主要策略。博弈双方采取何种策略,将取决于如何实现各自利益的最大化,即进行最优策略的选择。若博弈双方通过合约谈判的方式,并按照有关协议在以后的交易中执行,将有助于保证双方利益的最大化。从两种策略执行的实际分析来看,一方面要考虑该链条的稳定性,并使供需链具有较强的竞争力,供应链节点服务企业间应结成长期稳定的战略合作伙伴关系,链条中供需主体之间的博弈还需要具有无限次重复博弈的特征。这里就存在一种采用"触发器"策略,即开始阶段每个博弈者都想树立良好的信誉形象(即使他在本质上不一定想合作),双方都先试图合作,第一次无条件选择合作策略,在第 t 阶段,如果前 $t-1$ 次对方都合作,则继续采用合作策略,否则将永远采用针锋相对的策略而进行报复。这样,博弈各方只能得到较小的利益。旅游服务过程中的博弈还具有多阶段重复博弈的特点,因此这种效应可能会更加明显。如旅游供应商不守承诺,则旅游者就会拒绝购买被动性消费服务。这样,就会导致旅游者的剩余消费服务量减少。

另外,在博弈过程中还存在着影响主体之间关系的贴现因子 δ,当 δ 越大时,供需双方对未来利益或者是长期收益的依赖或重视程度就越大,他们将更加关注未来带来的效用,双方均不会为短期利益而损害对方,导致双方长期利益受损;当贴现因子 δ 越小时,则表明双方更看重眼前的利益或者短期利益,而容易采取机会主义行为,将不利于双方朝完全合作的方向演化,即双方充分合作的倾向就越小,供需链的效率降低,则可能会导致合作崩溃。

依据博弈论的相关研究,在一次性或有限确定次数相遇的条件下,进化会陷入一种难以摆脱的困境,即守诺行为(合作)就不是进化稳定对策(ESS),欺骗行为反而成了进化稳定对策。于是,一旦供需关系链上所有主体都表现出欺骗行为,那么任何一个采取合作行为的突变体都会因得不到什么好处而无法在链条中生存。因此，在单次或有限次的双方博弈行为中将存在较大风险。

在旅游服务供需关系链中，由于旅游者与旅游供应商在第一次交易之后，双方再次相遇的概率要小于供应商之间的接触概率，于是，旅游服务供需过程中，短期机会主义行为就可能发生，旅游者往往会被选择不合作；或在下一轮博弈过程中，博弈双方会根据对方上一轮的行为来决定本轮博弈的行为选择（即“一还一报”）。

在重复博弈中，博弈双方应该选择它们的占优策略。即在一个可能重复足够多次的博弈中，双方都采取合作行为。只要对方合作，当事者都会合作。重复博弈为博弈双方提供了一种帕累托最优的结果。

如果博弈将重复多次，参与人可能会为长期利益暂时牺牲眼前利益而选择不同的策略，也称为“囚徒困境”（Prisoner’s Dilemma）。因此，一次博弈的均衡结果只能是双方共同的占优均衡。在重复博弈中，每次博弈的条件、规则和内容都是相同的。由于长期利益的存在，各博弈方在当前阶段的博弈中，要考虑到不能引起其他博弈方在后面阶段的对抗、报复或恶性竞争，即不能如同在一次性静态博弈中那样毫不顾及其他博弈方的利益。因而，博弈一方做出一种合作的姿态，可能会使其他博弈方在今后阶段采取合作的态度，从而实现共同的长期利益。有研究指出：在动态博弈中，先行动的博弈方是否该相信后行动的博弈方会采取对自己有利或不利的行为。同时，如果各博弈方的策略在动态博弈本身和所有子博弈中都构成均衡，则该策略组合具有子博弈完美性。在合作博弈中，强调相互团体之间理性、效率、公平，非合作博弈论强调个人理性、个人最优决策。供应链伙伴间的合作博弈又是动态的，则可以称其为动态合作博弈。

供需关系链合作所面临的两个困难：一是供应链中不同的企业成员或链中成员存在着不同的甚至相互冲突的目标；二是缺乏公平、合理的绩效评价系统和利益分配机制。个体追求自身效用最大化是产生合作的动机，但同时又可能是导致合作失败的根源。链中企业合作的目的在于降低成本、提高服务水平、降低风险、实现群体收益增加和个体自身效用最大化。如果博弈的次数变成无限次，企业和企业必然会选择低价的合作策略组合。克瑞普斯等（Kreps）研究证明：只要博弈次数足够大，针锋相对策略对于解决“囚徒困境”问题同样具有吸引力。因此，即便供应链节点企业之间交易的次数并非无限,但只要足够多,合作博弈必然是他们的策略选择。

从以上理论分析可以看出:供需双方的动态重复性交易行为,有助于实现合作和最优化。为此,通过理论分析可以引申出本研究的两个重要理论命题。

命题5:参团型旅游者由于存在一个阶段性的合同契约,因而他们对合同设计方面具有较多的一致性信息。

命题6:自助型与参团型旅游者在获得交通服务、住宿服务、餐饮服务等方面存在差异,通常自助型旅游者较难获得满足。

对于以上两个命题,本书将在第7章进行相关假设检验和分析。

5.5.2 供需主体间的学习进化与签协议博弈

由于旅游服务供需关系主体的多样性,以及相互之间关系的复杂性;加之,旅游供需双方发展的不平衡性,具有知识信息的不对称性。要使供需主体间均衡、协调发展,才能提高合作的效率,包括提高需求者的成熟度以及供应商在实施方面的专业化能力。因此,在供需双方完成一个由旅游者需求引导的供需关系链中,必然存在主体间的这种相互学习和模仿的成分。陆杉、高阳(2007)研究指出:供应链与环境之间是一种相互作用的动态关系,随时都和环境间进行着知识的交流,其学习过程既包括了学习主体的自我超越,又包括供应链内外各个学习主体之间的知识转移、共享和创造。只有通过这一过程才能有助于提高合作的效率。当然,供需关系链主体间的最终博弈结果还与双方理性层次的差异有关,有的模仿、学习能力快,有的则慢。如果旅游供需双方A和B通过签协议博弈,最优均衡将通过学习、进化博弈而比较容易实现。为此,这里可假定旅游供需主体A和B进行的是一种签协议博弈,如表5-3所示。

假定博弈双方A和B的得益集分别表示为:$U=\{u_1,u_2\}$和$u_1=u_2=\{0,100\}$;策略空间表示为:$S=\{s_1,s_2\}$;$s_a=s_b=\{Y,N\}$;其中:{Y=赞成,N=不赞成},并且假设旅游供需双方A和B在进行随机博弈合作时,博弈方出现类型{Y=赞成}的概率为x,那么出现类型{N=不赞成}的概率就是$1-x$。于是,旅游供需方A和B进行签协议的比例就是x,而不签协议的比例是$1-x$。

表 5-3　　协议博弈

A \ B	Y	N
Y	100,100	0,0
N	0,0	0,0

这里博弈方出现{Y=赞成}时的期望得益是 $UY=100\times x+(1-x)\times 0=100x>0$，而出现{N=不赞成}时的期望得益就是：$UN=x\times 0+(1-x)\times 0=0$。于是，旅游供需方博弈的平均得益就是：$U=x\times UY+(1-x)\times UN=100x^2>0$。根据这一结果可以看出："Y"类型博弈方的得益高于"N"类型，也高于平均得益。因 $0<x<1$，$100x>100x^2>0$。于是，从演化的角度可以得出：得益差的类型即不赞成合作的博弈方，迟早会改变策略而朝向对自己有利的方向发展，即通过学习或模仿另一博弈方的行为。由于供需博弈方显示的类型比例 x 和 $1-x$ 并不是固定的，可记为随时间而变化的函数 $x(t)$ 和 $1-x(t)$。当然，签协议博弈需要一定的成本。同时，供需双方的合作将会在一个相对较长的时间内维持，并引发不同供需关系间的学习和演化。

另外，沟通自信与减少博弈者数量也将有助于提高供需双方或多方的学习与签协议博弈效率。库珀等（Cooper, et al, 1992）研究发现：如果博弈双方都发出声明，那么博弈前的沟通对于克服协调问题是十分有效的，并且廉价商议（Cheap Talk）有助于协调博弈的实现。协调博弈中的关键要素是自信心而不是冲突，对于博弈双方或多方来说如何增加他们的信心，使他们获得一种自信非常重要，尤其在双方利益并不存在矛盾的情形下。同时，为了便于博弈双方或多方收敛于最优策略均衡，可以通过减少博弈者数量来降低博弈方选择最低行动的概率，进而使有保证的最优均衡出现的概率增加。可见，旅游服务供需双方的自信与沟通能力强弱以及双方的总体数量、规模大小，都对供需双方动态的合作机制实现具有重要的影响。

从以上理论分析可以看出：旅游供需主体间具有学习的能力，而签协议博弈就是一种旅游者与旅行社之间的一种博弈关系。由此，本书引申出以下理论命题：

命题 7：签订协议（合同）有助于保障旅游供需双方的利益。

命题 8：旅游合同契约的制订与旅游需求者之间的关系密切。

命题 9：旅游合同的制订与执行同外部环境、服务合约本身的内容设计有关。

对于以上三个命题,本书将在第7章进行相关假设检验和分析。

5.5.3 供需关系主体间的协调博弈

在旅游服务供需主体之间的关系中,相互协调是保证供需关系执行的重要依据。在相互协调的行为中,供需双方或多方就必然存在一种协调博弈。在协调博弈中,由于每一博弈方的独立行为都无力协调其他行为主体的活动以达到帕累托(Pareto)优等均衡。因此,如果一次协调博弈失败,双方可否通过重复博弈(Repeated Games)而实现成功合作,范·海克等人(Van Huyck,et al,1993)以及库珀等人(Cooper,et al,1992)通过实验性协调博弈发现:重复协调博弈并不会增加均衡结果,虽然重复博弈能使对局人了解其他人的行动。实际上,长时期博弈会使博弈双方倾向收敛于努力水平最低的纳什均衡。如果一个博弈方相信其他人都会选择使对局人得益最小的行动,那么他将选择行为使其得益最大化,即"安全结果"。有研究表明:双方协调博弈的失败并不能通过增加博弈次数而消除,主要障碍是博弈前没有进行充分沟通或进行廉价商议博弈,以及建立一种激励相容机制。

这里假定存在一个供需双方的协调博弈关系行为,具体可参见表5-4。设博弈方1代表的是供给者A,博弈方2代表的是需求者B,则A与B之间具有供需博弈关系。假设A、B双方合作进行协调博弈的策略空间为$S_i=\{s_a,s_b\}$和$s_a=s_b=(1,2)$,而双方合作各自的得益分别表示为$U=\{u_1,u_2\}$,且$u_1=u_2=\{0,40,60,100\}$。这样,它们的博弈过程中就存在两个严格的占优策略是$\{u_{a1},u_{b1}\}$和$\{u_{a2},u_{b2}\}$以及一个混合策略均衡。虽然$\{u_{a2},u_{b2}\}=\{100,100\}$是帕累托占优策略,也是一个风险占优策略,但是双方博弈者都将选择策略$\{u_{a1},u_{b1}\}=\{60,60\}$作为均衡策略,即出现协调失败。库珀等(Cooper,et al,1992)通过实验研究表明:如果双方在合作之前没有进行充分有效的沟通,可能最后的选择依然是风险占优型,而不能实现得益占优的均衡,即出现帕累托最优策略。

表5-4 协调博弈

A \ B	1	2
1	60,60	40,0
2	0,40	100,100

旅游服务供需双方在最初不完全信息条件下进行的属于协调博弈,即可获得贝叶斯—纳什均衡。由于博弈双方的基本类型没有揭示,在风险占优或完全理性人的假设下,这种协调博弈也必然是失败的。由于旅游供需方 A 和 B 进行协调博弈的双方都是有限理性,不可能通过一次博弈就进入最优状态,可能需要反复或重复多次后的博弈才能实现最优。换句话说,他们可能需要一个动态的博弈过程。

由于博弈双方在最初进行的协调博弈是属于不完全信息,即贝叶斯—纳什均衡,博弈双方的类型没有揭示,在风险占优或完全理性人的假设之下,这种协调博弈必然是失败的。如果在博弈双方进行正式博弈之前进行一次有效的信息沟通,直接显示博弈双方的类型,则将会大大改进博弈的结果。基于这样的设计,供需双方要实现协调合作,可在正式合作之前进行一定的充分沟通,沟通方式可以采取无成本的声明方式,又称为廉价商议博弈,这也是一种静态 *Bayesian* 博弈,再通过类似海萨尼(Harsanyi)转换而变成两个阶段的动态博弈。当然,声明并不一定会被接受方所认可,只有当声明方的两种类型(Y,N)的得益与接受方取得较好得益一致时,即能充分反映声明方的真实类型、有效传递信息,博弈接受方才可以完全相信声明信息是有效的传递,否则将不能传递。法雷尔(Farrell,1987)论证了存在一种合理均衡的声明条件:一是遵守承诺并对传递消息者事实上是最优行动;二是他预期接受者会相信该信息。根据这样的假定,博弈前的双方沟通至少在理论上有助于解决协调失败问题。库珀等人(Cooper,et al,1992)通过实验发现,如果博弈双方都发表声明,那么博弈前的沟通对于克服协调问题将是十分有效的。通常,协调失败(Coordination Failure)的可能性主要产生于博弈方自我加强的一种悲观预期,而导致双方的非效率合作。如果协调博弈双方对合作持有乐观态度而采取相同行动,则双方将会获得更高的得益。

有限理性(Boundedly Rational)意味着博弈方往往不会一开始就找到最优策略,会在博弈过程中学习博弈,必须通过试错方式寻找较好的策略,这也是说供需双方在进行博弈时双方都是有限理性,不可能通过一次博弈就进入最优状态,可能需要反复或重复多次后的博弈才能实现最优。当然,这也与博弈双方理性层次的差异有关,有的模仿学习能力快,有的模仿学习能力则慢。当然,要想获得快速的学习能力,博弈者之间必须进行一定的类型显示或信息沟通,即协调博弈是最优选择。

从以上理论分析可以看出:供需主体间的协调有助于博弈双方的稳定发展,有助于获得更多的收益。

因此,对于自助游而形成的逆向组合型供需关系更易于协调,而参团游的旅游者被动性强。由此可知:逆向单链型供需关系就会出现协调困境。

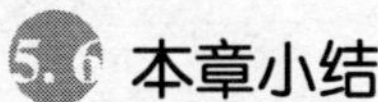

5.6 本章小结

旅游服务供需交易中的八大主体确定是研究旅游服务供需关系的基础。本书首先对单个主体特征和整体特征进行了分析,在此基础上,提出了供需关系主体间存在的直接型、间接型和混合型三种供需关系模式,重点对以自助型旅游为代表的直接型供需关系模式和以参团型旅游为代表的间接型供需关系模式进行特征分析。在三种供需关系模式的基础上,本书进一步提出了逆向组合型和逆向单链型两种供需关系链条,并分别以旅游者通常选择的自助型和参团型不同模式,在一定的假设条件前提下,运用数理推演方法对相关假定进行了逻辑论证。

本章还综合运用了重复博弈、学习博弈、协调博弈等相关理论方法,对供需关系链主体间的合作博弈行为进行理论推演与分析,提出供需关系链是旅游业可持续发展的前提保障。另外,本章在理论分析与论证过程中产生的相关理论命题,将在第7章进行实证检验与分析。

第6章 旅游服务合作契约的设计

6.1 旅游服务供需主体间的契约关系

旅游服务是一种生产与消费同步、事后评价的特殊消费产品，人们在购买旅游服务时，往往需要更多的是一种供需双方的信任、预期与承诺，包括如何应对这类供需交易契约中的不确定性。同时，旅游服务又是由多企业、多行业和部门共同参与、提供与协作完成，在消费上具有时间的连续性、空间的多变性以及需求的集中性等特点。这些进一步增大了旅游服务交易契约的复杂性和不确定性。针对旅游服务活动的这种不确定性，张辉(2006)指出：旅游活动的不确定性由两部分主要因素构成：一是由旅游产品销售与消费和承诺与实现所产生的两种时间差造成的；二是旅游活动是在特定的自然环境和社会环境下进行的，而自然和社会等不可抗拒因素的存在，会对旅游者的旅游活动产生多种影响，而使旅游活动更加不确定。随着旅游服务消费的日益扩大，减少这种不确定性已成为该产业发展的重要任务。实现旅游服务供需关系主体间的公平、合理与有序，是保障旅游服务交易契约有效设计与实施的重要前提。

依据我国旅游服务供需关系的发展现状，结合供需关系主体之间的关系，从终端旅游服务需求方旅游者的角度来看，目前主要存在票证式、承诺式、合同契约式三种基本的旅游服务关系契约形式。

6.1.1 票证式服务契约关系

20世纪80年代初至90年代初为我国旅游服务业的发展初期。在这一时期，旅游服务对我国普通大众来说还是一种高消费(奢侈品)。这时人们对旅游服务需求也比较简单,对于多数旅游者来说,旅游就是能够购买一张门票进入景区(点)“走马观花”式看看即可。若能留影纪念、买些土特产品等则是一种莫大的需求满足。由于当时人们的物质生活总体水平较低,旅游者对服务还缺乏更高的期望,认为只要少花钱,能够换来各种有效入门票证即可,然后凭这些票证能够“坐上车、住上店、吃上饭、游景区”就行。因此,这一时期旅游服务契约关系的主要形式就是票证式服务承诺,即表现为旅游者以货币购买各种票证式服务的交易过程,包括交通票、住宿票、餐票和门票等票据来实现一种刚性服务。在当时,这是一种最为普遍、传统的旅游服务消费方式。这一时期的旅游服务具有需求弹性小、服务供给内容简单等特点。这种票据式服务承诺的内容主要包括:票证价格、使用有效期限和不得重复使用等提示语。同时,这种旅游服务契约的承诺少、选择性少。在这一契约关系中,旅游者通常很少涉及参与服务生产的内容或过程,旅游供应商普遍缺乏对旅游消费者的关注。因而,这也是一种最为简单的服务契约。目前,这种票证式服务契约在一些不发达的地区还依然存在,但从当前我国旅游服务业的整体发展趋势来看,它显然已不能满足旅游者的实际服务需求。

6.1.2 承诺式服务契约关系

20世纪90年代中期以后,随着旅游交通、住宿、餐饮、景区、购物、娱乐等专项服务的硬件设施不断完善与发展,旅游服务开始逐步进入专业化或标准化发展阶段。在国内外旅游服务需求的不断推动下,旅游服务的消费模式也开始发生重大变化,旅游服务即从一种奢侈消费逐渐变成一种大众化消费。同时,人们对旅游服务的理解和认识也日益成熟,开始有条件、有选择地购买这类服务产品。简单的票证式服务已不能满足旅游者的需求。1992年国家旅游局出台《旅游行业对客人服务的标准》,以及“顾客是上帝”等市场环境下的服务理念形成,相应的行业承诺制也逐渐发展起来。在旅游服务中形成了以旅游者为导向的“食、住、行、游、购、娱”六大服务要素,并开始推动旅游服务向商业化、标准化模式发展。在这一时期,大量的接受过高等教育的旅游管理专业人才开始进入旅游行业,还有大批的服务专业人员开始得到规范培训,这些都进一步促进了旅游服务业的专业化发展。

与此同时,我国开始不断借鉴一些旅游发达国家的做法,一方面在硬件服务设施上进行了更多的完善;另一方面不断加强软件服务管理,关注游客对旅游服务的满意度。这一时期旅游服务的供需市场也开始细分化,逐渐形成了不同档次和不同服务水平的设施和场所,包括不同等级和不同类型的交通工具、不同星级标准的酒店服务、不同特色的餐饮酒楼和不同级别的景区等。这些服务市场的划分也逐渐成为服务合同约定中的重要内容。虽然有些内容没有写入服务票证契约,但是随着旅游者的日益成熟,对标准化服务的理解与认识已逐渐形成,并具有了一定的维权意识,一旦旅游供应商不能履行服务标准或承诺,旅游者就可能采取投诉等维权行为。

这一时期是我国旅游服务标准化与质量提高的重要阶段,也是人们开始关注旅游服务承诺的重要时期。旅游服务的供需交易过程实际上就成为票证服务+标准化服务承诺,并相应推出了一系列服务承诺及特色菜单式服务项目,旅游服务供需主体之间也开始关注合作,并逐渐形成一种承诺式契约关系。这些将最终成为旅游服务供需双方合作契约关系建立的基础保障。

6.1.3 合同式服务契约关系

进入21世纪以来,随着知识经济、网络时代和学习型社会的发展,我国旅游服务开始由标准化向个性化、人性化服务方向转变,以旅游者需求为导向的市场经营理念也逐渐成为供需关系协调发展的核心,也是旅游服务市场竞争的重要方向。原有的单体式标准化服务模式,开始逐渐被链条式的人性化服务模式所替代。旅游者对服务质量的理解也开始与自身的旅游期望及真实感知相关联。在这一过程中,旅游服务的复杂性、多样性和连续性不断增强,旅游服务交易的阶段性、不完全性也日益突出,旅游供需双方更加迫切需要建立一种长期、稳定与规范的契约关系,需要供需双方共同设计与制订一种服务交易契约,并且结合服务契约的多阶段和不确定性等特点,在事前、事中和事后三个阶段都要进行相应的约定,以保证旅游服务合同的有效实施。该过程如图6-1所示。

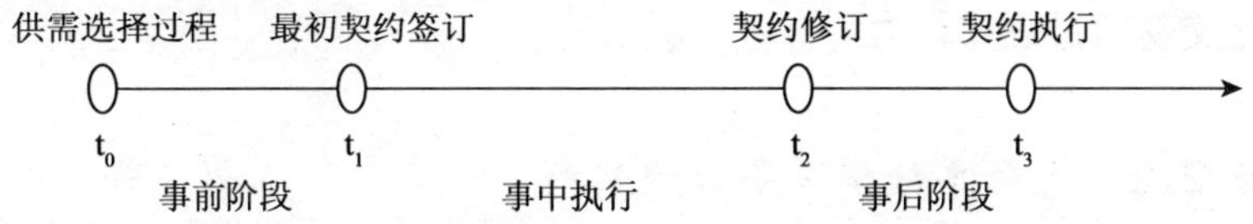

图6-1 旅游服务合同式契约签订与执行过程

旅游服务合作契约的发展,不仅是旅游者的需求,也是旅游服务供应商之间合作发展的需要。随着旅游者消费次数的增多,旅游服务逐渐成为一种多数人、多次的重复性消费产品,旅游者也会从一般的散客、新客而发展成为回头客或忠诚老顾客。旅游服务供需主体间合同式契约关系的建立也就成为发展的必然。

从以上三种旅游服务关系契约方式的发展演化可以看出,不断满足旅游者的服务需求,增加服务内容,提高服务效率,制订更加科学、人性化的服务关系契约,才是实现旅游服务业可持续发展的必然途径。

6.2 旅游服务供需主体间的合作契约类型

根据目前旅游者购买服务产品时与不同旅游供应商所形成的关系类型,以及由此而形成的合作契约类型。笔者将供需主体间的合作契约类型划分为逆向组合型和逆向单链型两种。

6.2.1 逆向组合型服务合作契约

该类型的合作契约是指旅游者与各类旅游供应商直接进行供需交易时而形成。在这种契约类型的交易中,契约双方形成的是一种市场机制下的供需关系,以及具有类似委托—代理的关系模式。依据1970年在布鲁塞尔通过的一项关于旅行代理商及旅游供应商的民事责任统一规则协议规定,这一类契约是由组织履行的合同。这种类型的交易双方是以票据+标准化服务承诺为契约关系建立的依据,通常属于不完全契约关系。该契约双方交易的服务量(可以用旅游者的费用支出或继续花费的时间为单位来衡量)具有较大变动性,并且具有事前协商、事后再商议的特点。这种类型的合作契约主要适用于自助型旅游者,他们通常以这种契约模式与不同的服务供应商建立或完成多种单项服务交易,而不存在与中间商或其他服务机构进行间接交易的过程或行为。

6.2.2 逆向单链型服务合作契约

该类型的合作契约是指旅游者通过中间商(旅行社)与其他旅游服务商

间接订立的合同契约关系。由于这种契约关系的主体通常多于两个,相互之间具有明确的供需关系和多重委托代理关系;并且交易双方或多方通常以旅游者的服务需求为推动契约关系建立的依据,具有一定的逆向单链特征和法律意义。同时,在契约履行过程中,旅游中间商都要对其过失行为和可能发生的损害负责,而且还要对受其委托而实施履行项目的运输方、旅馆业或其他第三者的过失负责。可见,依据国际旅游仲裁协议,通过中间商进行购买的服务产品有着严格的规定和约束。这一种类型的合作契约往往具有多代理和不完全性特点。

该类型契约下签订的合同通常属于短期、临时性不完全契约,具有一定的格式规范性、较为明晰的条款说明、明确的权责关系以及具有较高的法律效力。该类型契约关系在整个旅游供需关系链中,通常有显性和隐性两种契约类型,一种是直接与旅游者签订的合同表现为显性契约,另一种是旅游供应商之间签订的合同为隐性契约。可以看出,在旅游服务供需关系链所形成的合作契约关系中,存在短期显性契约和长期隐性契约之间的矛盾。只有实现旅游服务供需一体化及提高资产的专业化水平,才能有助于内生化契约的不完全性。

6.3 逆向组合型服务合作契约的设计

随着旅游服务信息的日益丰富和发展,服务消费需求的个性化、专业化特征也在不断增强,越来越多的旅游者在闲暇时间和可自由支付无约束的条件下,更愿意选择具有较大弹性的直接式逆向组合型契约。旅游者根据自身的需求特点,自主地选择所需的服务项目和类型,并可自主地设计服务项目的不同组合与实现方案。当然,选择和执行这一类型契约还需要旅游者与旅游供应商之间具备一定条件。如果旅游供应商采取短期行为,那么旅游者就会面临较大的风险。因此,建立和设计具有一定保障能力的服务合作契约,才能确保旅游服务供需之间实现最大化收益,并获得满意的服务质量、信誉。

6.3.1 契约的线性特征

逆向组合型合作契约是以委托—代理理论为依据,建立在供需双方合作的基础上。依据 Holmstore & Milgrom(1987)关于线性合同的经典文献,可以假定旅游服务的委托方即旅游者是风险中性的,服务的代理方即供应商具有风险规避的特点。于是,当随机误差服从正态分布时,供需双方的契约关系是线性的。设旅游者的服务需求量是 $x + q$,其中: q 是一个预期(或必需)的服务量,通常在旅游者出发前已确定,也不再受外部因素的影响而变化;而 x 则表示是在旅游过程中旅游者新增(剩余)的服务量,通常也可以理解为旅游者在实现消费预期服务量 q 后,还具有一种剩余消费能力。假定这种剩余消费服务量 x 与旅游供应商提供服务的努力程度 β 以及服务内容的重要程度 ε 呈正相关,于是,设剩余消费服务量 x 可表示为的线性函数是: $x = \alpha + \beta + \varepsilon$,其中 α 为旅游服务消费发生时的外部环境因素。

定义 1:自助型旅游者存在时间约束 T 和费用支付约束 R 。

定义 2:旅游者预期购买服务量 q 时的支付费用为 $M = a + p \cdot q$,其中,旅游者消费服务量 q 时,单位服务的价格为 p ; a 为固定费用。

定义 3:旅游者剩余消费服务量为 x 时的费用函数为 $m(x) = \lambda \cdot x$,其中 λ 是每增加单位消费服务量时的支出费用。

于是,委托方旅游者的效用函数可表示为:

$$V(x,m) = M + m(x) = a + p \cdot q + \lambda \cdot x \qquad (6-1)$$

$$s.t \quad M + m(x) \leqslant R$$

定义 4:旅游供应商提供服务的总成本为 $C + c(x)$;其中, C 是提供预期服务量 q 的成本; $c(x)$ 为提供新增剩余消费服务量 x 时的成本,它是一个单调递增函数,随服务需求量 x 的变化而变化。

于是,服务的代理方即供应商的效用函数为:

$$U(x,p,q) = a + p \cdot q + \lambda \cdot x - [C + c(x)] \qquad (6-2)$$

在这种委托—代理关系的契约合同中,存在完全信息和不完全信息两种情形。这时,若依据双方追求各自效用最大化的原则,在不完全契约关系中,存在激励相容约束(IP)和参与约束(IC)两个条件。在不同的条件下,供需双方实现合作契约的优化程度也不同。

同时,旅游者与旅游供应商之间虽然还存在一定的非对称信息,假定自助型旅游者已拥有较多信息。于是,依据旅游服务合约的线性特征,随着 x 的增加,供需双方的效用也将不断增大。这一结果反映了供需双方进行合作博弈要优于非合作博弈。最大效用将接近旅游者的因支付约束而产生的服务量,即 $x \leqslant \frac{1}{\lambda} \cdot (R - p \cdot q - a)$ 。若存在隐瞒信息或通过专用性投资行为进行“敲竹杠”等行为,将直接导致旅游者服务量减少,甚至引起旅游者投诉,进而影响旅游供需链条的稳定性。

从以上理论分析可以看出:旅游者与供应商之间的共同收益就是增加旅游者的剩余消费服务量 x 。由此,笔者得出本研究的重要理论命题10。

命题10:旅游者在旅游过程中的购物、娱乐等剩余消费服务的购买量与旅游者自身感知的服务满意度之间关系密切。

本书将在第7章对这一命题进行相关的假设检验和分析。

6.3.2 契约设计的条件分析

由于旅游服务供需过程是一个连续的、动态的交易,旅游者购买剩余消费服务量 x 将随着供需双方交易次数、交易过程以及信任度等情形、特征的变化而变化。因此,该类型服务合作契约的设计,必然是一个具有动态、激励作用的双方合作行为过程。

当委托方能够充分观察代理方的努力程度 β 时,契约关系设计就可不必考虑激励相容条件(IR),而只需满足参与约束条件(IC)。如果再定义 λ 为旅游供应商不同的边际成本,可能因供应商的存在能力不同, $\lambda \in [\underline{\lambda}, \overline{\lambda}]$,其累积分布函数为 $F(\lambda)$,分布密度为 $f(\lambda) > 0$ 。

委托人的旅游规划设计条件为:

$$max\mathrm{EV}(\mathrm{x},\mathrm{m}) = \int_{\underline{\lambda}}^{\overline{\lambda}} (\mathrm{m}(\mathrm{x}) + \mathrm{M}) f(\lambda) d\lambda \qquad (6-3)$$

$$s.t(IC)\ U(x,q,p) = M + m(x) - (C + c(x)) \geqslant U_0 \qquad (6-4)$$

其中, U_0 为服务代理方即供应商从接受契约合同中得到的期望效用,不能小于不接受合同时的最大效用。

在不对称信息条件下,委托方旅游者会面临代理方旅游供应商的逆向选择与道德风险两方面的风险。这时,旅游服务的委托方在提出一项服务需求后,在作出接受或拒绝的选择时,就需要加入对代理方的一定激励相容约束条件。于是,在新的规划中就有:

$$max\mathrm{EV}(\mathrm{x},\mathrm{q}) = \int_{\underline{\lambda}}^{\overline{\lambda}} (\mathrm{m}(\mathrm{x}) + \mathrm{M}) f(\lambda) d\lambda;$$

$$s.t(IC)\ U(x,q,p) = M + m(x) - (C + c(x)) \geqslant U_0;$$

$$(IR)\ V(x,\lambda) \in \{0, \mathrm{argmax}\{x, m(x)\}\}$$

在这里 $U(\underline{\lambda},\overline{\lambda})$ 为类型是 λ 的供应商所获得的收益。根据显示原理，存在一个直接显示机制，即代理方真实报告其类型而产生激励。

从以上理论分析可以看出：自助型旅游者与供应商之间的关系是显著的。供应商的努力程度 β 是易于观察的，在契约设计中不要考虑激励问题。此时，组织参团型的旅行社却较难观察到其他服务商的努力程度 β，即必须存在一定的激励条件。为此，笔者引申出本研究的重要理论命题11。

命题11：旅游供应商的努力程度与旅游者的满意度评价之间密切相关。

这一命题将在本书的第7章进行相关的假设检验和分析。

6.3.3 不完全服务合作契约设计

在旅游服务的供需关系主体之间，由于委托方旅游者与代理方即供应商之间的信息不对称，加之在交易过程中受外部多变的环境影响等。于是，在供需双方的相互博弈过程中，通常表现为不完全契约形式。受供需双方影响剩余消费服务量 x 变化的因素不同，逆向组合型不完全合作契约可能存在两种不同情形。

情形一：假定旅游服务供需双方进行的是单次、静态的不完全合作契约。

由于供需双方是第一次进行合作，暂不考虑后期合作问题。设旅游者购买的预期服务量为 q，购买的剩余消费服务量为 $x = x_0$；此时剩余消费服务量 x_0 为旅游者的最低量。于是，旅游者的总消费支出为：$M + \lambda \cdot x_0$。此时，双方合作的总收益等于预期总收益：

$$W = 2[a + p \cdot q + m(x_0)] - (C + c(x_0)) \qquad (6-5)$$

$$s.t \quad M + m(x_0) \leq R$$

从公式(6-5)可以看出：由于供需双方是初次合作，旅游者缺乏对旅游供应商的足够信任。因此，旅游供应商只有依赖其品牌和声誉，才能使旅游者产生更多的剩余消费服务量 x_0。若从双方收益最大化条件来看，可对公式(6-5)求导得出：

$W' = 2m(x_0)' - c(x_0)'$；当 $W' = 0$ 时，既存在一个最大值，显然 x_0 不是最大点。

如果 $x_0 = 0$，即存在供需双方在按照预期收益进行合作时，旅游供应商进行短期行为，即大量削减服务成本，只要服务量 q 不低于某一临界值 q_0（q_0 是指服务最低标准），不会引起旅游者投诉，即可实现双方可接受收益。实际上，随着旅游者的满意度 θ 下降，旅游者的效用也在不断减少，若此种情形继续下去，则就很难实现双方的再次交易与合作。因此，如果旅游供应商没有品牌、声誉的约束，那么对于旅游需求者来说，单次的服务交易将存在较大风险。

情形二：假定旅游服务供需双方进行的是重复、动态的合作契约。

在此情形下，旅游者购买剩余消费服务量 x，且 $x > x_0$；于是，旅游供应商的收益变为：$\pi(x) = a + p \cdot q + \lambda \cdot x - (C + c(x))$　　(6－6)

而 $\pi'(x) = m'(x) - c'(x) = 0$　　(6－7)

假设在公式(6－7)条件下，存在一个服务量 x_1。于是，我们可以讨论并比较旅游者在剩余消费服务量 x 发生后出现的两种情形。

(1)当 $x_1 > x_0$ 时，旅游供应商的收益增加，旅游者满意度提高，双方合作的总收益也增加。由于旅游者购买剩余消费服务量 x 增大，最大值条件是：$x = \frac{1}{\lambda} \cdot (R - p \cdot q - a)$，说明旅游者与供应商之间的信任度提高；旅游供应商从长期收益角度来建立和维护与消费者的关系，其努力程度 β 提高，并可能会因增加服务量而受到某种奖励，或者会得到旅游者的物质或精神鼓励，包括小费；同时旅游供应商也注重品牌建立和信誉维护。当然，此种情形的前提是其他必需性服务也是非常满意。

(2)当 $x < x_0$ 时，旅游供应商的收益减少；供需双方合作的最终总收益也将减少；表明旅游者的实际购买量在减少，旅游者与供应商之间的信任度降低；旅游供应商的努力程度 β 不高；旅游服务人员不会因服务量减少而受到惩罚，也不会因此而引起旅游消费者投诉，否则，旅游服务人员就不会偷懒。此外，忽视品牌和声誉也是旅游供应商整体合作能力不高的原因之一。

可见，从长期动态发展的角度来看，旅游供需双方合作必须有一定的激励措施。这种激励主要来自旅游服务供应商和旅游消费者的奖励或惩罚，还有不断扩大旅游者参与评价的权利，也会有助于改善供需双方的共同利益。同时，从旅游者的剩余消费服务量函数 $x = \frac{1}{\lambda}(R - M) + \alpha + \beta + \varepsilon$ 来看，旅游者的实际消费量还与旅游者的满意度和供应商的努力程度 β 及消费过程中的外部环境等因素有关。

从以上理论分析结果,可以得出本研究的重要理论命题12。

命题12:自助型旅游者获得的交通、住宿、饮食、娱乐和购物等五项服务各自存在一定的相关度,但是在每项服务的内部选项方面存在差异。

这一理论命题将在本书的第7章进行相关的假设检验和分析。

6.3.4 不完全服务合作契约的最优化问题

对于旅游供需双方的契约优化问题,考虑双方利益的一致性以及长期性,必须以期限和双方签订一定的合同契约为基础。从单次交易过程中可以看出,存在较明显的风险占优博弈的策略选择,双方是不会进行最优策略选择。如果从长期合作的情形来看,旅游供应商会从声誉、品牌考虑进行最优化服务选择。于是,依据公式(6-1)和公式(6-2)可得到总收益函数:

$$W = 2[a + p \cdot q + m(x)] - (C + c(x)) \qquad (6-8)$$

$$s.t \quad M + m(x) \leqslant R\text{,即 } x \leqslant \frac{1}{\lambda}(R - M)$$

于是,最优化合约的收益条件是:$W' = 0$,即:$W' = 2m(x)' - c(x)' = 0$,该函数的极值点 $x_0{}'$即可能成为最大值。

由于旅游服务合约是在不对称的信息环境中签订和执行,双方就存在交易风险和专有资本的使用问题。在一般的旅游合同中,如何让旅游者更加信赖旅游供应商,减少信息的不对称性,减少旅游者的吃亏、上当,就必须保证一定的信息公开。在合约设计中,必须保证双方有可再谈判的余地。由于旅游服务交易过程的不确定性,本身就会增加契约的不完全性。因此,在旅游服务合约中,设计具有阶段性的交易过程或供需模式,将有助于保证双方利益的平等。同时,旅游服务生产消费的最终控制权也是决定消费收益的重要因素。为此,维护和保证旅游服务交易过程中的阶段性付费制度以及一定的控制力,可以更多地避免双方不平等的交易地位,从而避免旅游者的权益受损,有助于供需双方实现最大化收益。

通过以上理论分析,可以引申出本研究的重要理论命题13。

命题13:旅游者在选择一些必需的服务项目和一些剩余消费的服务项目时,如购物、娱乐服务等得到的满意度之间不存在差异。

这一理论命题本书将在第7章进行相关的检验和分析。

 6.4 逆向单链型不完全合作契约的设计

在逆向单链型的合作契约设计中，首先必须明确旅游服务主体之间的委托—代理关系。即主要涉及旅游者与旅行社以及与旅游服务供应商三者间服务合约。在该类契约设计中，由于服务主体之间的委托—代理关系不同，进而影响服务合约的设计。在旅游活动中，各个行为主体都要受到有限理性的约束，同时旅游消费属于前期支付和后期承诺的消费形式。基于这些情况，旅游服务供需交易契约就必然是不完全的。于是，旅游供应商就会利用合同条款上的不完备性，通过减少旅游服务项目或者降低旅游服务质量而产生机会主义行为。在这一情形下，如果缺乏监督和激励机制，必然导致旅游服务合作契约的不合理。本研究的契约设计中将避免这样一类不合理契约形式的出现。尽管在旅游活动中，因契约不完备对旅游者造成一定的经济损失时，通常是由旅游中间商(旅行社)承担责任。

6.4.1 契约的子博弈特征

在旅游服务中，由于供需双方的信息不对称以及搜索、交易成本的影响，于是大量的专业化服务中介机构(包括旅行社)组织就应运而生，它们可以通过对旅游供应商信息的搜集、加工以及与之形成稳定的客户关系等方式，为旅游者提供充足、有效的服务信息和服务接待准备，便于旅游者获得更加快捷、方便、省心省力的旅游服务，从而实现满意的旅游消费。这种通过旅游中介组织而间接地形成的供需关系契约，即为逆向单链型供需合作契约。该类型契约通常具有多委托—代理关系，即是一种存在旅游者、旅行社及旅游服务商三者以上服务主体之间的关系契约。同时，在他们相互交易的过程中，还存在着双重委托与代理的复杂关系。依照张五常解释：合约的选择取决于交易成本、自然风险和法律(政治)安排。在逆向型供需合作契约中，因供需关系主体的多元化，而形成多种委托—代理关系，具有不同的契约特征。于是，本研究假定存在旅游者、旅行社和旅游供应商三方主体的前提下进行契约关系特征分析，首先依据旅游者与旅行社和服务商三方博弈的次序与策略集，进行两种类型的契约特征分析。

一是传统型博弈规则。即旅游者在没有讨价还价或议价能力的前提

下，只能选择包价旅游时的博弈模式。在此种博弈模式下，旅行社与旅游服务商将具有优先议价权，他们制定旅游线路，提供交通、住宿、餐饮、娱乐、购物等一系列服务，并共同确定价格；两者之间存在一种隐性契约，并初步议定为长期合作。于是，该类型的旅游服务合作契约博弈属于阶段性的动态博弈，旅游者往往属于在其他两方合作博弈后的基础上，再与他们进行博弈，具有被动性。此时，可依据博弈规则进行博弈三方的特征描述：

首先，对三个博弈方将采取的策略以及将获得的得益进行赋值定义。

旅游者的策略集：Y = 选择，N = 拒绝；得益集：1 = 非常满意，0 = 基本满意，-1 = 投诉。

旅行社和旅游服务商的策略集为：G^+ = 优质服务，G = 一般服务，G^- = 劣质服务；得益集为：π^+ = 长期收益，π = 当前收益，π^- = 声誉损失。于是：

博弈方1：旅游者的策略集 S_{Ti} 为 $\{Y, N\}$，其中，$i=1,2$；得益集 U_{Tj} 为 $\{1,0,-1\}$，其中，$j=1,2,3$。

博弈方2：旅行社的策略集 S_{Al} 为 $\{G^+, G, G^-\}$，其中，$l=1,2,3$；得益集 U_{Aj} 为 $\{\pi^+, \pi, \pi^-\}$，其中，$j=1,2,3$。

博弈方3：旅游服务商的策略集 S_{El} 为 $\{G^+, G, G^-\}$，其中，$l=1,2,3$；得益集 U_{Ej} 为 $\{R^+, R, R^-\}$，其中，$j=1,2,3$。

于是，在旅游者选择由旅行社和旅游服务商共同制定的服务产品后，即在参团旅游的情形下，可以看出三方进行完全信息的静态博弈特征表现为：

		博弈方3（旅游服务商）		
		G^+	G	G^-
博弈方2旅行社	G^+	$\pi^+, R^-, 1$	$\pi^+, R, -1$	$\pi^+, R^-, -1$
	G	$\pi, R^+, 0$	$\pi, R, 0$	$\pi, R^-, -1$
	G^-	$\pi^-, R^+, -1$	$\pi^-, R, -1$	$\pi^-, R^-, -1$
		博弈方1（旅游者）（Y）		

图6-2　旅游服务三方之间的博弈分析过程

从实际的三方博弈结果来看，依据占优策略原则：策略 $\{Y, G^+、G^+\}$、$\{Y, G^+, G\}$、$\{Y, G, G^+\}$ 和 $\{Y, G, G\}$ 四个策略下的结果较优；而由于服务商在选择优质服务时付出成本要高于一般服务，于是在固定的包价服务中,旅游者虽然存在不同的服务得益;但是从短期的实际收益来看,企业 π^+ 与 π 实际值并没有变化,而且付出的越多,就存在收益减少的可能;因为旅游者通常不愿意增加额外的收费服务,包括购物、娱乐等。这样,旅游中间商和服务商在得到一个相对固定的收入后,只有通过减少成本支付才有可能继续增加利润。于是,旅游中间商和服务经营商通常会出现串谋来共同减少服务成本,同时也就降低了服务质量。旅游者也就只能获得一般性的服务需求或游客可以接受的最低服务水平,从而造成服务中的“劣币驱逐良币”的困境。旅游服务商的承诺不可信,支付价格与质量不符。为此,旅游者就会采取针锋相对的策略,不参与购买物品或娱乐的消费活动;而这时的直接受损者将是导游。由于他的收入来源就是从旅游者的剩余消费中获得提成,否则可能会赔钱。这一状态也是目前我国旅游参团游服务中存在的通病。由此,笔者提出:只有通过改变博弈方之间的博弈顺序,增加服务量弹性和激励效应,才能有助于提高各个服务环节的积极性,提高旅游服务链条的总体收益。

从以上理论分析,可以引申出本研究的重要理论命题14。

命题14:参团型旅游者的剩余消费行为往往被导游所控制,使旅游者难以获得满意的服务。

本书将在第7章对这一理论命题进行检验和分析。

二是新型博弈规则。即旅游者与旅行社之间首先进行服务供需沟通,商议价格与路线;然后旅行社再与其他服务提供商进行议价和协商,最后在与旅游者达成契约。在这一种三方博弈中,博弈的次序发生变化,博弈也将变成一种动态不完全信息博弈。首先,对三个博弈方的特征进行描述:博弈方将采取的策略和获得收益进行赋值定义;旅游者的策略集:Y = 选择,N = 拒绝;旅游者的得益集:1 = 非常满意;0 = 基本满意;n = 没有购买。

旅行社和旅游服务商的策略集为:G^+ = 优质服务,G = 一般服务,G^- = 劣质服务;得益集为:π^+ = 长期收益;π = 当前收益;π^- = 声誉损失。于是:

博弈方1:旅游者的策略集 S_{Ti} 为 $\{Y, N\}$,其中,$i=1,2$;得益集 U_{Tj} 为:$\{1,0,\}$,其中,$j=1,2,3$。

博弈方2:旅行社的策略集 S_{Al} 为 $\{G^+, G, G^-\}$,其中,$l=1,2,3$;旅行社的得益集 U_{Aj} 为 $\{\pi^+, \pi, \pi^-\}$,其中,$j=1,2,3$。

博弈方3:旅游服务商的策略集 S_{El} 为{ G^+ , G , G^- },其中, l =1,2,3;得益集 U_{Ej} 为{ R^+ , R , R^- },其中, j =1,2,3。

		博弈方3(其他旅游供应商)		
		G^+	G	G^-
博弈方2旅行社	G^+	$\pi^+, R^+, 1$	$\pi^+, R, 0$	$\pi^+, 0, n$
	G	$\pi', R^+, 0$	$\pi', R, 0$	$\pi', 0, n$
	G^-	0, 0, n	0, 0, n	0, 0, n
		博弈方1(旅游者)(N)		

图6-3 旅游服务三方之间改进后的博弈分析过程

通过图6-3显示可以看出:在新的博弈规则中,其他旅游供应商和旅行社中的任何一方,若采取不努力的服务策略行为,都将会造成服务消费终止;在优先等级契约的关系,可能会因为契约顺序的不同而形成不同的契约模式,而具有不同的收益结果。由于这一类型契约的复杂性,具有显性和隐性契约并存的现象,短期和长期契约并存的现象;在该类型契约中,同样存在激励策略的设计问题,即如何能够激励代理者说真话,选择最优的契约机制,将是本契约设计的难点。

从以上理论推导分析,可以引申得出本研究的重要理论命题15。

命题15:以旅游者为契约设计的主体会改善契约的效率。

这一命题将在本书的第7章进行相关检验和分析。

6.4.2 契约设计的条件假设

在逆向单链型旅游服务合约设计中,通常是以参团旅游者为主要研究主体。在旅游者选择参团旅游时,同样存在两种情形。

情形一:旅游者购买由旅行社与服务供应商已设计好的包价旅游服务产品,基本上不再参与修改或设计。

在该种情形下,旅游者购买的服务产品是由旅行社与其他旅游供应商共同设计,旅游者通常决定是否购买该项服务产品。于是,对于旅游者来说就存在一个风险博弈问题。由于各个供应商在决定服务产品的价格时,各方实际上已经确定各自的收益。即主要包括由旅行社代理的旅游交通、住宿、餐饮和景区等服务内容。于是,只要旅游者同意购买该项服务产品,该

服务链的服务量 q 就已确定。只有剩余消费服务量 x 可能发生在购物和娱乐自费项目中。由于旅游者的服务需求是一个完整的服务链,各个供应商往往会从各自的利益角度考虑,获得各自收益的最大化将是服务发生后旅游供应商最主要的做法和想法。

情形二:旅游者首先与旅行社商议服务需求,然后再由旅行社与服务供应商商议已设计好的包价旅游服务产品,旅游者主要参与修改或设计。

在该种情形下,旅游者购买的服务产品是由自身与旅行社共同设计,旅游者通常在购买行为发生前和发生后都具有较大的决定权。此时,对于旅游供应商来说旅游者具有较多的信息不对称性,供应商就会提高努力程度而设法提高旅游者的满意度,从而获得更多的消费量,以及在剩余消费服务量方面也具有了较大的自主性。各个供应商在旅游者决定购买服务产品时,就必须将本企业的信息优势显示出来,供旅游者选择,同时在旅游发生的各个阶段,各方实际上的收益就不确定。这样,对于旅游供应商来说无疑产生了激励和压力,包括由旅行社代理的旅游交通、住宿、餐饮和景区等服务内容。

6.4.3 契约的实证设计

假定1:旅游者与旅行社达成购买服务量为 q 时的价格为 p ,其中固定服务量包括旅行社服务量 q_1 和供应商服务量 q_2 两部分,即 $q = q_1 + q_2$;预期支付费用为 M ,且 $M = p \cdot q$ 。假设 x 为旅游者购买的旅游商品或娱乐时的服务量,成本为 $c(x)$ 。其中旅行社的导游从中获得收益为 $c_0(x)$ 。

假定2:旅行社的服务价格为 p_1 ,旅行社与其他旅游供应商达成的服务价格为 p_2 ,旅行社的成本为 c_1 ,旅游供应商支付成本为 c_2 。

于是,在情形一下旅游者的效用函数可以表示为:

$$\begin{aligned} V(x,m) &= M + m(x) = a + p \cdot q + \lambda \cdot x \\ &= a + p_1 \cdot q_1 + p_2 \cdot q_2 + \lambda \cdot x \qquad (6-9) \\ &s.t \quad M + m(x) \leqslant R \end{aligned}$$

此时,旅游供应商(包括旅行社)的总收益为:

$$U(x,p,q) = \pi_1 + \pi_2 = a + p \cdot q + \lambda \cdot x + c_0(x) - (c_1 + c_2) \qquad (6-10)$$

这里为了便于讨论,没有将旅游购物服务或娱乐服务的收益包括在公式(6-10)中。由于旅游者按照与旅行社达成协议支付费用 M ,从旅游供应商的收益来看,在与旅行社达成协议合作后,其收益 π_2 就已经确定,当旅游者实际进行消费服务时,它已经没有了激励作用,而只有不断减少服务成本才能进一步增大收益。

因此,在此种情形下合作契约中的消费者往往处于劣势。从旅行社的收益来看,由于有导游等人员的参与,旅游者主要通过旅行社的安排来购买剩余消费服务量;导游人员的接触配合可能会引起消费量 x 的变化。但是,由于旅游服务是一个完整的服务链,其中任一环节都不能被导游或旅行社所控制。在旅游者的消费过程中,导游人员从自身利益出发就会引导游客多消费一些自费项目,并从中获取收益;由于旅游者获得的满意度是一个综合性评价,其他旅游供应商的服务成本降低而造成满意度下降,进而传递到旅游服务的整体;旅行社服务改变消费量 x 并不会增大其他服务供应商的收益。因此,容易出现降低消费者满意度 θ ,减少直接发生剩余消费服务量收益 $c_0(x)$ 。

由于在这种情形中,旅游者委托旅行社提供服务产品,而其他旅游服务供应商委托旅行社推荐其服务产品,而形成旅行社的双重代理。加之,旅行社与其他旅游供应商往往容易形成长期合作协议,因而容易导致旅游者委托旅行社的服务产品出现质次价高现象。

在情形二下,由于旅游者与旅行社共同定制服务产品,而后与服务供应商确定价格和服务量。在此情形下,旅游者获得合作契约的优先权,同时改变了旅行社与服务供应商的委托—代理关系,而三者形成一种委托—代理关系链;旅行社只有为旅游者负责,才能获得高收益;同时,各旅游服务供应商也会增大为旅游者服务的努力程度,各项服务收益已不再固定,而是一种因现场服务情形的不同而不同。于是,这时的总服务量 $X = x_1 + x_2 + x_3$,旅游者的全程服务量为 X 的效用函数可以表示为: $V(x,p) = p(x) + \delta$,其中: $\delta \in [I_1, I_2]$ 为调整范围值。

此时,旅游供应商的效用函数为:

$$U_i(x_i, \eta(x_i)) = p_i(x_i) - c_i(x_i) + \eta(x_i) \tag{6-11}$$

$$s.t \sum U_i \in [\underline{V}(x_i), \overline{V}(x_i)] \tag{6-12}$$

从供需关系双方或多方进行长期合作的角度出发,旅游供应商的长期收益函数可以设为：$\pi_i = f_i(x_i, n)$，其中，n 为合作(交易)次数；于是，在长期合作的多方利益最大化问题即为 $MAX \sum_{i=1}^{3} \pi_i$；此时必然存在一个点(x_{10}，x_{20}，x_{30})，使得 π_i 最大。此时的约束条件为：

$$s.t. \ \sum_{i=1}^{3} \pi_i \in [\underline{V}(x) - c(x), \overline{V}(x) - c(x)];$$

$$\sum_{i=1}^{3} U_i \in [\underline{V}(x), \overline{V}(x)]$$

$$\pi_i > 0$$

因此，从整个旅游供需关系链来看，如果旅游者在任一环节改变服务消费量 x，都会直接影响到其他旅游服务供应商的收益。

由于不同服务需求产品的弹性系数不同，旅游者各自的偏好也不同。因此，在一个预付本金的前提下，有助于旅游者与供应商采取自动选择弹性合同契约。同时，为了保证最后契约的协商权，旅游者可以在旅游服务的尾款、小费等方面增强控制手段，这样可能成为旅游供应商加强服务努力程度，获得更大效益的一种激励。因此，在这种合作契约下，旅游服务供应商具有一定的激励，同时旅游者将获得更多的购买服务的主动权以及由此而提高服务的满意度。

在该类契约设计中，由于存在旅游者与中间商(旅行社)的合作契约和中间商与其他服务商的合作契约，既存在两种契约而容易造成中间商订立契约的激励来自于其他服务商，使得旅游者与中间商的服务契约弱化，由此而造成对旅游者的不利状态。因此，从顺序上来看，必须保证旅游者与旅行社优先制订契约，然后再考虑由旅行社与其他服务商的契约。只有这样，才能有助于逆向单链型合作契约的稳定实现，有助于旅行社从消费者的利益出发来设计契约，并且更有助于激励其他供应商满足旅游者提出的服务要求，使得多方利益实现最大化。

从以上理论分析我们可以得出本研究的重要命题16。

命题16：参团型旅游者在购买旅游交通、住宿和餐饮服务方面时获得的满意度是一致的。

这一命题将在本书的第7章进行相关检验和分析。

6.5 不完全合作契约的激励机制设计

从以上的分析可以看出,旅游服务合作契约设计中激励的重要性。尤其对于逆向型供需关系链上的服务消费引入激动机制非常必要。

首先,假定供需关系链上的合作主体为 i 集合,$I = \{1,2,3\}$,其中 1 代表旅游者,2 代表旅行社,3 代表旅游供应商;用 $x_i \subseteq R^{ni}$ 表示第 i 个主体所有选择需求向量的集合,则有:在该服务合作链上:$x_1 \cap x_2 \neq \Phi$,$x_2 \cap x_3 \neq \Phi$,且 $x_1 \cap x_2 \cap x_3 \neq \Phi$,表示三者形成的供需关系链可以运行。为了使该服务合作契约具有效率,我们进行以下定义和机制设计。

定义 1: $M(x_1 \cap x_2 \cap x_3)$ 表示 $x_1 \cap x_2 \cap x_3$ 中的向量集合个数。$M(x_1 \cap x_2 \cap x_3)$ 表示三方合作时,$X_1 \cup X_2 \cup X_3$ 共有的向量集合个数。

定义 2: α 是一个经验常数,且 $\alpha \in (0,1)$,则 $\dfrac{M(x_1 \cap x_2 \cap x_3)}{M(x_1 \cup x_2 \cup x_3)} = \alpha$ 表示:当 $\alpha \to 1$ 时,该服务供需关系链具有更好的运作效果。

则知:该供需关系链总的行动集合为:$X = U_{i=1,2,3}X_i$,且对于某一个主体 i 的供需向量 $x_i \in X$,令记 $\overrightarrow{X_i} = (X_{i1}, X_{i2}, \cdots, X_{in})$ 表示第 i 个供需主体的行动向量,考虑到各主体 i 的效用与系统中所有成员的行动组合有关,故其效用函数表示为 $U_i(x)$,该服务供需链系统中的所有信息组成一个向量 $\overrightarrow{a_i} = (a_1, a_2, \cdots, a_k)$,所有可能的信息集合为信息空间 MR^K,供应链中的信息是所有成员的行动向量组合以及外生状态函数 $\omega = \omega(x,\varepsilon)$,其中 ε 表示的外界因素的影响参量,激励机制是从信息空间 M 到合作配量 T_i 的映射,即:$H:M \to T_i(\omega, a)$。

则供需关系链的机制设计问题为:给定一个激励目标或规划结果 $\overrightarrow{x_i^*} = (x_1^*, x_2^*, x_3^*)$。

设计机制:$H:T_i = T_i(\omega, a)(i=1,2,3)$,使得 $\forall x_i \in x_i$

$$U_i(\overrightarrow{x_1^*}, \overrightarrow{x_2^*}, \overrightarrow{x_3^*}) + T_i(w(\overrightarrow{x_i}), a) \geqslant U_1 \quad \text{(IC)}$$

$$U_i(\overrightarrow{x_1^*}, \overrightarrow{x_2^*}, \overrightarrow{x_3^*}) + T_i(w(\overrightarrow{x_1^*}, \overrightarrow{x_2^*}, \overrightarrow{x_3^*}), a) \geqslant U_i(\overrightarrow{x_1^*}, \overrightarrow{x_2}, \overrightarrow{x_3^*}) + T_i(w(\overrightarrow{x_1^*}, \overrightarrow{x_2}, \overrightarrow{x_3^*}), a) \quad \text{(IR)}$$

$$\sum_{i\in\mathbf{N}} T_i(w(\vec{x_1^*},\vec{x_2^*},\vec{x_3^*},\varepsilon),a) = 0 \qquad \text{(BB)}$$

IC 表示激励相容约束条件,即保证在该机制下,给定的规划目标 $\vec{x_i^*} = (x_1^*, x_2^*, x_3^*)$ 是一个 Nash 均衡点,也就是 $\vec{x_1^*}$ 是 Nash 可执行的;IR 是参与约束条件,是供需关系链上各执行目标 $\vec{x_i^*} = (x_1^*, x_2^*, x_3^*)$ 时,整个服务合作效用不低于一个最低水平,即具有保留效用。同时,在 BB 预算平衡的约束下,即能保证各供需合作主体都达到满意。

总之,在本合作契约激励设计中,注意到旅游者与旅行社、旅游服务供应商三者之间的共有信息量以及经验常数 σ;随着三方合作时间的加强以及次数的增多,这种激励作用将更加明显,激励目标也将会更加清晰。从一个动态的角度来看,旅游供需合作方将会获得更多收益。

6.6 旅游服务不完全合作契约下的收益模型分析

旅游服务供需关系链的收益往往反映的是一种供需双方共同的收益。旅游者通过直接购买或委托旅行社代购服务产品,而后再通过自身的感受来评价和衡量其收益情况,旅游供应商或中间商的收益是游客支付所有的旅游费用减去旅游服务成本后的所得。可见,供需双方的收益是紧密相联的。旅游服务商之间的供需收益可参见表 6－1 所示。

表 6－1　旅游供需合作的收益情况表

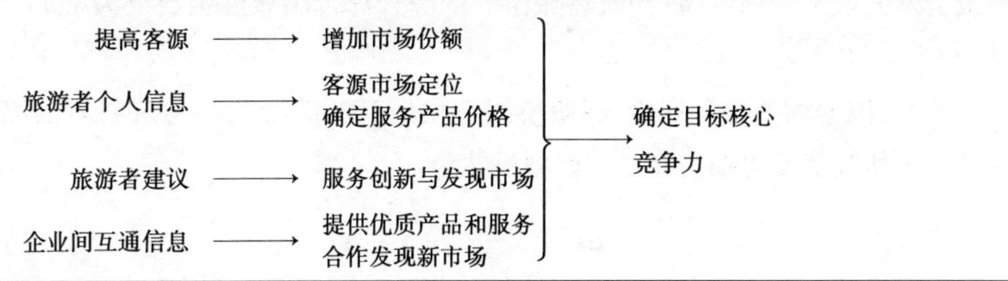

在一个存在多关系主体的逆向型旅游供需合作过程中,必然涉及双方或多方利益的共同实现问题。在此情形下,旅游供应商之间就可以通过获得一些有助于他们长期合作与发展的资料和信息,在互惠共享的机制下实现共同发展。

6.6.1 旅游者与旅游供应商之间的模型分析

根据旅游供应商合作收益以及旅游者评价情况，通过建立一种仿真系统运作模型，推演旅游供应商的收益与旅游者满意度评价之间的内在关系。Philip Kotler 认为：顾客满意是指一个人通过对一个产品的可感知效果（或结果）与他的期望值相比较后，所形成的愉悦或失望的感觉状态。关于顾客满意和顾客忠诚之间的关系，美国学者 Thomas O. Jones 和赛塞的研究指出：在高度竞争的行业中，完全满意的顾客远比满意的顾客忠诚度高，只要顾客满意度稍稍下降一点，顾客忠诚的可能性就会急剧下降。在低度竞争的行业中，顾客们满意度对顾客忠诚度的影响较小。Angel Millaln & Agueda Esteban（2004）指出：所有关于消费者满意度的定义就是描述满意度模式为一个过程，其中有关键变量和相互作用机制。这些变量和他们认识的满意度也是一个心理过程；消费者满意或不满意的观点依赖消费者获得的实际结果和期望的相对性。

假定：旅游者的满意度评价与旅行社等服务供应商的收益存在正相关关系，即旅游者的满意度越高，旅游服务供应商的收益也越好；反之，若旅游者的满意度越低，则旅游供应商的收益就越差。

定义 1：存在一个由旅游者、旅行社与交通、住宿等服务供应商合作构成一定的供需关系链 ijl，设旅行社与交通、住宿等服务供应商的综合收益函数为 $x(t)$，且其变化范围为$[O, M]$；其中 M 可视为一个旅游服务产品的最高报价减去成本后的收益；同时将旅游者的综合评价满意度函数设为 $y(t)$，且 $y(t) \in [0,1]$。

于是，根据相关数学理论，将旅游服务供应商的综合收益与旅游者的满意度评价相互关系可通过系统 i 模型描述为：

$$\begin{cases} \dfrac{dx}{dt} = \alpha x(1 - \dfrac{x}{M})\beta(y - a) & (1) \\ \dfrac{dy}{dt} = \gamma y(1 - y)\delta(x - m) & (2) \end{cases}$$

说明：① $\alpha, M, \beta, a, \gamma, \delta, m$ 均为常数；（$a < 1$，$m < M$ = M 表示旅游服务供应商的最大收益）。

②在方程（1）中，综合效益的增减主要取决于旅游者的评价底线 a；即

当：$y = a$，表示旅游者的评价基本满意，$y > a$ 表示旅游者的评价是满意至非常满意，$y < a$ 表示不满意，而增减系数为 β。

③在方程(1)中，$\alpha x(1 - \frac{x}{M})$ 项来自 *Logistic* 模型，即表示：x 是自增长的，有上限 M，且 x 越靠近 M，增长越平缓，增长系数为 α。

④在方程(2)中，旅游者评价的增减与旅游服务供应商的最低收益值 m 有关，$x > m$ 时，说明旅游服务供应商的收益增长，且旅游者评价满意度增强；$x < m$ 时，旅游服务供应商的收益减少，同时旅游者的评价满意度下降，增减系数为 γ。

⑤在方程(2)中，$\gamma y(1 - y)$ 项同样来自 *Logistic* 模型，即表示：y 是自增长的，有上限1，且越接近1，y 的增长越平缓，增长系数为 δ。

定义2：在定常状态或定态（不动点、休止点或者均衡）动态系统的常数解，即称为系统的定态（*Stationary State*）。对于系统 $x' = f(x)$，若 $f(x^*) = 0$，则 x^* 为该系统的定态。

求解系统(i)的定态，记 $\begin{cases} P(x,y) \triangleq \alpha\beta x(1 - \frac{x}{M})(y - a) \\ Q(x,y) \triangleq \gamma\delta y(1 - y)(x - m) \end{cases}$

即：解方程组 $\begin{cases} P(x,y) = 0 \\ Q(x,y) = 0 \end{cases}$，得到定态：$A_1(0,0)$，$A_2(0,1)$，$A_3(M,0)$，$A_4(M,1)$，$A_5(m,n)$。

定义3：奇点，定态即称为奇点。考虑奇点（定态）的稳定性与奇点的种类。

这些奇点的变化状态将影响旅游服务供应商的收益与旅游者的满意度评价之间的变化。为此，下面可以对这些重要的奇点进行分析和讨论。

Ⅰ. 奇点 A_1 的种类与稳定性：反映旅游服务供应商的收益与旅游者的满意度评价之间的一种关系和状态。

定理1：（*Perron* 第一定理）将非线性系统 $\begin{cases} \frac{dx}{dt} = P(x,y) \\ \frac{dy}{dt} = Q(x,y) \end{cases}$ 分离线性项后

得到系统 $\begin{cases} \frac{dx}{dt} = ax + by + X(x,y) \\ \frac{dy}{dt} = cx + dy + Y(x,y) \end{cases}$

若:①点(0,0)在一邻域内,X,Y 有连续一阶偏导数;

② $X = o(\gamma), Y = o(\gamma), \gamma = \sqrt{x^2 + y^2}$,那么,如果点 o 就是对应线性系统的焦点结点或鞍点,则其也是原非线性系统的同类型奇点。

定理2: $A_1(0,0)$ 为系统(i)的稳定的正规(临界)结点。

证明:分离出系统(i)的线性项得: $\begin{cases} \dfrac{dx}{dt} = -\alpha\beta nx \\ \dfrac{dy}{dt} = -\gamma\delta my \end{cases}$

有: $p = \alpha\beta n + \gamma\delta m > 0, q = \alpha\beta\gamma\delta mn > 0, p^2 - 4q = (\alpha\beta n - \gamma\delta m)^2 \geqslant 0$。

讨论: $A_1(0,0)$ 为系统(i)的稳定正规(临界)结点,即说明:旅游供应商的收益与旅游者的满意度评价越接近该点,则旅游服务供需双方就成为越稳定的一种状态。

当 $\alpha\beta n = \gamma\delta m$ 时,为临界结点时,表示当旅游供应商的综合收益增减率等于旅游者的满意度评价增减率时,该点即为旅游供需双方变化的平衡点。

当 $\alpha\beta n < \gamma\delta m$ 时,轨线切 $\bar{x}$ 轴进入奇点时,表示当旅游供应商的综合收益增减率小于旅游者的满意度评价增减率时,此时旅游供需双方将沿着 $\bar{x}$ 轴进入奇点。

当 $\alpha\beta n > \gamma\delta m$ 时,轨线切 $\bar{y}$ 轴进入奇点时,表示当旅游供应商的综合收益增减率大于旅游者的满意度评价增减率时,此时旅游供需双方将沿着 $\bar{y}$ 轴进入奇点。

Ⅱ. 奇点 A_2 的种类与稳定性

考虑变换 $\begin{cases} \bar{x} = x \\ \bar{y} = y - 1 \end{cases}$,则系统(i)化为:

$$\begin{cases} \dfrac{d\bar{x}}{dt} = \alpha(\bar{x})(1 - \dfrac{\bar{x}}{M})\beta(1 - n + \bar{y}) \\ \dfrac{d\bar{y}}{dt} = -\lambda\delta(\bar{y} + 1)\bar{y}(\bar{x} - m) \end{cases} \tag{ii}$$

这时,原系统中的 $A_2(0,1)$ 变为系统(ii)中的奇点 $A_2'(0,0)$。

定理3: $A_2(0,1)$ 为系统(i)中的不稳定的正规(临界)结点。

证明:将系统(i)变形为(ii),再分离出线性项: $\begin{cases} \dfrac{d\bar{x}}{dt} = \alpha\beta(1-n)\bar{x} \\ \dfrac{d\bar{y}}{dt} = \gamma\delta m\bar{y} \end{cases}$

$p = -[\alpha\beta(1-n) + \gamma m\delta > 0, q = \alpha\beta\gamma\delta m(1-n) > 0, p^2 - 4q = [\alpha\beta(1-n) - \gamma m\delta]^2 \geqslant 0$;

当 $\alpha\beta(1-n) = \gamma m\delta$ 时, $A_2(0,1)$ 为系统(i)的稳定的临界结点;

当 $\alpha\beta(1-n) > \gamma m\delta$ 时,轨线切 $\bar{x}$ 轴离开奇点 A_2;

当 $\alpha\beta(1-n) < \gamma m\delta$ 时,轨线切 $\bar{y}$ 轴离开奇点 A_2, A_2 为系统(i)的不稳定的正规结点,即说明在这一点旅游者的满意度最高时,但并不是旅游供应商收益最佳的状态。

Ⅲ. 奇点 A_3 的种类与稳定性

做变换 $\begin{cases} \bar{x} = x - M \\ \bar{y} = y \end{cases}$,

则(i)化为 $\begin{cases} \dfrac{d\bar{x}}{dt} = -\alpha\beta(\bar{x} + M)\bar{x}(\bar{y} - n) \\ \dfrac{d\bar{y}}{dt} = \gamma\bar{y}(1-\bar{y})\delta(\bar{x} + M - m) \end{cases}$ (iii)

这时,系统(i)奇点 A_3 变为系统(iii)的奇点 $A_3'(0,0)$。

定理4: $A_3(M,0)$ 为系统(i)的不稳定正结点。

证明:(略)同定理3。

当 $M\alpha\beta n > \gamma\delta(M-m)$ 时,轨线切 $\bar{x}$ 轴离开奇点;

当 $M\alpha\beta n < \gamma\delta(M-m)$ 时,轨线切 $\bar{y}$ 轴离开奇点。

通过证明显示:在点 A_3 也不是一个稳定点,虽然旅游供应商的可能收益达到最大,但是旅游者的满意度却很低。

Ⅳ. 奇点 A_4 的种类与稳定性

做变换 $\begin{cases} \bar{x} = x - M \\ \bar{y} = y - 1 \end{cases}$,系统(i)

变为: $\begin{cases} \dfrac{d\bar{x}}{dt} = -\alpha\beta\bar{x}(\bar{x} + M)(\bar{y} + 1 - n) \\ \dfrac{d\bar{y}}{dt} = -\gamma\delta\bar{y}(\bar{y} + 1)(\bar{x} + M - m) \end{cases}$ (iv)

这时,系统(i)的奇点变为系统(iv)的奇点 $A_4'(0,0)$。

定理5：$A_4(M,1)$ 是系统(i)的稳定结点。

证明：同定理2，略。

当 $\alpha\beta M(1-n) > \gamma\delta(M-m)$ 时，轨线切 $\bar{x}$ 轴离开奇点；

当 $\alpha\beta M(1-n) < \gamma\delta(M-m)$ 时，轨线切 $\bar{y}$ 轴离开奇点。

通过证明显示：奇点 A_4 是一个稳定性好的结点。旅游供需双方实现收益与满意最佳匹配的一种最优状态。

Ⅴ. 奇点 A_5 的种类与稳定性

做变换 $\begin{cases}\bar{x} = x - m \\ \bar{y} = y - n\end{cases}$，系统(i)

变为：$$\begin{cases}\dfrac{d\bar{x}}{dt} = \alpha\beta\bar{y}(\bar{x}+m)\left(\dfrac{M-m}{M}-\bar{x}\right) \\ \dfrac{d\bar{y}}{dt} = \gamma\delta\bar{x}(\bar{y}+n)((1-n)\bar{y})\end{cases} \qquad (\mathrm{V})$$

则(1)中 $A_5(m,n)$ 变为(Ⅴ)中 $A_5'(0,0)$。

定理6：A_5 为系统(i)的鞍点。

证明：分离系统(Ⅴ)的线性项：$$\begin{cases}\dfrac{d\bar{x}}{dt} = \dfrac{\alpha\beta m(M-m)}{M}\bar{y} \\ \dfrac{d\bar{y}}{dt} = \gamma\delta n(1-n)\bar{x}\end{cases}$$

有 $p = 0, q = -\alpha\beta\gamma\delta mn(M-n)(1-n)\dfrac{1}{M} < 0$。

所以 A_5 为鞍点。该点的变动方向是影响供需双方或多方变化趋势的重点。在旅游供应商以旅游者的满意度同步变化的情形下，旅游服务供需链将表现出整体性的持续、稳定地发展。

通过以上分析可以看出：旅游供应商的收益同旅游者的满意度呈正相关。在相平面区域 Ω 中，$\Omega = \{(x,y) \mid x \in [0,M], y \in [0,1]\}$。通过图6-4可以得出：如果旅游供应商之间的合作能够降低自身的收益下线，或者旅游者降低自身的评价分界线，那么，发展区域 Ω_1 会扩大，同时崩溃区域 Ω_2 会缩减，如图6-5所示；当 $m,n \to 0$ 时，会出现全域发展的大好局面，如图6-6所示。

总之，通过以上的论证与分析说明：旅游供应商的收益与旅游者的满意度之间存在的密切关联，并且存在着正相关关系，旅游供应商的工作绩效、努力程度与旅游者的满意度密切相关,同时影响着该行业的整体发展。

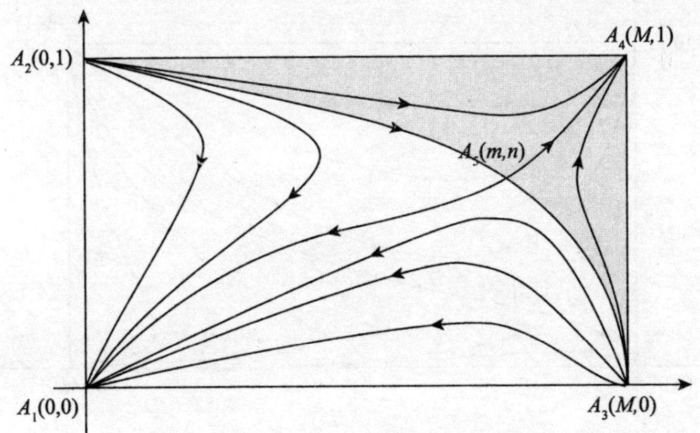

图6-4 旅游服务供需双方的变化趋势

注:将Ω分为两个区域Ω_1(灰色)与Ω_2(其余)。Ω_1为发展区域,Ω_2为崩溃区域。

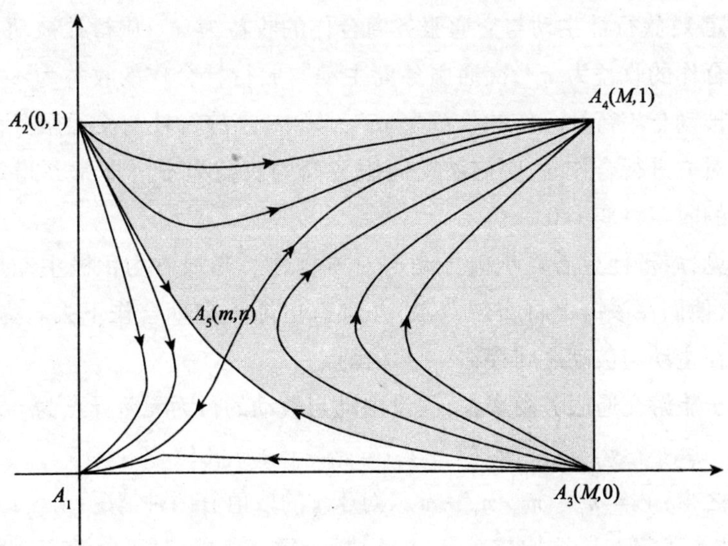

图6-5 旅游服务供需双方的变化趋势好转

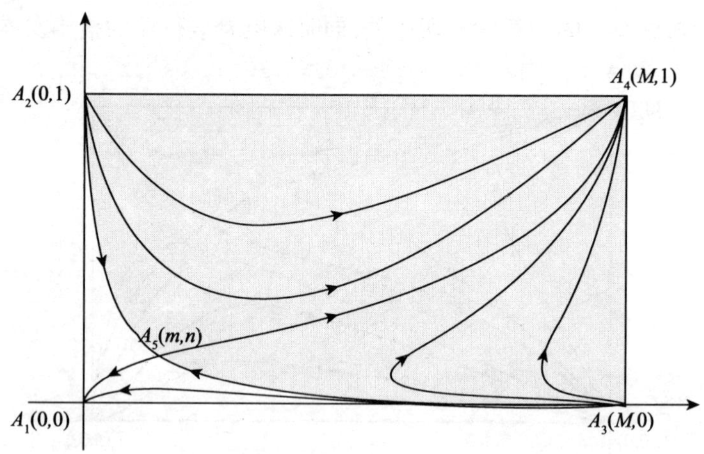

图 6－6　旅游供需关系变化趋向稳定结点 A(0,0)

6.6.2　旅行社与其他服务供应商之间的模型分析

这里以某一旅行社与某一旅游交通服务供应商进行合作博弈为例。

假定1:旅行社主动与交通服务商合作的收益为 π_i ;旅行社被动与交通服务商合作的收益为 π_i';交通服务商主动与旅行社合作的收益为 π_j ;交通服务商被动与旅行社合作的收益为 π_j'。其中,当旅行社与交通服务商均不主动与对方进行合作时,则旅游交通服务商的收益为 π_{io}(非常不稳定),而旅行社的收益将变为0。

可见,旅行社更需要积极主动与对方合作。当双方均积极主动地进行合作时,他们在该链上将实现双赢,并且有可能无限期合作下去。为此,分析是否在主动与被动之间存在一个均衡点。

对于旅游交通服务商来说,假设主动与被动的行为无差异点为 y ,则:

$$\pi_j . y + \pi_i (1-y) = \pi_j'. y + \pi_{io}(1-y)$$

解之得:$y = \pi_j - \pi_{io}/\pi_j' - \pi_{io}$,对于 y 的取值有两种情况:$y>1$ 或 $y \leq 1$ (π_{io}的不确定性),这均与 $y \in [0,1]$ 相矛盾。所以,对于旅游交通服务商主动与被动之间没有无差异点,即说明交通服务商应主动与旅行社之间进行合作。

对于旅行社的主动与被动有无差异性的问题。设其概率为 x ,则 $\pi_i x + \pi_i (1-x) = \pi_i' x + 0(1-x)$;解得:$x = \pi_i / \pi_i' > 1$,与 $x \in [0,1]$ 矛

盾。则亦说明旅行社在主动与被动之间也没有无差异点,即旅行社也应积极主动与交通服务商进行合作,从而保证合作链的正常有效运行。

同样,可以分析旅行社与餐饮、住宿等服务供应商的合作博弈。

对合作链上的长期合作博弈分析:

设 i , j , k 是已给定的合作链上提供服务产品的不同档次企业编号。假设该链上已进行过一次合作,并将此次合作计为初始状态,仍以交通服务商为例。

假定2:存在一个配合度因子,记为 p ,那么: $p_0 \geqslant 1$ 表示他们第一次合作的程度,该值对他们下来继续合作有一定的决定性作用。

再假设第 n 次合作与 $n+1$ 次合作的关系为:

$$p_{n+1} = p_n + \delta_i p_n + \mathrm{sgn}(w_i) r_i p_n$$

其中 δ_i 表示合作的信任度 $\delta_i \in (0,1)$;则容易看到合作次数越多,合作程度将越高, r_i 表示为惩罚因子常数,表示双方合作若发现第 n 次时,其中一方有欺诈行为后,则在 $n+1$ 次时,双方合作程度就会下降,若一旦 $p_{n+1} \leqslant 1$ 则表示合作终止,即说明该链条断裂,而这种情况则是双方都不愿意看到的。此时有:

$$p_n = p_0(1 + \sum_{i=1}^{n} \delta_i^n) + sng(w_i) r_i p_0 = p_0(\frac{1-\delta_i^n}{1-\delta_i}) + sng(w_i) r_i p_0$$

当 $n \to \infty$ 时, $p_n = p_0(\frac{1}{1-\delta_i}) + sng(w_i) r_i p_0$;即说明:合作双方若经过无限次的无欺诈合作后,就会产生品牌效应,合作度达到最佳值为 $\frac{p_0}{1-\delta_i}$ 。

若在第m次合作中,由于某一方受利益的驱使而进行了欺诈行为且被发现,则在该次欺诈行为后,他们若有合作的可能,则 v_i 与 δ_i 应该满足: $\frac{1-\delta_i^m}{1-\delta_i} - r_i \geqslant 0$,否则该合作链条将破坏。当然,若是该合作链能够形成品牌效应,则旅行社最终与其他供应商的合作程度将达到或接近于($\frac{p_{i0}}{1-\delta_i}$, $\frac{p_{j0}}{1-\delta_j}$, $\frac{p_{k0}}{1-\delta_k}$)。

通过以上论证可以看出:旅游服务供需关系链的合作收益以长期性、信任度为基础,同时双方若都能采取积极的合作态度,并建立品牌效应,这样才能更加有助于供需双方的合作发展,实现共同收益。为此,依据不完全契约理论,可以设法增加专用性投资,进行激励机制设计,如采取提供会员制、定制旅游服务、增加小费支付以及尾款控制等手段,这些都将对不完全服务合作契约的实现提供保障措施。

为此,根据以上理论推导分析,可以得出本研究的重要结论:旅游供应商之间的合作将有助于提高旅游者的满意度。

6.7 本章小结

结合旅游服务供需交易中的逆向组合型和逆向单链型两种供需关系链模式,本章主要从契约经济的研究视角,依据委托—代理理论和不完全契约理论,分别对旅游服务供需主体间的契约关系演化进行分析,然后对旅游服务供需主体间的两种合作契约分别进行设计,包括对逆向组合型服务合约的线性特征、条件以及不完全合作契约的最优化等进行数理分析;对逆向单链型服务合约的子博弈特征、条件假设以及实证设计进行数理分析。在此基础上,对不完全合约的建立以及长期性和动态性激励问题进行讨论。

本研究将旅游者引入旅游服务合作契约设计之中,充分考虑契约的不完全性和等级性等条件,对不完全合作契约下的收益模型进行讨论,并提出建立一种以旅游者需求为主导的最优化服务合作契约的必要性。另外,本章研究所引申出的一些理论命题将在第7章进行实证检验与分析。

第 7 章　旅游服务合作契约的实证研究

通过第 5、6 章的理论分析，我们知道自助型旅游者可形成逆向组合型服务合作契约，参团型旅游者可形成逆向单链型服务合作契约。本章将根据这一概念模型，运用问卷调研等实证分析方法，对两种旅游服务合作契约的相关理论推导进行实证研究。主要通过采集样本数据，使用 STATA2. 0、LISERL 8. 7 等相关统计软件，运用均值分析、配对 t 值检验分析、因子分析、方差分析、结构方程、相关性分析等相关统计方法，对旅游服务合作契约的理论推导过程中所得出的命题进行相关假设检验，主要涉及的因子变量有旅游者的满意度 θ 、旅游服务项目的重要程度 ε 、旅游供应商的努力程度 β 以及旅游者的剩余消费服务量 x 等因子验证性分析。

为了便于论证与说明，本章将从实证设计、样本采集与选择、样本数据分析以及对自助型和参团型两类旅游者的问卷分析等方面进行论述。

7.1 实证设计

7.1.1　设计思路与原则

本研究依据前期的理论基础及契约设计引出的理论命题，直接针对逆向组合型和逆向单链型两类服务合作契约所对应的需求主体，即自助型和参团型两类旅游者进行调研分析。考虑到供需关系链形成、选择与契约设计的重要关系，为了确保研究的真实性和有效性，本研究先后进行了两次问卷的设计、发放与统计分析。

第一次是问卷 A 的设计与调查。该问卷主要涉及两类旅游者对各单项旅游服务的需求选择，包括交通、住宿、餐饮、购物和娱乐等项目。主要调查和测量的是各个单项旅游服务项目的重要程度以及旅游者的满意度评价。我们通过对问卷A的设计与调研分析，一方面可以检验两类旅游者各自的属性特征；另一方面可以对旅游者服务需求的满意度θ、旅游供应商的努力程度β、所提供服务项目的重要程度ε以及剩余消费服务量x等因子进行直接或间接的测量检验。尤其是有助于对两类旅游者在形成不同的服务合作契约过程中，进行各单项服务需求方面的差异性分析。对于问卷A的分析，不仅有助于对两种类型服务合作契约设计中的假设条件与因子关系进行分析与检验，而且有助于了解自助型和参团型两类旅游者在服务需求方面的差异性，对指导旅游实践提供理论与实证支持。

第二次是问卷B的设计与调查。该问卷主要涉及两类旅游者关于旅游合同契约的一些态度看法，尤其是参团型旅游者与旅行社签订合约时存在的一些现实问题。通过对问卷B的调研分析，一方面可以分析两类不同旅游群体对合约设计的态度和观点，验证本研究对两类服务合作契约设计的理论命题，包括对不同档次的参团游旅游者在服务需求方面的差异性进行分析与检验；另一方面对参团型旅游者的合同契约设计的影响因素进行分析，进一步验证合约设计的假设条件。总之，本研究的实证设计思路能够较好地表达对所研究问题的设计。

根据实际需要，本研究从科学、有效和实用的设计理念出发，重点对两种类型的旅游者与服务供应商之间所建立的不同契约关系进行研究。主要采用的是理论分析与实证研究相结合的方法。为了确保本研究具有针对性和实践意义，确保所研究变量的可测量和分析，对需要测量的重要度ε、满意度θ和影响程度等要素进行赋值；在问卷设计中主要采用利克特(Likert)5点量表，即用1、2、3、4、5分别表示没有必要、不太重要、无所谓、比较重要和非常重要。

本研究的分析工作将问卷调查、访谈以及亲历过程三个部分结合起来，并在问卷设计中，依照通常设计原则，减少个人隐私以及诱导性提问等现象；对一些难以直接测量的因子，笔者将通过间接方法进行测量。同时，对问卷选项的设计将参考和借鉴国内外学者的相关研究，对于一些态度性问题进行赋值后再做定量化研究。

7.1.2 设计内容

本研究的实证设计包括A和B两种问卷。问卷A是分析和验证不同类型旅游者在与旅游服务商建立供需关系链时的假设条件与问题。问卷B是调查和分析不同类型旅游者对建立旅游合同契约时的态度及影响因素。问卷A和B主要包括以下三个方面信息内容。

一是关于旅游者的个人信息。主要包括性别、年龄、职业、学历、月收入及客源地等基本信息。这些信息的测量有助于保证被调查者具有一定的广度、层次和地域分布特点,以及确保本研究的抽样调查具有一定的普遍性,同时对影响相关因素的个人信息进行分析,也有助于测量不同类型群体对一些分析变量的影响及其相关度的大小。

二是关于旅游者出游前的信息调研。问卷A:主要包括旅游者类型(主要指属于自助游和参团游)、出游次数、获取旅游信息量的途径、购买旅游服务产品的方式等内容。问卷B:主要包括旅游者类型、签订旅游合同情况、参与合同修订状况及对合同执行情况、执行主要障碍和违约后的做法等相关态度。这些信息主要用于对自助游和参团游两类旅游消费群体的一些类型特征命题进行假设检验。

三是关于旅游者在游览期间和游览后的信息调研。这一部分是问卷中最重要的信息,也是本研究分析的重点。问卷A:主要包括旅游者对旅游服务商提供的各类服务项目的重要程度ε、旅游者的满意度θ、旅游者剩余消费服务量x、服务商的努力程度β等影响因子进行验证分析。问卷B:主要包括旅游者对签订合同契约的态度、制订契约的顺序、影响合同契约设计的因素以及旅游者对服务合同需求的差异性变化等因素及变量,主要采取直接或间接方式对研究理论命题进行假设检验和分析。

7.2 样本采集与选择

7.2.1 采集过程

考虑到旅游者服务需求的复杂性、多样性以及需求时间的集中性等特点。本研究的信息采集工作主要是问卷调查，根据实际需要先后进行了两次问卷调研。第一次是2006年10月对问卷A进行调研。笔者组织了西北大学旅游管理专业的部分研究生、本科生，在西安市的钟鼓楼、大雁塔、碑林等景区，对来自国内不同地区的旅游者进行了问卷调研，主要采取现场发放、现场填写、及时回收的形式。第二次是2008年4月对问卷B进行调研，此次调研笔者同样组织了部分大学生在西安市的主要旅游景区，包括大雁塔、陕西省历史博物馆、钟鼓楼等地进行调研。两次问卷的调研信息对本书研究的问题进行充分的解释与说明。此外，本书研究还结合了部分访谈、亲历实践等方法，对相关资料和信息进行补充完善。

7.2.2 样本选择

本研究考虑到研究主体量大，选择样本时只能采取随机抽选的方式。当然，为了保证样本的分布均衡。本研究在开展问卷调研之前，还对调研人员进行了培训，并要求在选择调研对象时，尽量回避对某一类群体的过度调查，以确保所研究群体的广泛性。通过两次问卷调查，在西安市的一些主要景区（点）进行随机样本选择，共发放了800份问卷，其中第一次发放调研问卷A共500份，收回问卷480份，经过筛选得到有效问卷是330份，有效率为66%；第二次发放调研问卷B共300份，收回问卷270份，经过筛选得到有效问卷191份，有效率约为64%。为了保证调研问卷的真实性和有效性，本研究对回收问卷进行了严格筛选，将不合格问卷予以剔除，主要包括问卷中的较多信息没有填写或漏答，还有的问卷存在明显的随意性或相似性回答等。这些问卷都会影响分析结果，在数据分析中会干扰问卷的信度与效度，造成调研结果失真。

7.3 样本数据分析

这一部分内容是本章实证研究的核心，主要依据两次问卷调查的数据信息，通过对筛选出的有效问卷进行分析，检验两种类型的旅游者在供需关系与契约设计方面的假设命题。

7.3.1 分析方法与思路

本研究主要使用 STATA2.0、LISERL 8.7 等相关统计软件工具,结合样本的数据量和结构特点,采用均值分析、配对样本 T 检验、因子分析、方差分析、结构方程、相关分析以及结构模型等多种统计方法,对两种问卷 A 和 B 的数据进行分析、检验和相关假设验证。为此,本研究拟从以下九个方面进行具体分析:

第一,对两种问卷 A 和 B 的基本信息进行描述性分析,包括被调研者的性别、年龄、职业、学历、客源地和月收入等情况,简析两种问卷调查的群体类型及结构特点。

第二,对两种问卷 A 和 B 的信度和效度进行分析,以保证问卷的可靠性以及分析结果的可利用性。本研究采用 Cronbach's alpha(1951)系数检验量表的信度,并拟采用以 Peterson(1994)建议的 0.7 为信度标准,对问卷进行信度分析;同时采用 Kerlinger(1986)建议的建构效度(Construct Validity),用因子分析法来检验问卷的效度。

第三,采用均值的分析方法。通过对问卷 A 的分析,得出自助型和参团型两类旅游者的属性特征,包括出游类型、获取信息途径、订购服务方式等,并进行特征检验和排序;通过对问卷 B 的分析,得出自助型和参团型两类旅游者对制订旅游合同的主体优先性、顺序选择、合同执行障碍以及旅行社违约后的做法等方面进行特征分析与排序。

第四,采用配对样本 T 检验的方法。通过对问卷 A 的分析,得出自助型和参团型两类旅游者在选择不同旅游服务项目时,对重要程度和现实满意度方面存在的差异性进行检验分析;通过对问卷 B 的分析,得出自助型和参团型两类旅游者在选择旅游合同设计时,对其中的影响因素进行差异性检验与分析。

第五,采用方差分析方法。通过对问卷 A 的分析,检验旅游服务项目的重要程度对因年龄、教育程度和月收入的变化而产生的影响;通过对问卷 B 的分析,检验旅游者在选择旅游合同的执行、修订及参与等方面内容时,因年龄、性别、职业、教育程度等变化而产生的不同。

第六,采用因子分析方法。对问卷 A 中通过信度和效度检验的变量,主要包括旅游交通服务、旅游住宿服务、旅游餐饮服务、旅游购物服务和旅游娱乐服务等方面的内在变量进行探索性因子分析，并利用主成分分析即最大方差旋转法，提取以上六个方面的构面；对问卷 B 中的关于旅游服务合同设计的影响因素进行因子分析，以构建因子模型。

第七，运用皮尔逊（Pearson）相关分析方法，对问卷 B 中关于旅游服务合同的影响程度等因素进行分析。

第八，运用结构方程模型。分析和验证问卷 A 中的自助型旅游者在不同旅游服务项目选择之间的相关度，并与整个问卷的分析结果进行比较。

第九，运用独立样本 T 检验。对问卷 A 和 B 中两类旅游者的服务需求和合同契约设计等相关问题比较分析。

7.3.2 问卷的基本信息分析

本研究通过两次问卷调研，分别得到问卷 A 的有效问卷 330 份，其中自助型旅游者的问卷是 243 份，参团型旅游者的问卷是 87 份；得到问卷 B 的有效问卷 191 份，其中自助型旅游者问卷是 100 份；参团型旅游者的问卷是 91 份。从以上两类问卷的整体样本量和分类后的样本来看，都达到了进行样本分析的有效量，因此可以进行实证分析。有关问卷 A 和 B 中的旅游者基本信息资料情况，如表 7－1 和表 7－2 所示。

通过表 7－1 可以看出：在问卷 A 中，被调研旅游者的男、女性别比例合适，年龄分布比较均匀，主要集中在 45 岁以下，达到 83.3%；在职业分布方面，没有出现过于集中的行业或职业类型；从被调研旅游者的学历来看，大专及本科以上占到 74.2%，反映出旅游者的文化素质普遍较高；从客源地分布情况来看，被调研旅游者是以中等发达和发达地区为主，基本反映了旅游者的空间活动特征；从被调研旅游者的经济状况来看，以月收入 3000 元以下为主体，可以反映出来西安的旅游者具有较强的大众性，旅游不再是一种高收入的奢侈消费群体行为。

表 7 - 1　　对样本问卷 A 中的旅游者基本信息情况统计

基本项目	具体类型	N	占比(%)
性别	男	194	58.8
	女	136	41.2
年龄	24 岁以下	113	34.2
	25～45 岁	162	49.1
	46～60 岁	43	13.0
	61～74 岁	6	1.8
	75 岁以上	5	1.5
职业	企业、事业单位负责人	63	19.1
	专业技术人员	47	14.2
	办事人员和有关人员	18	5.5
	商业、服务业人员	51	15.5
	农、林、牧、渔生产人员	9	2.7
	生产运输设备操作人员	10	3.0
	军人	30	6.1
	其他从业人员	94	28.5
学历	初中及以下	10	3.0
	高中或中专	67	20.3
	大专或本科	214	64.8
	硕士及以上	31	9.4
居住地域	不发达地区	78	23.6
	中等发达地区	133	40.3
	发达地区	116	35.2
月收入水平	1500 元以下	118	35.8
	1500～3000 元	106	32.1
	3000～4500 元	56	17.0
	4500 元以上	41	12.4

资料来源：本研究调研工作整理

表 7 - 2　　对样本问卷 B 中的旅游者基本信息情况统计

基本项目	具体类型	N	占比(%)
性别	男	109	57.1
	女	82	42.9
年龄	24 岁以下	90	47.1
	25～45 岁	88	46.1
	46～60 岁	13	6.8
	61～74 岁	0	0
	75 岁以上	0	0

续表

基本项目	具体类型	N	占比(%)
职业	企业、事业单位负责人	22	11.5
	专业技术人员	23	12
	办事人员和有关人员	7	3.7
	商业、服务业人员	30	15.7
	农、林、牧、渔生产人员	4	2.1
	军人	10	5.2
	学生	65	34
	教师	6	3.1
	其他从业人员	23	12.0
学历	初中及以下	7	3.7
	高中或中专	19	9.9
	大专或本科	152	79.6
	硕士及以上	13	6.8
月收入水平	1500 元以下	98	51.3
	1500～3000 元	54	28.3
	3000～4500 元	25	13.1
	4500 元以上	14	7.3
居住地域	西部	87	45.5
	中部	30	15.7
	东部	57	29.8
居住地类型	一般县乡村	2	1.0
	一般城镇	88	46.1
	一般省城	66	34.6
	直辖市	8	4.2
	首都	6	3.1

资料来源:本研究调研工作整理

通过表 7－2 可以看出:在问卷 B 中,被调研旅游者的男、女性别比例相当,年龄分布主要集中在 45 岁以下,高达 93.2%;在被调研旅游者的职业分布方面,也没有出现过于集中的行业或职业类型;从学历来看,大专及本科以上占到 86.4%,反映出被调研旅游者的文化素质普遍较高;从旅游者的月收入来看,主要集中在 3000 元以下为 79.6%;从客源地分布来看,被调研旅游者以中西部地区的城镇居民为主,基本上反映了西安旅游市场的空间分布特征。

7.3.3 问卷的信度和效度分析

对问卷进行信度分析是确保本研究的可靠性与科学性，通过信度分析可以较好地检测样本数据的可信度、稳定性以及问卷中各调研项目之间的内在一致性，它是对问卷进行深入分析的前提和保障。根据本研究在赋值记分的多重性特点，采用 Cronbach's alph 系数进行信度分析。通常 Cronbach's alph 系数越大，则表示信度越高。根据本研究的分析结果，笔者将信度值在 0.6 以上项目保留下来进行分析，对 0.6 以下项目进行剔除，并不再进行分析。

效度分析是对量表所涵盖的研究主体的程度检测。本研究中问卷内容的设计主要是依据相关文献研究和实证访谈结果来确定；在问卷的初稿完成后，我们还进行了相关的试测和修订，以确保问卷的效度。根据本研究的问卷结果，笔者采用 Kerlinger(1986) 所建议的因子分析法，在同一构面中，以因子负荷值的大小来表示。通常认为 0.5 以上表示效度较高，对于效度分析值在 0.5 以下的因子进行剔除，并不再进行下一步分析。

本研究运用 STATA2.0 统计分析软件，对问卷 A 和 B 的部分变量选项进行信度和效度分析，结果如表 7－3、表 7－4 所示。

表 7－3　　问卷 A 中的不同变量对应的信度和效度分析

检验变量	测量因子	Factor Loading	Cronbach α	Mean	STD dev
旅行社服务	L6Q1	0.5509	0.6288	3.292135	.7458242
	L6Q2	0.6470			
	L6Q3	0.5126			
	L6Q4	0.5249			
交通服务	T7Q1	0.6656	0.7646	3.302673	.780389
	T7Q2	0.6869			
	T7Q3	0.6644			
	T7Q4	0.6035			
住宿服务	Z8Q1	0.6661	0.8052	3.3825	.7339121
	Z8Q2	0.6713			
	Z8Q3	0.7786			
	Z8Q4	0.6355			
	Z8Q5	0.5713			

续表

检验变量	测量因子	Factor Loading	Cronbach α	Mean	STD dev
餐饮服务	C9Q1	0. 6826	0. 7321	3. 373476	. 718102
	C9Q2	0. 6209			
	C9Q3	0. 5056			
	C9Q4	0. 6487			
购物服务	G11Q1	0. 6650	0. 8706	3. 986068	. 9594857
	G11Q2	0. 7359			
	G11Q3	0. 7823			
	G11Q4	0. 7988			
	G11Q5	0. 7695			
娱乐服务	Y12Q1	0. 7718	0. 8205	4. 252351	. 9051925
	Y12Q2	0. 7384			
	Y12Q3	0. 7552			
	Y12Q4	0. 7853			
	Y12Q5	0. 7751			

资料来源:本研究调研工作整理

表 7 – 4　　问卷 B 中的相关变量对应的信度和效度分析

检验变量	测量因子	Factor Loading	Cronbach α	Mean	STD dev
旅游服务合同设计因素	H11Q1	0. 6607	0. 7148	4. 155323	0. 6812136
	H11Q2	0. 6824			
	H11Q3	0. 5719			
	H11Q4	0. 5331			
	H11Q5	0. 4774			

资料来源:本研究调研工作整理

通过以上变量检验结果看出:问卷 A 中的六个主要变量的所有因子都通过了信度和效度检验,且信度和效度值多数在 0. 6 以上;而问卷 B 中的测量因子 H11Q5,即旅游档次没有通过效度分析,其余的都通过。这些说明:本研究中的问卷 A 和 B 具有良好的信度和效度,对以上变量因子调整后可以做进一步分析。

本研究中关于理论模型的可验证性变量因子与问卷测量因子之间的对应关系以及这些变量因子的信度和效度情况,可具体参见表 7 – 5 所示。

表7-5 本研究检验因子与变量因子的对应关系

理论验证因子	检测变量因子	信度与效度
剩余消费服务量（x）	G11Q1	√
	G11Q2	√
	G11Q3	√
	G11Q4	√
	G11Q5	√
	Y12Q1	√
	Y12Q2	√
	Y12Q3	√
	Y12Q4	√
	Y12Q5	√
满意度（θ）	T7Q1	√
	T7Q2	√
	T7Q3	√
	T7Q4	√
	Z8Q1	√
	Z8Q2	√
	Z8Q3	√
	Z8Q4	√
	Z8Q5	√
重要程度（ε）	C9Q1	√
	C9Q2	√
	C9Q3	√
	C9Q4	√
	L6Q1	√
	L6Q2	√
	L6Q3	√
	L6Q4	√

本研究中的相关检验因子，包括服务供应商的努力程度β、旅游者的剩余消费需求服务量x、服务项目的重要程度ε和旅游者的满意度θ等因子，以及问卷中对应的测量变量因子都通过信度和效度分析，说明可以对自助型和参团型两类旅游者进行特征检验与分析。为了对服务供应商的努力程度β进行检验，笔者采用对各个服务选项的重要程度ε与旅游者的满意度θ之间的差异性来间接检验。

为了将本研究理论推导部分得出的命题与我国旅游业发展的实际相结

合,考虑到我国旅游市场的现状,以及我国现存的制度与环境特征,本研究的实证部分假设主要来自于这些命题。本研究以国内旅游市场的自助型和参团型两类旅游者群体为研究目标,结合两种旅游服务合约的类型进行实证分析。有关实证假设与理论命题对应关系可具体参见表 7-6。

表 7-6　实证分析假设与理论研究命题对应表

原假设	内　容	命题项目
H1a	旅游者具有丰富经验、信息量以及自主性等方面显著性特征	1
H1b	旅游者认为旅游合同契约的制订与旅游需求者之间的关系密切相关	8
H1c	旅游合同的执行环境与政府监督密切相关	9
H2a	旅游服务商的努力程度 β 与旅游者的满意度 θ 呈正相关关系	11
H3a	旅游者的剩余消费服务量 x 与服务满意度 θ 之间呈正相关关系	10
H4a	旅游者在交通、住宿和餐饮等服务方面的满意度 θ 存在显著性差异	2
H4b	旅游者在购买必需服务量 x 和剩余消费服务量 x 之间无显著性差异	13
H4c	自助型旅游者的五项服务各自相关度以及内部各因子间的关系存在差异	12
H4d	旅游者在获得的五项服务的满意度 θ 之间无显著性差异	13
H5a	旅游者在契约设计方面具有参团游的信息量等类型特征	5
H5b	旅游者认为旅游者应作为合约的第一设计者或参与者	15
H5c	旅游合约执行的环境因素与旅游服务合约本身的设计有关	9
H6a	旅游者因档次类型的不同,而在服务需求方面存在的差异	3
H7a	参团型旅游者在旅游交通、住宿、餐饮服务等方面的满意度 θ 与重要程度 ε 之间存在显著差异	4
H7b	旅游者在剩余消费服务量 x 、满意度 θ 与重要度 ε 上无显著差异	10
H7c	参团型旅游者在旅游交通、住宿和餐饮服务等方面的满意度 θ 间无显著性差异	16
H7d	旅游者在必需服务需求量 x 和剩余服务需求量 x 之间存在差异	14
H8a	影响旅游服务合同设计的五个因子之间存在显著性相关	12
H9a	自助型与参团型旅游者在交通服务的满意度 θ 方面存在差异	6
H9b	自助型与参团型旅游者在住宿服务的满意度 θ 方面存在差异	6
H9c	自助型与参团型旅游者在餐饮服务的满意度 θ 方面存在差异	6

7.4 自助型旅游者的问卷分析

7.4.1 类型特征的检验

本研究运用平均值(Mean)的统计分析法,对问卷 A 中的问题 A1Q、A3Q

和 A4Q 进行分析,主要检验:

原假设 H1a:自助型旅游者在旅游经验、旅游信息量以及自主随机选择服务产品等方面具有显著性特征。

本假设通过问题 A1Q 的游览次数 n 来检测旅游者的旅游经验情况;通过问题 A3Q 的获取信息情况,可检验旅游者的搜集或拥有信息量情况;通过问题 A4Q 的订购旅游服务方式,可检验旅游者的自助游特性表现。运用统计软件 SPSS12.0 可得到相关统计结果,参见表 7-7 所示。

表 7-7　　问卷 A 中自助型旅游者的类型特征

验证假设	检测选项	量表选项	Mean	排序
出游经验	A1Q	A1Q1-4	3.30	
掌握旅游信息量	A3Q	A3Q1	.44	1
		A3Q2	.16	4
		A3Q3	.30	3
		A3Q4	.41	2
		A3Q5	.03	5
自由自主性	A4Q	A4Q1	.09	4
		A4Q2	.21	2
		A4Q3	.16	3
		A4Q4	.62	1

资料来源:本研究调研工作整理

通过表 7-7 可以看出:自助型旅游者在本次游览的次数方面均值为 3.30,即说明被调研旅游者具有至少 3 次以上出游经历,也说明该类型的旅游者已具有较丰富的旅游经验。通过对旅游者了解信息的途径分析来看,电子网络是他们的第一位选项,这也说明该类型旅游者在旅游前通常会搜集较大量的旅游信息;然后再从旅游者购买旅游服务的方式来看,第一位属于随到随买,也充分反映了这类旅游者具有直接、自由和随机的消费特点。

从以上三个方面的特征分析来看:自助型旅游者的类型特征原假设 H1a 得到了较好的验证。

7.4.2　合同契约相关问题检验

本研究运用平均值(Mean)方法,对问卷 B 中的四个问题 B7Q、B8Q、B15Q 和 B16Q 进行分析,主要检验:

原假设 H1b:旅游合同契约的制订与旅游需求者密切相关。

原假设 H1c:旅游合同的执行、监督与合同设计相关。

通过对问题 B7Q 和 B8Q 的合同制订方与顺序的选择,可验证旅游者作为合同第一制订方或制订合同的重要参与者的假设 H1b。通过问题 B15Q 和 B16Q 的关于合约执行和违约处理方法的选择分析,通过对旅游合同执行的环境特征分析来检验原假设 H1c 以及旅游者的服务消费意识。运用统计软件分析所得结果可参见表 7-8 所示。

表 7-8　　问卷 B 中自助游型旅游者的类型特征

验证假设	检验选项	量表选项	Mean	排序
H1b:旅游者可作为合同第一制订方或制订合同的重要参与者	B7Q	B7Q1	.7900	1
		B7Q2	.1000	3
		B7Q3	.2000	2
	B8Q	B8Q1	.7200	1
		B8Q2	.1100	3
		B8Q3	.1700	2
H1c:合同执行中的监督问题以及合同内容的细化问题	B15Q	B15Q1	.2100	3
		B15Q2	.2700	2
		B15Q3	.5400	1
		B15Q4	.0800	4
H1c:旅游者的法律意识以及经济意识增强	B16Q	B16Q1	.6100	1
		B16Q2	.0800	3
		B16Q3	.0400	4
		B16Q4	.3100	2
		B16Q5	.0100	5

资料来源:本研究调研工作整理

通过表 7-8 分析可以看出,对问题 B7Q、B8Q 两项回答中,排在第一位的就是以旅游者为制订合约的第一方,以及采取以旅游者——旅行社——其他旅游服务供应商的顺序来制订合同。可见,这一结果较好地验证了本研究的前提假设 H1b。旅游者对问题 B15Q 和 B16Q 的回答,也较好地验证了本研究中对目前旅游合约执行的分析假设 H1c,即缺乏监督是合约执行的最大障碍,也说明制订供需关系下合作契约的必要性。对于违约后的做法,排在第一位的就是投诉。该问题的回答既反映了目前旅游者对服务需求的质量意识和法律意识增强,同时也进一步说明为了减少投诉,旅游供应商在制订合约的过程中,必须充分让旅游者参与其中,才能更好地保障合约的可执行性和认可性。

7.4.3 服务需求的重要程度 ε 与满意度 θ 检验

本研究将采用配对样本T检验的分析方法，对问卷A中的五个问题选项T7Q、Z8Q、C9Q、G11Q和Y12Q进行分析，主要检验：

原假设H2a：旅游供应商的努力程度 β 与旅游者的满意度 θ 成正相关。通过检验旅游者服务选择的重要程度 ε 与满意度 θ 之间的差异性，间接地反映出旅游供应商的努力程度 β 。自助型旅游者在选择交通、住宿、餐饮服务时，服务内容的重要程度 ε 与旅游者感知的满意度 θ 之间存在差异。

原假设H3a：旅游者的新增服务需求量 x 和对旅游服务的满意度 θ 之间呈正相关。可以通过检验旅游者在购物和娱乐方面的满意程度 θ 与内容重要程度 ε 无差异来反映。

通过对问题T7Q、Z8Q和C9Q中13个因子的分析，来检验假设H2a；对问题G11Q和Y12Q，主要来分析旅游者新增购买量 x，主要体现在购物和娱乐两个方面。因此，该问题可检验假设H3a。通过统计分析，数据结果如表7-9所示。

表7-9　　问卷A中的重要程度与满意度T检验结果

序号	检验项目	Mean	Std. Deviation	Correlation	t	Sig.
1	T7Q1 - T7S1	1.20	1.224	.061	15.141	0.000
2	T7Q2 - T7S2	.91	1.294	.086	10.866	0.000
3	T7Q3 - T7S3	1.12	1.315	.076	13.198	0.000
4	T7Q4 - T7S4	1.27	1.282	.089	15.326	0.000
5	Z8Q1 - Z8S1	.62	1.190	.203	8.082	0.000
6	Z8Q2 - Z8S2	.71	1.158	.186	9.497	0.000
7	Z8Q3 - Z8S3	1.15	1.324	.126	13.478	0.000
8	Z8Q4 - Z8S4	1.25	1.268	-.013	15.358	0.000
9	Z8Q5 - Z8S5	.58	1.284	.149	7.035	0.000
10	C9Q1 - C9S1	1.46	1.101	.164	20.841	0.000
11	C9Q2 - C9S2	.88	1.063	.227	12.985	0.000
12	C9Q3 - C9S3	.73	1.207	.226	9.542	0.000
13	C9Q4 - C9S4	1.20	1.206	.091	15.668	0.000
14	G11Q1 - G11S1	.67	1.251	.321	8.426	0.000
15	G11Q2 - G11S2	.26	1.313	.391	3.041	0.003

续表

序号	检验项目	Mean	Std. Deviation	Correlation	t	Sig.
16	G11Q3 – G11S3	.31	1.452	.166	3.328	0.001
17	G11Q4 – G11S4	.16	1.403	.204	1.790	0.075
18	G11Q5 – G11S5	.56	1.378	.205	6.297	0.000
19	Y12Q1 – Y12S1	1.02	1.044	.283	15.172	0.000
20	Y12Q2 – Y12S2	.33	1.111	.310	4.590	0.000
21	Y12Q3 – Y12S3	.95	1.376	.034	10.698	0.000
22	Y12Q4 – Y12S4	.80	1.165	.215	10.725	0.000
23	Y12Q5 – Y12S5	1.17	1.217	.089	14.875	0.000

资料来源：本研究调研工作整理

通过表7－9可以看出：对问题T7Q、Z8Q、C9Q5中的13项因子的重要程度ε和满意度θ检测结果显示，其各项因子的$p=0.000<0.01$，即说明这些因子在重要程度ε与满意度θ之间存在显著性差异，也即说明在服务内容的重要程度一定的情况下，旅游者的满意度与重要度不一致；说明旅游供应商的努力程度β不足，假设H2a通过检验。

对问题G11Q、Y12Q中的10项因子的重要程度ε与满意度θ检测结果显示：在旅游购物服务中的第5个因子，即购买方式因子的$p=0.075>0.05$，即说明旅游者在购买方式的重要程度ε与满意度θ之间存在无差异，同时两者之间具有一致性。这一点正是反映目前旅游购物服务中需求方的关键。因此，对旅游购物方式方面的因子检验，支持假设H3a。但是在娱乐服务方面，该假设并没有通过，这也反映出我国目前旅游娱乐方面还存在问题。

7.4.4 不同旅游服务因子之间关系分析

本研究主要运用独立样本T检验的分析方法，对问卷A中的问题T7Q、Z8Q、C9Q进行分析，主要检验：

原假设H4a：自助型旅游者在旅游交通、住宿和餐饮服务方面的满意度因子间存在显著性差异。

原假设H4b：自助型旅游者在购买必需服务量和新增服务量x方面则无显著性差异。本研究主要通过旅游者在旅游交通、住宿、餐饮服务与购物、娱乐服务方面的差异性来比较分析与检验。

通过统计分析,可得到相关数据结果,分别参见表7-10和表7-11。

表7-10　　问卷A中相关服务满意度的独立T检验结果

序号	检验项目	Mean	Std. Deviation	t	Sig.
1	T7S1	3.35	.981	53.050	0.000
2	T7S2	3.30	.987	51.637	0.000
3	T7S3	3.26	1.080	47.024	0.000
4	T7S4	3.27	1.073	47.205	0.000
5	Z8S1	3.59	.913	61.146	0.000
6	Z8S2	3.37	.896	58.231	0.000
7	Z8S3	3.20	1.045	47.683	0.000
8	Z8S4	3.36	1.061	49.184	0.000
9	Z8S5	3.46	.983	54.656	0.000
10	C9S1	3.32	1.020	51.173	0.000
11	C9S2	3.29	.873	59.124	0.000
12	C9S3	3.57	1.005	55.836	0.000
13	C9S4	3.36	1.026	51.476	0.000

通过表7-10可以看出,通过独立样本T检验,在旅游服务需求的13项内容中,P值均为0.000,说明它们之间存在显著性差异,支持原假设H4a。

进一步通过对问题T7Q、Z8Q、C9Q中相对应的服务项目进行配对样本T检验,分析结果参见表7-11。

表7-11　　问卷A中的自助型不同服务满意度的配对T检验结果

序号	检验项目	Mean	Std. Deviation	Correlation	t	Sig.
1	T7S1-Z8S1	-.239	1.090	.346	-3.391	0.001
2	T7S1-C9S1	.021	1.134	.355	.284	0.777
3	Z8S1-C9S1	.269	1.034	.435	4.042	0.000
4	T7S2-Z8S4	-.055	1.177	.342	-.720	0.472
5	T7S2-C9S4	-.075	1.135	.364	-1.026	0.306
6	Z8S4-C9S4	-.004	.983	.557	-.065	0.984

通过表7-11可以看出:自助型旅游者只在交通用具与住宿硬件设施服务、硬件设施与餐饮业的干净卫生方面具有显著性差异存在;而在旅游交通、住宿和餐饮其他方面不存在差异。在此情况下,说明问题假设H4a只能得到部分支持与检验。

为了检验原假设H4b,本研究通过对旅游交通、住宿和餐饮三项服务中的设施服务、人员服务两个方面分别与旅游购物、娱乐两项服务中的相似服务需求进行配对 T 检验。统计所得数据可参见表 7－12。

表 7－12　　问卷 A 中的不同服务满意度的配对 T 检验结果

序号	检验项目	Mean	Std. Deviation	Correlation	t	Sig.
1	T7S1 - G11S1	-.071	1.254	.247	-.875	0.382
2	Z8S1 - G11S1	.166	1.079	.423	2.388	0.018
3	C9S1 - G11S1	-.089	1.139	.401	-1.231	0.219
4	T7S2 - G11S2	.378	1.362	.112	4.282	0.000
5	Z8S4 - G11S2	.429	1.295	.251	5.134	0.000
6	C9S4 - G11S2	.424	1.221	.307	5.441	0.000
7	T7S1 - Y12S1	-.335	1.140	.319	-4.540	0.000
8	Z8S1 - Y12S1	-.105	1.082	.342	-1.495	0.136
9	C9S1 - Y12S1	-.361	1.085	.391	-5.190	0.000
10	T7S2 - Y12S5	-.068	1.132	.323	-.920	0.358
11	Z8S4 - Y12S5	-.021	1.075	.443	-.302	0.763
12	C9S4 - Y12S5	-.012	1.095	.396	-.176	0.860

通过表 7－12 分析结果看出：自助型旅游者在不同旅游服务需求量方面，在比较的 12 项内容中有 6 项数据支持原假设 H4b。但是在旅游交通、住宿和餐饮三项服务中的服务态度方面与导购服务存在显著性差异，这些结果也反映出我国旅游单项服务方面存在的问题。

7.4.5　不同旅游服务项目变量之间的关系分析

本研究运用结构方程模型方法，对问卷 A 中的自助型旅游者在五个问题 T7Q、Z8Q、C9Q、G11Q 和 Y12Q 中的重要程度和满意度进行分析检验。

原假设 H4c：旅游者在这五项服务中的各自相关度以及内部各因子之间的关系存在差异。

原假设 H4d：自助型旅游者在必需服务满意度与购物、娱乐服务满意度之间不存在差异。

(1)对原假设 H4c 进行检验分析

本研究之前，首先对测量模型的信度和效度进行检验，然后使用 LISERL 8.7 版软件对问题进行分析。依据数据处理结果，结构方程模型的拟合优度指标如表7－13所示。

表7－13 结构方程模型的拟合优度指标

拟合程度指标	参数估计值
卡方统计值χ^2	222.01(P=0.00)
自由度df	125
卡方统计值与自由度之比χ^2/df	1.776
近似均方根误差(RMSEA)	0.058
拟合优度指数(GFI)	0.91
调整后的拟合优度指数(AGFI)	0.87
规范拟合指数(NFI)	0.91
比较拟合指数(CFI)	0.93
增量拟合指数(IFI)	0.93

从表7－13中可以看出，模型与数据的拟合程度较好，处于可以接受的状态。卡方统计值与自由度之比（χ^2/df）为1.776，处于可以接受的范围；近似均方根误差（RMSEA）为0.058，小于0.08，也处于可以接受的范围；其他指标GFI、AGFI、NFI、CFI、IFI的值均大于或接近0.90。因此，从总体上来看，该统计样本量进行模型的拟合程度符合要求。

因此，运用软件进行的具体方程模型，结果可参见图7－1所示。通过分析可以看出：自助型旅游者在选择的五项旅游服务之间具有一定的相关性，其中交通服务与住宿服务的相关度为0.87；交通服务与餐饮服务的相关度为0.78；餐饮服务与娱乐服务的相关度为0.71；住宿服务与娱乐服务为0.60；交通与娱乐服务相关度为0.52；其他方面服务相关度低于0.5。在旅游购物服务方面，与其相关度最大的餐饮服务为0.44，其次是娱乐服务。从以上这些数值分析可以得出：自助型旅游者进行相关服务选择时，在这一供需链条式服务契约设计中，旅游者在服务组合、关联选择方面存在差异性。同时，通过对这些服务需求之间关系的分析，进一步检验它们之间的密切相关性。

另外，自助型旅游者在不同服务项目的因子载荷也存在一定的差异。有些因子的载荷很低而被剔除，如交通服务中的司乘人员的服务态度、住宿服务中的住宿位置、餐饮服务中的干净卫生条件、购物服务中的商品特色以及娱乐服务中的项目流行性等。这些都说明自助型旅游者忽视了这些项目（因子）对整体服务的影响。这一结果对契约模型的优化和实施对策有重要参考价值。

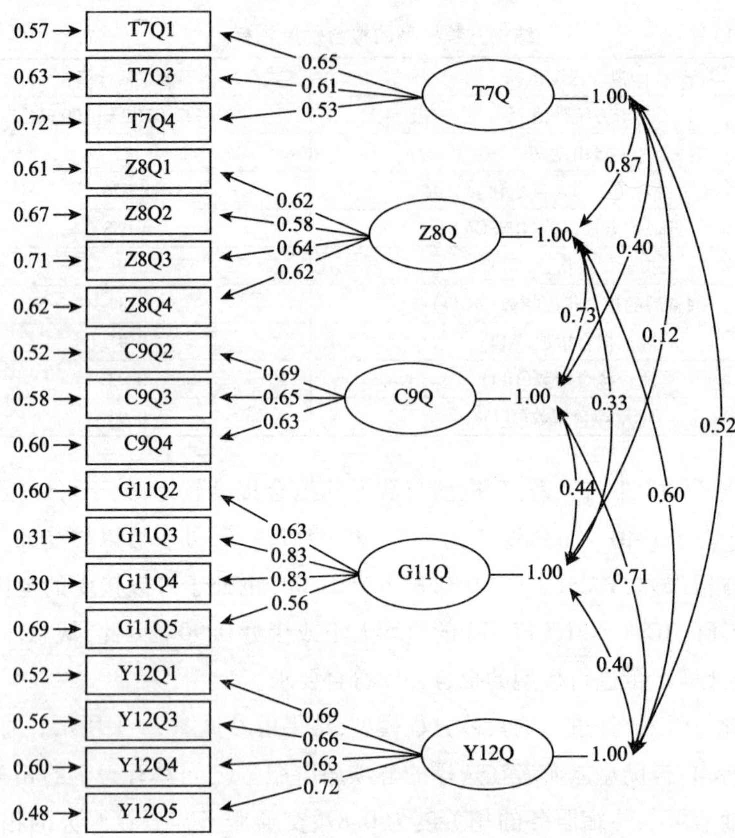

图7-1　问卷A中的5项服务指标以及内部因子之间的关系

(2)对原假设H4d进行检验分析

本研究首先对测量模型的信度和效度进行检验,然后使用LISERL 8.7版软件对问题进行分析。依据数据处理结果,结构方程模型的拟合优度指标如表7-14所示。

从表7-14中可以看出,模型与数据的拟合程度较好,处于可以接受的状态。卡方统计值与自由度之比(χ^2/df)为1.620,处于可以接受的范围;近似均方根误差(RMSEA)为0.050,小于0.08,也处于可以接受的范围;其他指标GFI、AGFI、NFI、CFI、IFI的值均大于或接近0.90。因此,从总体上来看,该统计样本量进行模型的拟合程度符合要求。

因此,运用软件进行的具体方程模型结果,可参见图7-2所示。

表 7－14　　结构方程模型的拟合优度指标

拟合程度指标	参数估计值
卡方统计值χ^2	356.40（P＝0.00）
自由度 *df*	220
卡方统计值与自由度之比χ^2/df	1.620
近似均方根误差（RMSEA）	0.050
拟合优度指数（GFI）	0.89
调整后的拟合优度指数（AGFI）	0.86
规范拟合指数（NFI）	0.85
比较拟合指数（CFI）	0.94
增量拟合指数（IFI）	0.94

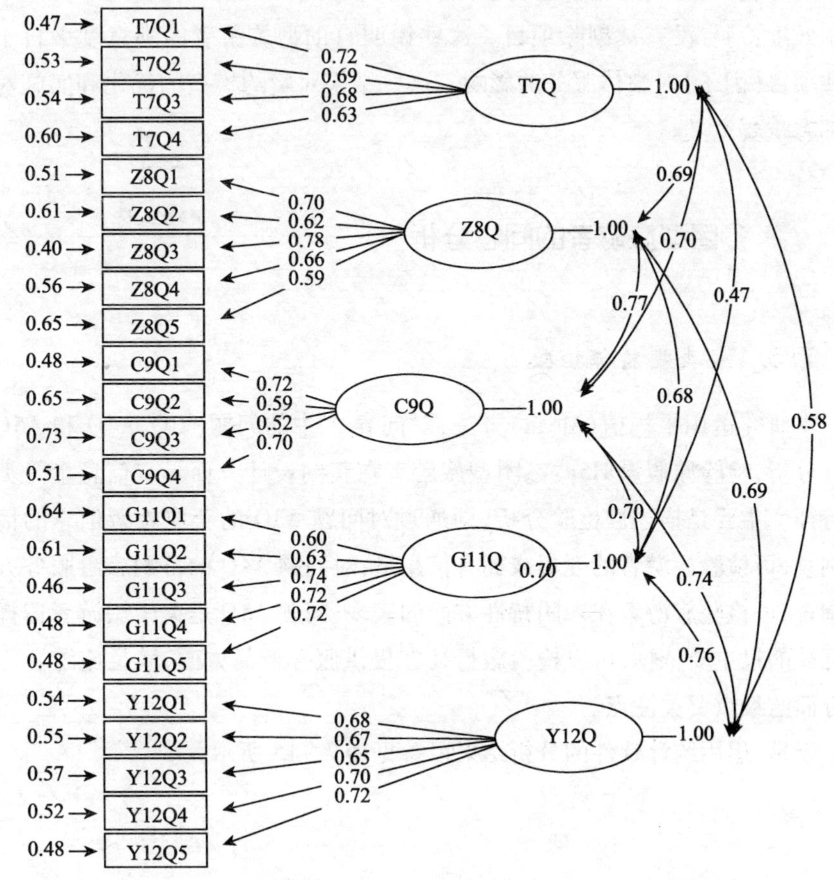

图 7－2　问卷 A 中的 5 项服务指标的满意度因子之间的关系

通过分析可以看出:自助型旅游者在选择的五项旅游服务满意度方面不存在显著性差异性。由于旅游者是通过链条式服务,因此这些不同服务项目之间具有一定的关联度。其中,在交通服务方面,与餐饮服务的相关度最大为0.70,其次是住宿服务为0.69;在住宿服务方面,与餐饮服务的相关度最大为0.77;在新增加服务需求方面,与购物服务相关度最大的娱乐服务为0.76,其次是餐饮服务0.70,在娱乐服务方面,购物服务之外就是餐饮服务为0.74。

从以上分析看出,旅游各项服务的相关度都较高,反映了旅游者服务链的稳定性特点。同时,通过对这些服务需求之间的密切相关性说明,分析结果支持研究假设H4d。

另外,自助型旅游者在不同服务项目的满意度因子载荷较好,都通过了基本效度检验,没有被剔除项目。这些说明自助型旅游者的满意度来自于这些项目(因子)对整体服务的影响。这一结果对契约模型的优化和实施对策都有重要意义。

7.5 参团型旅游者的问卷分析

7.5.1 类型特征检验

本研究运用平均值(Mean)方法,对问卷A中的问题A3Q、A4Q和A5Q进行分析,检验原假设H5a:参团型旅游者在契约设计方面具有信息量等类型特征。主要是描述性检验分析,即通过对问题A3Q的获取旅游信息的情况调查,可检验旅游者的搜集或拥有信息量;对问题A4Q的订购旅游服务方式调查,可检验旅游者在参团特性方面的表现;问题A5Q是关于旅游者选择旅行社的最主要依据,可以检验旅行社在提供服务产品方面,满足旅游者需求方面的最重要关注点。

于是,运用统计软件的分析结果可参见表7-15所示。

表 7-15 问卷 A 中参团型旅游者的类型特征

验证内容	检测选项	量表选项	Mean	排序
掌握旅游信息量	A3Q	A3Q1	.33	1
		A3Q2	.28	3
		A3Q3	.20	4
		A3Q4	.16	5
		A3Q5	.29	2
自由自主性	A4Q	A4Q1	.06	4
		A4Q2	.39	2
		A4Q3	.42	1
		A4Q4	.22	3
旅游者选择旅行社依据	A5Q	A5Q1	.29	2
		A5Q2	.52	1
		A5Q3	.27	3
		A5Q4	.05	5
		A5Q5	.14	4

资料来源:本研究调研工作整理

通过表 7-15 分析看出:参团型旅游者在问题 A3Q 中了解信息的途径是:电子网络是旅游者的第一位选项,与自助型旅游者相同,第二位选项是旅行社推荐,这充分说明了参团型的特点,而自助型旅游者的第二位是亲朋口碑,这说明现代网络已成为游客获取旅游信息的最主要途径。从问题 A4Q 中旅游者购买旅游服务的方式来看,亲自去旅行社是第一位,这充分反映了这类旅游者直接与旅行社接触服务的消费特性。从问题 A5Q 中关于旅游者选择旅行社的依据来看,线路价格是第一位,这可以反映出当前这类旅游者选择旅游服务是最关注的方面。

因此,从以上三个方面的特征分析来看:参团型旅游者的验证性主体特征假设 H5a 与检验结果相符。

7.5.2 合同契约相关问题检验

本研究运用平均值(Mean)方法,主要分析两个方面的问题:

对问卷 B 中的四个问题 B7Q、B8Q、B15Q 和 B16Q 进行分析,主要验证参团型旅游者对旅游合约制订的态度和意愿,以及对现存问题的态度。其中,对问题 B7Q、B8Q 的合同制订方与顺序选择分析,可验证本研究关于逆向需求合约的前提假设 H5b;对问题 B15Q 和 B16Q 的关于合约执行和违约处理方法的选择分析,可检验本研究对合约制订的环境因素假设 H5c。

于是,运用统计软件的分析结果可参见表 7-16 所示。

表 7-16　　问卷 B 中的参团型旅游者的类型特征

验证假设	检验选项	量表选项	Mean	排序
H5b:旅游者可作为合同第一制订方或制订合同的重要参与者	B7Q	B7Q1	.6813	1
		B7Q2	.2088	2
		B7Q3	.1099	3
	B8Q	B8Q1	.6374	1
		B8Q2	.1648	3
		B8Q3	.1978	2
H5c:合同执行中的监督问题以及合同内容的细化问题	B15Q	B15Q1	.2088	2
		B15Q2	.3846	1
		B15Q3	.3846	1
		B15Q4	.1099	3
H5c:旅游者的法律意识以及经济意识增强	B16Q	B16Q1	.4945	1
		B16Q2	.1209	3
		B16Q3	.0110	4
		B16Q4	.4286	2
		B16Q5	.0000	5

资料来源:本研究调研工作整理

通过表 7-16 的分析可以看出,对问题 B7Q、B8Q 两项的回答中,明显与自助型旅游者的回答相同,即都认为应该以旅游者为制订合约的第一方,即以旅游者——旅行社——其他服务企业的顺序来制订合同。可见,这一结果进一步验证了本研究的前提假设 H5b。旅游者对问题 B15Q 和 B16Q 的回答,得到了一致性排序,即认为缺乏监督和合约条款不细是主要障碍,这与自助型旅游者回答非常相似。对于违约后的做法,即是对问题 B16Q 的回答,也与自助型完全一致。这一结果都较好地验证了本研究对环境因素的假设 H5c,充分证明本研究的假设无论从自助型还是参团型,都对当前合同契约的执行具有相同的看法和态度。这也进一步说明本研究的重要性和现实性。

对问卷 B 中问题 B12Q、B13Q、B14Q 三项的分析,主要是检验假设 H6a:不同档次类型的参团型旅游者,在服务需求方面存在的差异分析。运用统计软件,分析结果参见表 7-17 所示。

表 7-17　问卷 B 中的参团型旅游者在服务需求档次方面的差异性分析

档次	检验项目	Mean	Std. Deviation	t	Sig.
高档与中档	B12Q1 - B13Q1	-.0110	.37990	-.276	.783
	B12Q2 - B13Q2	.0769	.60057	1.222	.225
	B12Q3 - B13Q3	-.0549	.45613	-1.149	.254
	B12Q4 - B13Q4	-.1209	.68044	-1.695	.094
	B12Q5 - B13Q5	.1099	.50444	2.078	.041
中档与普通	B13Q1 - B14Q1	.0549	.31136	1.683	.096
	B13Q2 - B14Q2	-.0879	.53016	-1.582	.117
	B13Q3 - B14Q3	-.0440	.53566	-.783	.436
	B13Q4 - B14Q4	.1319	.63611	1.978	.051
	B13Q5 - B14Q5	-.0330	.45827	-.686	.494
高档与普通	B12Q1 - B14Q1	.0440	.29485	1.422	.158
	B12Q2 - B14Q2	-.0110	.65819	-.159	.874
	B12Q3 - B14Q3	-.0989	.53862	-1.752	.083
	B12Q4 - B14Q4	.0110	.65819	.159	.874
	B12Q5 - B14Q5	.0769	.54223	1.353	.179

从表 7-17 的分析可以看出：不同档次的旅游者在服务需求方面存在较大的一致性，在高档与中档参团型旅游者的需求差异中，只有娱乐服务项 B12Q5 - B13Q5 存在差异，即 $p = 0.041 < 0.05$；而在其他服务需求方面均存在无差异，因 p 值都大于显著性检验值 0.05。可见，不同档次的旅游者在服务需求方面表现出较大的相似性，而差异性并不显著，拒绝原假设 H6a。

7.5.3　不同服务项目的重要程度与满意度之间的关系

本研究将采用配对样本 T 检验的方法，对问卷 A 中的五个问题 T7Q、Z8Q、C9Q、G11Q 和 Y12Q 进行分析，主要检验：

原假设 H7a：参团型旅游者对旅游交通、住宿、餐饮等三方面满意度与重要程度上存在显著差异。

原假设 H7b：参团型旅游者在新增消费服务量 x 上满意度 θ 与重要度上无显著差异。即可反映旅游者在剩余消费服务量 x 和满意度 θ 以及服务商的努力程度 β 情况。经统计分析可得数据结果，如表 7-18 所示。

表 7-18　问卷 A 中参团型旅游者服务需求的重要度与满意度差异性分析

序号	检验项目	Mean	Std. Deviation	Correlation	t	Sig.
1	L6Q1 - L6S1	1. 09	1. 239	. 002	7. 931	0. 000
2	L6Q2 - L6S2	1. 00	1. 247	. 009	7. 260	0. 000
3	L6Q3 - L6S3	1. 06	1. 280	. 000	7. 506	0. 000
4	L6Q4 - L6S4	1. 09	1. 467	. 036	6. 698	0. 000
5	T7Q1 - T7S1	1. 02	1. 278	. 090	7. 300	0. 000
6	T7Q2 - T7S2	. 92	1. 150	. 253	7. 255	0. 000
7	T7Q3 - T7S3	1. 05	1. 248	. 182	7. 649	0. 000
8	T7Q4 - T7S4	1. 39	1. 248	-. 007	10. 117	0. 000
9	Z8Q1 - Z8S1	. 88	1. 251	. 218	6. 355	0. 000
10	Z8Q2 - Z8S2	. 72	1. 298	. 042	5. 018	0. 000
11	Z8Q3 - Z8S3	1. 35	1. 409	-. 002	8. 701	0. 000
12	Z8Q4 - Z8S4	1. 20	1. 347	-. 086	8. 037	0. 000
13	Z8Q5 - Z8S5	. 65	1. 433	. 093	4. 109	0. 000
14	C9Q1 - C9S1	1. 54	1. 108	. 099	12. 685	0. 000
15	C9Q2 - C9S2	1. 22	1. 048	. 039	10. 576	0. 000
16	C9Q3 - C9S3	. 82	1. 218	. 212	6. 072	0. 000
17	C9Q4 - C9S4	1. 32	1. 132	. 099	10. 538	0. 000
18	G11Q1 - G11S1	. 58	1. 279	. 131	4. 118	0. 000
19	G11Q2 - G11S2	. 25	1. 369	. 338	1. 684	0. 096
20	G11Q3 - G11S3	. 41	1. 344	. 160	2. 777	0. 070
21	G11Q4 - G11S4	. 52	1. 243	. 297	3. 797	0. 001
22	G11Q5 - G11S5	. 59	1. 490	. 105	3. 609	0. 000
23	Y12Q1 - Y12S1	. 90	1. 196	. 166	6. 885	0. 000
24	Y12Q2 - Y12S2	. 55	1. 118	. 294	4. 516	0. 000
25	Y12Q3 - Y12S3	1. 18	1. 415	-. 041	7. 600	0. 000
26	Y12Q4 - Y12S4	. 59	1. 210	. 058	4. 445	0. 000
27	Y12Q5 - Y12S5	. 93	1. 166	. 031	7. 246	0. 000

从表 7-18 的分析可以看出：在不同旅游服务需求方面，参团型旅游者除了在旅游购物的导购服务和购物地点两项表现出无差异性外，部分支持

假设 H7b;而在其他旅游服务项目的重要程度与满意度两方面都存在显著性差异。于是,原假设条件 H7a 得到检验。

7.5.4 购物服务和娱乐服务的相关度因子分析

本研究主要运用独立样本 T 检验的方法,对问卷 A 中的问题 T7Q、Z8Q、C9Q 进行分析,主要检验:

原假设 H7c:参团型旅游者在旅游交通、住宿和餐饮服务方面的满意度因子间无显著性差异。

原假设 H7d:参团型旅游者在必需服务需求量和剩余消费服务需求量方面存在差异。

通过对旅游交通、住宿、餐饮服务与购物、娱乐服务的满意度差异性比较分析来检验。通过统计分析,可得到相关数据结果,分别参见表 7 – 19 和表 7 – 20。

通过表 7 – 19 可以分析:对旅游交通、住宿和餐饮的相对应服务项目进行配对 T 检验分析;在六项比较分析中,若按照 0. 01 的置信度,则全部通过检验,原假设 H7c 得到支持;若按照 0. 05 的置信度,只有住宿服务的硬件设施与餐饮服务的干净卫生存在差异,原假设 H7c 得到部分支持。

表 7 – 19　　问卷 A 中参团型旅游者不同服务满意度 T 检验结果

序号	检验项目	Mean	Std. Deviation	Correlation	t	Sig.
1	T7S1&Z8S1	–. 085	1. 113	. 390	–. 694	0. 489
2	T7S1&C9S1	. 181	1. 149	. 291	1. 433	0. 156
3	Z8S1&C9S1	. 256	. 914	. 570	2. 538	0. 013
4	T7S2&Z8S4	–. 024	1. 042	. 383	–. 212	0. 833
5	T7S2&C9S4	–. 073	1. 028	. 357	–. 645	0. 521
6	Z8S4&C9S4	–. 074	. 919	. 568	–. 725	0. 470

通过表 7 – 20 可以分析:对旅游交通、住宿和餐饮服务与购物、娱乐服务相对应服务项目进行配对 T 检验分析;在 12 项比较分析中,按照 0. 05 的置信度,只有四项检验 P 值小于 0. 05,即说明存在显著性差异;而其余八项显示不存在差异。原假设 H7d 只得到部分支持。

表 7－20　问卷 A 中参团型不同服务满意度的配对 T 检验结果

序号	检验项目	Mean	Std. Deviation	Correlation	t	Sig.
1	T7S1 - G11S1	-. 048	1. 157	. 255	-. 379	0. 705
2	Z8S1 - G11S1	. 024	1. 111	. 340	. 199	0. 843
3	C9S1 - G11S1	-. 229	1. 063	. 333	-1. 962	0. 053
4	T7S2 - G11S2	. 193	1. 224	. 208	1. 434	0. 155
5	Z8S4 - G11S2	. 195	1. 211	. 326	1. 458	0. 149
6	C9S4 - G11S2	. 293	1. 272	. 211	2. 084	0. 040
7	T7S1 - Y12S1	-. 229	1. 063	. 402	-1. 962	0. 053
8	Z8S1 - Y12S1	-. 159	1. 012	. 477	-1. 419	0. 160
9	C9S1 - Y12S1	-. 410	1. 025	. 412	-3. 643	0. 000
10	T7S2 - Y12S5	-. 289	1. 153	. 207	-2. 284	0. 025
11	Z8S4 - Y12S5	-. 293	1. 128	. 352	-2. 351	0. 021
12	C9S4 - Y12S5	-. 207	1. 141	. 293	-1. 645	0. 104

** Correlation is significant at the 0. 01 level(2 - tailed).

7. 5. 5　影响旅游合同设计的因子之间关系

本研究主要运用因子分析的方法，对问卷 B 中的问题 B11Q 内部的 5 个因子进行相关因子分析。检验假设 H8a：影响旅游服务合同设计的五个因子之间存在显著性相关。通过分析：信度 Cronbach's alpha =. 794 >0. 7；同时，得到五个因子 B11Q1、B11Q2、B11Q3、B11Q4、B11Q5 因子载荷分别为：0. 768、0. 809、0. 720、0. 719、0. 691。可以看出：在旅游合同设计中，旅游者需求最重要，其次是旅游信息，第三层次是旅游线路和旅游季节，而最不重要的是旅游档次。

另外，对问卷 B 中的问题 B11Q 内部的 5 个因子进行 Pearson Correlation 相关关系分析，数据结果如表 7－21 所示。

表 7－21　参团型旅游者对合同契约设计的影响因素之间的相关度

	B11Q1	B11Q2	B11Q3	B11Q4	
B11Q2	. 605(**)				Pearson Correlation
	. 000				Sig. (2 - tailed)
B11Q3	. 488(**)	. 484(**)			Pearson Correlation
	. 000	. 000			Sig. (2 - tailed)
B11Q4	. 395(**)	. 442(**)	. 349(**)		Pearson Correlation
	. 000	. 000	. 001		Sig. (2 - tailed)
B11Q5	. 327(**)	. 420(**)	. 357(**)	. 510(**)	Pearson Correlation
	. 002	. 000	. 001	. 000	Sig. (2 - tailed)

** Correlation is significant at the 0. 01 level(2 - tailed).

从表7－21的分析可以看出：原假设H8a得到检验，它们表现出较好的一致性。

7.6 自助型与参团型旅游者的服务需求差异性比较分析

7.6.1 必需型服务消费的差异性分析

由于自助型旅游者是单项、任意选购不同的服务，更多依赖偏好、推荐、口碑等信息来选择服务产品。因此，提出原假设H9a：自助型与参团型旅游者在交通服务的满意度方面存在差异。

运用统计工具可分析得出统计结果，参见表7－22。

表7－22　旅游者对影响交通服务满意度的差异分析

n	Mean	T7S1	T7S2	T7S3	T7S4	*n*
		3.445783	3.289157	3.26506	3.253012	Mean
T7S1	3.345992	0.7436 **0.4577**	1.4541 0.1497	1.5194 0.1325	1.4708 0.1452	t Pr
T7S2	3.303797	0.6860 0.4934	－0.0649 **0.9483**	0.2029 0.8397	0.3236 0.7470	t Pr
T7S3	3.280335	1.1301 0.2596	0.0000 1.0000	0.0044 **0.9965**	0.0999 0.9207	t Pr
T7S4	3.263598	1.2076 0.2284	0.6601 0.5098	0.2297 0.8185	－0.1309 **0.8960**	t Pr

备注：(1)上三角代表参团型对相关因素的差异分析，下三角代表自助型的差异分析；

(2)对角线代表自助型和参团型之间的差异性分析；

(3)列代表自助型的选购项与均值，行代表参团型的选项与均值；

(4)95%置信水平通过检验。

通过表7－22可以看出：自助型与参团型旅游者在选择交通服务中，在所有的四项服务内容方面没有差异，即p值均大于0.05。因此，可以说明两类不同的旅游者在消费交通服务方面的满意度相当，即没有差异。这也说明目前旅游团的交通条件在不断好转。另外，从这两类游客在各自内部需求项目或要素方面也不存在差异性。并且他们在满意度的需求层次上也表现出一致性。即无论是自助型，还是参团型旅游者，他们对不同服务需求项目的满意程度依次是：T7S1——交通用具与设施服务；T7S2———司乘人员服务态度；T7S3——及时的交通信息；T7S4——安全、舒适与准时。这四个层次的满意度是一致。

原假设 H9b：自助型与参团型旅游者对住宿服务的满意度方面存在差异。运用统计工具可分析得出统计结果，参见表 7－23。

表 7－23　在选择住宿服务时各项目的满意度样本差异性 T 检验

n	Mean	Z8S1	Z8S2	Z8S3	Z8S4	Z8S5	*n*
		3.52439	3.378049	3.109756	3.292683	3.333333	Mean
Z8S1	3.6	−0.5188 **0.6042**	1.5628 0.1220	3.7339 0.0003	1.8464 0.0685	1.3484 0.1813	t Pr
Z8S2	3.366667	4.0233 0.0001	0.1005 **0.9200**	2.8205 0.0060	0.8176 0.4160	0.4292 0.6690	t Pr
Z8S3	3.211618	6.3173 0.0000	2.3657 0.0188	−0.7051 **0.4813**	−2.0623 0.0424	−1.8279 0.0713	t Pr
Z8S4	3.360996	3.1560 0.0018	0.1184 0.9058	−2.3967 0.0173	−0.4676 **0.6404**	−0.3198 0.7499	t Pr
Z8S5	3.4625	1.9156 0.0566	−1.5283 0.1278	−3.8221 0.0002	−1.4006 0.1626	−1.0068 **0.3148**	t Pr

备注：(1)上三角代表参团型对相关因素的差异分析，下三角代表自助型的差异分析；

(2)对角线代表自助型和参团型之间的差异性分析；

(3)列代表自助型的选购项与均值，行代表参团型的选项与均值；

(4)95%置信水平通过检验。

通过表 7－23 可以看出：自助型与参团型旅游者在选择住宿服务中，在所有的四项服务内容方面没有差异，即 p 值均大于 0.05。因此，可以说明两类不同的旅游者在消费住宿服务方面的满意度一致，即没有差异。

自助型与参团型旅游者在选择住宿服务中，在所有选项的满意度上虽然没有差异；然而，这两类游客在各自选择内部要素方面表现出差异性。

从自助型旅游者的满意度来看：它们的重要性顺序依次为：Z8S1——硬件设施服务；Z8S5——住宿地理位置；Z8S2——标准化服务；Z8S4——服务态度；Z8S3——人性化服务。同时在内部细分层次上，旅游者认为存在两个层次，即为(Z8S1，Z8S2，Z8S4，Z8S5)和(Z8S3)。

从参团型旅游者的满意度来看：它们的重要性顺序依次为硬件设施服务、标准化服务、住宿位置、服务态度、人性化服务；同时在内部细分层次上，旅游者认为存在两个层次与自助型一致。

原假设H9c:自助型与参团型旅游者在餐饮服务的满意度上存在显著性差异。

运用统计工具可分析得出统计结果,参见表7-24。

表7-24 在选择餐饮服务时各项目的满意度样本差异性T检验

n	Mean	C9S1	C9S2	C9S3	C9S4	n
		3.26506	3.204819	3.512195	3.378049	Mean
C9S1	3.317073	-0.4318 0.6662	0.6085 0.5445	-1.8643 0.0659	-0.9292 0.3555	t Pr
C9S2	3.292683	0.3932 0.6945	-0.8106 0.4182	-3.0270 0.0033	-1.8022 0.0752	t Pr
C9S3	3.57085	-3.5231 0.0005	-3.7569 0.0002	-0.4631 0.6436	1.2260 0.2238	t Pr
C9S4	3.360324	-0.6194 0.5362	-0.9773 0.3294	2.8100 0.0054	0.1380 0.8903	t Pr

备注:(1)上三角代表参团型对相关因素的差异分析,下三角代表自助型的差异分析;

(2)对角线代表自助型和参团型之间的差异性分析;

(3)列代表自助型的选购项与均值,行代表参团型的选项与均值;

(4)95%置信水平通过检验。

通过表7-24可以看出:自助型与参团型旅游者在选择餐饮服务中,在所有选项上的重要性上没有差异;然而,这两类游客在各自选择内部要素时存在差异性。

从自助型旅游者的满意度来看:满意度依次是:C9S3—地方风味;C9S4—服务态度;C9S1—干净卫生;C9S2—环境优雅。然而,在内部细分层次上,自助型旅游者认为存在两个层次的满意度一致;即(C9S1)和(C9S2,C9S3,C9S4)。

从参团型旅游者来看:满意度顺序与自助游相同,而在内部细分层次上不同,即认为两个层次是:(C9S3,C9S4)和(C9S1,C9S2)。

7.6.2 旅游供应商提供总体服务重要程度、努力程度及满意度分析

本研究进一步验证和说明:旅游服务供应商存在着整体服务努力程度不够,而造成旅游服务的消费不足。本研究通过运用STATA2.0软件,以散

点图和二次拟合曲线显示的方法，将旅游者对服务项目的重要度与满意度进行比较，可以更加清楚描述出它们之间的关系。具体可参见图7-3。

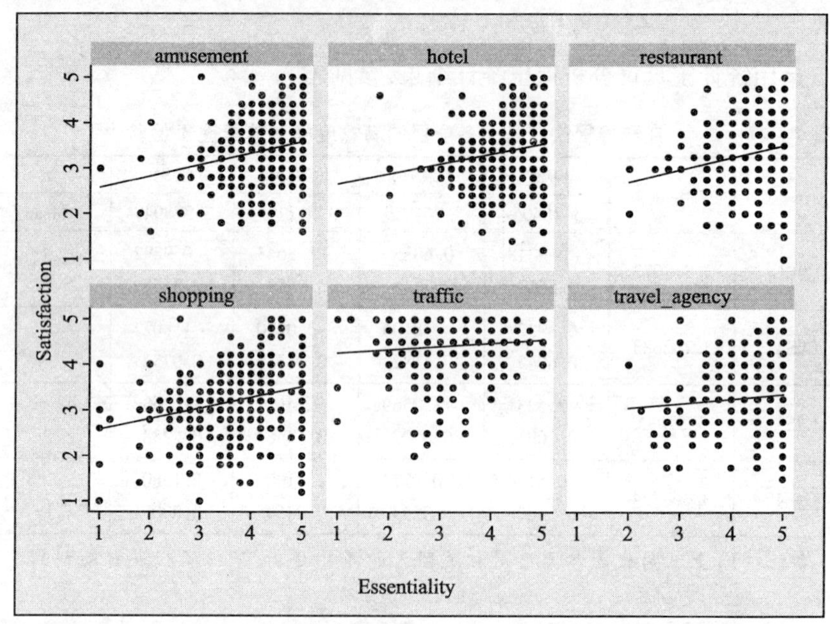

图7-3 旅游者对服务项目的重要度与满意度散点图和二次拟合曲线

从旅游交通（Traffic）服务的散点图分析来看：散点分布不规律，并且从总体来看满意度要高于重要程度；拟合曲线近乎为一条平行直线。

从旅游住宿（Hotel）服务的散点图分析来看：重要性集中，普遍高于满意度；拟合直线斜率小于45度。

从旅游餐饮（Restaurant）服务的散点图分析来看：重要性相对集中，与住宿服务非常类似，但是重要程度集中度不高，普遍高于满意度；拟合直线斜率也小于45度。

从旅游购物（Shopping）服务的散点图分析来看：重要程度与满意度比较均衡；没有明显的相对集中；拟合直线斜率接近45度。

从旅游娱乐（Amusement）服务的散点图分析来看：重要程度相对满意度要大些，且重要程度比较集中；拟合直线斜率低于45度。

从旅行社（Travel Agency）服务的散点图分析来看：重要性高于满意度，但是分布不集中，满意度分布均匀；拟合直线斜率低于45度。

7.7 本章小结

结合旅游服务合作契约的理论模型，本章通过对问卷调研得来的大量一手资料进行整理、筛选；运用STATA2.0、LISERL8.7等统计工具，使用均值分析法、T检验、方差分析法、因子分析、相关分析、结构方程模型等方法，对本书第5、6章理论模型中推导得出的假设命题，以及包括旅游供应商的努力程度β、旅游服务项目的重要程度ε和旅游者的满意度θ及旅游者的剩余消费服务量x等相关影响因子进行检验分析和讨论，以实证方式较好地验证了旅游供应商的努力程度β与旅游者的满意度θ之间的正相关等假设。本章通过实证分析较好地验证了第5、6章理论推导的部分研究命题。

第8章　研究结果与主要贡献

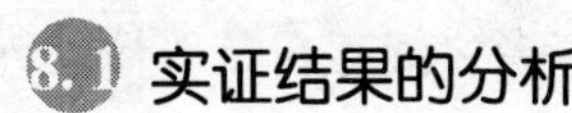

8.1 实证结果的分析

8.1.1　对逆向组合型合作契约实证结果的讨论

逆向组合型合作契约是本研究的主要契约类型之一。在本书研究的第七章,笔者通过以自助型旅游者为研究对象,结合有关调研和问卷分析,对逆向组合型契约设计研究中所涉及的9项假设条件进行了检验。下面将重点对这些假设条件的内容及结果进行分析与讨论,其中原假设内容与检验结果可参见表8-1。

表8-1　　逆向组合型契约的实证分析假设与检验结果

原假设	内　容	验证结果
H1a	旅游者具有丰富经验、信息量以及自主性等方面显著性特征	通过
H1b	旅游者认为旅游合同契约的制订与旅游需求者之间的关系密切相关	通过
H1c	旅游合同的执行环境与政府监督密切相关	通过
H2a	旅游服务商的努力程度β与旅游者的满意度θ成正相关关系	通过
H3a	旅游者的剩余消费服务量x与服务满意度θ之间呈正相关	部分通过
H4a	旅游者在交通、住宿和餐饮等服务方面的满意度θ存在显著性差异	通过
H4b	旅游者在购买必需服务量x和剩余消费服务量x之间无显著性差异	通过
H4c	旅游者的五项服务各自相关度以及内部各因子之间的关系存在差异	通过
H4d	旅游者在必需服务满意度θ与购物、娱乐服务满意度θ之间存在差异	通过

注:根据本研究结果整理

通过表8-1可以看出:本研究中所涉及的多数假设条件都得到了较好

的检验。其中原假设 H1a、H1b 和 H1c 主要是针对自助型旅游者的一些特征和合同执行中的有关态度进行检验和分析。从研究结果来看,与笔者最初界定的特征和观点假设是一致的。这一结果说明:本研究对自助型的分类以及对当前我国旅游合约执行的环境特征描述具有一定的科学性,也为本研究的进一步开展奠定了基础。

原假设 H2a 是关于旅游供应商努力程度 β 的测量与检验问题,由于本研究是通过间接方式对这一问题进行检验,因此其可靠性还值得进一步讨论。从旅游者对涉及的必需型服务项目的满意度 θ 与重要程度 ε 评价来看,能够较好地反映出当前西安旅游服务供需市场的总体状况。从旅游者对服务项目的满意度 θ 与重要程度 ε 的比较来看,两者之间存在显著性差异,说明旅游者来西安旅游的满意度 θ 不高,也进一步反映旅游供应商的努力程度 β 不高。这一结果说明:在旅游服务的供给方面,商家存在短期行为。从自助型旅游者的消费方式来看,他们通常会按照自己的需求意愿而自主地进行选择消费或购买,旅游者与供应商家直接交易存在风险,也会导致供应商的努力程度 β 不高,而旅游者的满意度 θ 不高。

原假设 H3a 主要检验旅游者对旅游商品和娱乐服务的消费情况,检验旅游者的剩余消费服务量 x 与满意度 θ 之间正相关关系。这一假设命题得到了部分验证,即说明在旅游购物方面,具有一致性表现,而对娱乐服务的消费没有得到检验。这一方面得出两者发展的不均衡性,另一方面也反映出旅游者对娱乐型服务消费还存在一定的差异。

结合自助型旅游者的消费特点,原假设 H4a 和 H4b 主要是对该类型旅游者在购买必需服务需求的差异性,以及在购买必需型服务和剩余消费服务需求量 x 的无差异性进行验证。结果说明差异性明显,即通过检验。由于需要比较的项目较多,只能通过一些相似的服务内容比较得出结论。因此,这一比较分析的可靠性并不理想。但是,已经部分验证了旅游服务的差异性。对于无差异性的项目检验,从对旅游购物和娱乐来看,这两项服务属于旅游者的剩余消费需求服务,也可以成为增值性消费。通常情况下,旅游者在其他各项服务比较满意的情况下,可能会愿意消费这项服务。当然,这里假定前提是各地都有特色的旅游商品,且旅游者消费的商品越多,对旅游服务的评价就越满意。因此,从旅游者满意度方面来看无差异,也间接测量服务量 x 的无差异。

对于原假设 H4c 和 H4d,本研究通过结构方程模型,较好地验证了这些服务项目之间的相关性。同时,比较直观地反映出它们之间相关程度的差异。可以看出:在旅游交通服务中,它与旅游住宿相关性最高为 0.87;在旅游餐饮服务中,它也是与住宿服务相关度最高为 0.73;其次,它与娱乐服务的相关度也较高为 0.71;而对购物服务中,只有餐饮服务与其相关性最大为 0.44。可以看出:在旅游服务中,住宿服务将起着极大的带动作用。在对 H4d 的满意度检验结果来看:交通与餐饮相关度高 0.70;住宿与餐饮的相关度为 0.77;餐饮与娱乐的相关度为 0.74;娱乐与购物的相关度为 0.76;住宿与娱乐的相关度为 0.69。可以看出:餐饮服务与其他各项服务之间存在较好的高相关性。

总之,以上实证结果的较好检验,一方面有力地支持了本研究理论推导提出的假设命题;另一方面也为本研究的理论命题应用与发展提供了现实依据。

8.1.2 对逆向单链型合作契约实证结果的讨论

逆向单链型合作契约是本书设计与研究的另一主要契约类型。笔者以参团型旅游者为研究对象,结合实证调研和问卷分析,对逆向单链型契约设计所涉及的 9 项假设条件进行了实证检验。本部分将重点对这些假设条件的内容及结果进行分析,原假设内容及检验结果可参见表 8-2。

通过表 8-2 的分析结果来看,参团型旅游者对逆向单链型契约设计的部分假设条件得到了验证。关于契约设计方面,原假设 H5a、H5b 和 H5c 对于参团型旅游者在类型特征、参与态度和契约设计角色问题假设,都得到较好检验。说明本研究对该类型的分类和研究具有一定的科学性。关于原假设 H6a 的检验没有通过,说明旅游者在选择的服务项目的重要程度 ε 上差异不明显,该假设结论与原假设 H8a 的结论相一致。由于参团型存在服务上的激励不足问题,因而原假设 H7a 和 H7c 都得到较好的验证。充分反映出参团游旅游者的消费特征。

原假设 H7b 关于旅游者在剩余消费服务量方面,主要表现在购物和娱乐服务方面,结果显示只有部分得到支持,这也反映出旅游服务商的努力程度 β 较好,并部分得到了旅游者的认可。在验证原假设 H7d 时发现:旅游者在必需服务消费量 x 与剩余消费服务量 x 两个方面的差异性不显著,假设得到了部分检验。由于检验是通过相似项目比较而来,因此结果可靠性并不理想。由于是对参团游旅游者的调研,原假设 H8a 得到了支持,并对影响和设计合约的主次因素有了进一步分析。原假设 H9a、H9b 和 H9c 主要检验自助型和参团型的差异性,并主要对交通、住宿和餐饮服务进行比较,但是从问卷的分析结果来看,该假设没有通过。该结果显示出:目前旅游服务存在的问题一致性,对于自助游和参团游来说,在获得的满意度上是相对一致。

表 8-2　　逆向单链型契约的实证分析假设与检验结果

原假设	内　容	验证结果
H5a	旅游者在契约设计方面具有参团游的信息量等类型特征	通过
H5b	旅游者认为旅游者应作为合约的第一设计者或参与者	通过
H5c	旅游合约执行的环境因素与旅游服务合约本身的设计有关	通过
H6a	旅游者因档次类型的不同,而在服务需求方面存在的差异分析	没有通过
H7a	旅游者在旅游交通、住宿、餐饮服务三方面的满意度 θ 与重要程度存在显著差异	通过
H7b	旅游者在剩余消费服务量 x 满意度 θ 与重要度上无显著差异	部分通过
H7c	旅游者在旅游交通、住宿和餐饮服务方面的满意度 θ 间无显著性差异	通过
H7d	旅游者在必需服务需求量 x 和剩余服务需求量 x 方面存在差异	部分通过
H8a	影响旅游服务合同设计的五个因子之间存在显著性相关	通过
H9a	自助型与参团型旅游者在交通服务的满意度 θ 方面存在差异	没有通过
H9b	自助型与参团型旅游者在住宿服务的满意度 θ 方面存在差异	没有通过
H9c	自助型与参团型旅游者在餐饮服务的满意度 θ 上存在显著性差异	没有通过

注:根据本研究结果整理

总之,通过以上分析可以看出:本书研究的契约设计一些问题得到了较好的检验。对于两类群体或两种契约模式的分类研究得到了一定的科学支持。对于实证中存在的没有通过的检验假设,也反映出理论与现实还存在一定的差距。

当然,本研究的理论重在逼近现实和改进现实,而不是对现实的一种简单描述或反映。从对旅游者的调研情况来看,已反映出我国旅游服务供需市场存在的现实问题,这也正是本研究的现实意义和理论出发点。从实证研究来看,本研究有必要对两种契约设计的理论贡献作进一步提炼分析和说明。

8.2 实证研究的理论贡献

8.2.1 需求主体参与服务合作契约设计

从本书研究的实证结果与前提的理论分析来看:旅游服务合作契约的设计不是单纯的供给方行为,而更为重要的是需求方参与设计。以往的旅游契约设计中更多表现是单方面的行为和意愿,很容易造成消费交易的不平等。针对旅游服务这样一种特殊的消费行为,它更加需要通过供需双方的合作来完成和实现,而合作或契约设计之前,旅游服务主体间的沟通和信任就是非常关键的因素。旅游服务是一种精神消费,它更加关注的是消费过程中的一种体验与情结,加之,旅游服务质量的不易测量和评价等。进一步说明:该类契约的设计必须是基于供需双方的一种共同行为,而不能再是旅游服务供应商背后单方面的一种商议或合谋的结果。因此,供需关系链基础上的服务合作契约设计将是本书研究提出的重要贡献之一。

8.2.2 剩余消费权的控制与服务合作契约设计

从本书研究的结果可以看出,自助型旅游者的消费权具有较大的自主性,当然有时也存在被他人控制的情况,但是这种消费控制权将直接影响到满意度与服务结果的实现,而且它还涉及消费的公平性等问题。在旅游服务的消费活动中,由于它通常由两部分消费组成:一部分为必需型消费服务,主要指交通、住宿、餐饮和景区等,无论是自助型还是参团型都要参与;另一部分就是消费者根据游览的情景以及服务现场的情况而自愿选择的一种自费型服务,主要指购物和娱乐两部分。通常情况下,必需型服务消费较为固定,具有一定的控制性,参团型旅游中多为旅行社所控制;自费型消费部分往往也存在被控制的情形。在目前旅游服务交易中,原本是自愿的消费,在参团型旅游中就会成为导游或其他供应商获取利润的重要部分。这些人的利益将直接与购物和娱乐等服务相结合。在这一过程中,有些导游就可能走向极端,完全控制着旅游者的全部消费过程,甚至不惜损害旅游者的消费权益,造成一些严重的旅游事故。这些行为的关键,就是必须在合约中明确旅游者的剩余消费权,必须由旅游消费者自己来掌握,而不能被其他人员任意处置。

8.2.3 激励措施与服务合作契约设计

从目前旅游服务供需关系发生的实际来看,旅游者与旅游供应商进行的是一种短期、单次博弈过程。在此情形下,旅游者通常被作为信息显示群体,而旅游供应商具有更多的不对称信息。于是,旅游供应商就可能通过欺诈、降低服务水平和弱化能力等手段来降低成本,获得更高的利润。旅游服务质量的软控制以及政府监督的不到位,都会严重影响消费者的利益。在自助游中,旅游者可能成为消费过程的弱势群体,只有被动地接受,而参与性权益也被剥夺。这样,旅游者就很难获得满意的旅游服务。为此,笔者认为:在逆向组合型旅游契约中,必须激励旅游供应商显示其掌握的信息,让他们知道如果给予旅游者更多其他方面服务的指导,将会获得更多的收益。这就存在旅游消费过程中的小费制度和服务记分卡制度,可以使旅游供应商无论从短期还是长期都能获得较多的收益;从参团型来看,由于旅游者出发前团费已经支付,消费者的消费权已经被转让,自由选择消费的权利非常有限。为此,旅游供应商在得到已知的利益分配后,就不再有激励发生。他们接下来的服务就是一种纯粹的接待或履约行为。这必然存在进一步降低成本、获取更多收益的做法。尤其在目前竞争的市场环境下,旅游供应商利润已经很低,为了各自的生存问题,也不再顾及企业的品牌或声誉等问题。为此,笔者认为:在这一过程中,旅游供应商的利润如果不能得到激励,服务契约就会变成一种僵化的服务形式。依据不完全契约理论,旅游服务应该是一种富有弹性、竞争的激励行为;它应该依据消费者的现场感知来获得收益和评价,而不能在服务还没有消费或发生时就已经支付费用。因此,笔者提出:将一些激励因素设计到合约中,将会改变目前这样一种现状,如通过剩余消费控制权、尾款或小费等形式。

8.2.4 长期合作与服务合作契约设计

旅游服务是一个在供需链条上的多利益主体间的行为,相互依赖与共同完成将成为旅游服务消费的主要特征。因而,各个旅游服务商之间的关系不仅是一种竞争,而更为重要的是需要一种长期的合作互惠。旅游者的消费连续性以及评价的整体性,也充分反映出旅游供应商合作博弈带来的收益要大于非合作博弈。为此,旅游供需服务合作契约的设计必须从一个长期的合作角度出发,而且这种合作既包括供应商家共同信守承诺的合作,也包括旅游者参与的生产与消费合作,使得契约变成一种自觉的自动发生的合作行为。这样,才能使多利益主体从长期利益出发,加大双方的诚意与信任,将旅游交易行为变成一种愉悦身心的快乐服务实现。因此,本研究的理论贡献中,提出合作契约设计是旅游服务契约的最重要选择。

8.3 旅游服务合作契约实现的机制保障

8.3.1 信任机制的产生

信任机制是相互协调、合作以及互惠互利的需要。通常持有积极、乐观信任态度的一方会采取积极合作,且投入较多;持有犹豫、悲观不信任态度的一方则采取投入较少或不投入的策略;若双方在合作之前不能建立一种相互信任机制,则只可能产生一种次优选择,即双方都会采取不作为的合作态度。信任危机主要表现在两个方面:一是相互信任程度不够高;二是双方信任程度不对称。其中一个重要原因是许多企业认为合作对象有不良记录,比如失信行为。信任危机严重阻碍了供应链企业间合作关系的良性发展,降低了供应链的协调效率。因此,在旅游服务合作契约设计中,双方或多方对合作持有的信心和预期是双方进行合作博弈成败的关键。当然,合作信任机制的建立并不能保证双方一定选择帕累托占优策略,尤其在双方或多方还没有建立一种有效的沟通激励机制前提下,双方的合作也是在不完全信息状态之下进行,而为了获得各自的短期效益,避免风险发生,供需双方多数还会选择损失最小的策略,而造成合作中的协调失败,由此导致非效率。因此,可以看出:旅游服务合作契约设计中,双方或多方服务供需关系发生之前的沟通非常重要,旅行社或其他服务商不能认为自己就是生产商,独立设计产品而后等着消费者来购买。这种做法显然已不适合旅游服务市场新的需求。

信任往往是交易双方或多方进行合作的重要前提。在旅游服务产业化过程中,个人与服务企业的交互行为中信任是最重要的,否则将会造成服务终止或失败,进而影响到整个服务产品的销售及相互收益。因而,信任是服务产业化发展的第一生命线。当然,一种信任的形成需要相互间的理解和支持,通常它需要一定的忠诚度或声誉来保障。信任也是互惠的前提。学者 Baron - Cohen 认为互惠信任关系的存在有三种条件:一是共同行动中可获得的共同利润;二是信任以互惠为条件,否则将存在风险;三是双方需要放弃一些短期利益,而关注未来可能的互惠收益。

为此,笔者将旅游服务合作契约中信任机制建立模式设计,参见图 8 - 1 所示。

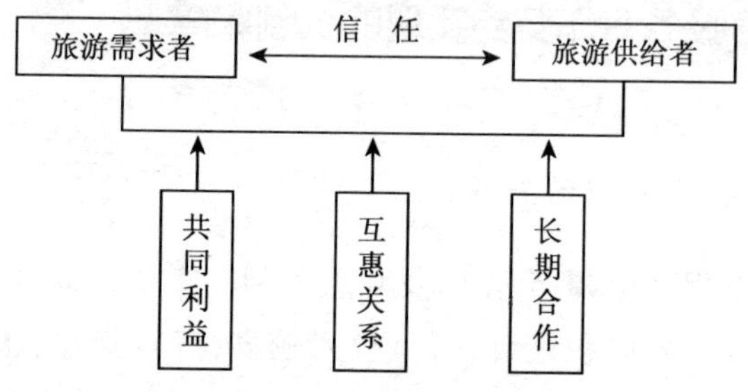

图 8 - 1 信任机制的产生模式

从图 8 - 1 可以看出:两个服务利益相关者(供需双方)在进行交互行为时,信任机制的产生需要三个方面的支持:一是要有共同利益,它是信任机制建立的基础,也是双方行为的一种目标物;二是互惠关系的建立,它是信任机制建立的关键与核心;三是长期合作行为的诉求,它将是建立信任机制的保障。

8.3.2 合作机制的建立

合作行为是旅游服务合作契约建立的一种重要保证。由于旅游服务是一种过程性或体验型产品,它的价值实现可能需要一种多阶段的重复过程,因而旅游服务产品的提供需要消费者来共同参与完成。对于合作的实现,Blair and Rodden(1991)认为通常存在两种可选择的实现合作途径:一是最传统的方法,即发展支持使用者间交换信息的系统。这一点对于合作契约中就需要有信息平台,随着旅游信息平台的越来越多,越来越大,合作行为就会自然而形成。二是开拓分享信息。Nowak & Sigmand 研究建议:当信息被局部化或地方化时,合作就能建立起来,只要能同相熟的人通话交流。可见,合作发生在熟人和老客户之间,注重长期关系的建立,才能有助于合作的建立。Morgann & Hunt 认为:商家之间关系的维护需要委托承诺,即相互信任的合作关系需要建立在相互承诺的基础之上,只要相互之间重复交互作用,信任就可以发展。合作是建立互惠的基础和前提,因为分享信息和利他只能在合作和承诺中获得。

为此,笔者认为:在旅游服务合作契约中一种合作机制的建立,需要双方或多方的多次交互行为不断发生,才能逐渐发展起来。于是,笔者以蜈蚣博弈模式,将一种双方的合作机制模型进行设计,如图 8 -2 所示。

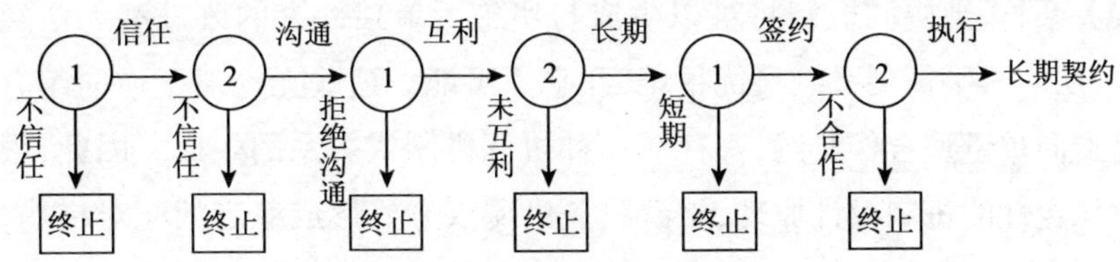

图 8 -2 合作机制的建立模式

从图 8 -2 可以看出:当旅游服务交互行为的任何一方出现不信任、不沟通或不互利等情形时,合作行为都将终止且不能发生。可见,互惠合作机制的建立是一个双方或多方长期的多次博弈结果,也是最终获得合作契约的必然选择。

8.3.3 协调机制的生成

为了实现旅游服务合作契约的和谐、有效运转,保证契约中不同利益群体能各得其利,就需要协调好它们之间的关系。制度本质就是协调,协调通常是互惠的结果。Singh(1989)指出:“个体之间工作的协调与完整性有助于整体目标的实现。”Holt(1988)认为:通过动态的协调有助于将分散的任务粘合成一个更大的、更有意义的整体。还有 Malone & Crowston(1990)在研究中区别了协调的四个重要组成关系,即目标、行动、行动者和互相依赖。由此,笔者认为旅游服务合作契约设计中,需要一种协调机制的生成和维护,如图 8 -3所示。

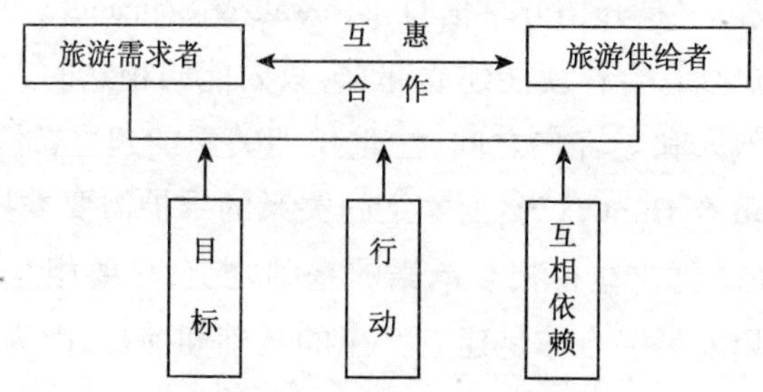

图8－3 协调机制的生成模式

从图8－3可以看出：服务利益相关群体之间协调关系的生成，必须存在双方互惠的前提，还要有共同的利益目标，需要保证有行动且相互之间存在依赖关系，否则协调机制将难以生成与实施。单独一方的改进都无法达到最优，从团队平衡到系统最优很难，几乎不可能。这些无论对于逆向组合型还是逆向单链型合作契约，都存在一种协调机制或关系的生成。因此，根据配对稳定性的机制设计原理，旅游服务供需双方要形成稳定的配对格局，必须依靠一种良性的激励机制来实现，而不是简单的配对本身。可见，旅游服务合作契约的设计中协调机制具有重要的现实意义。

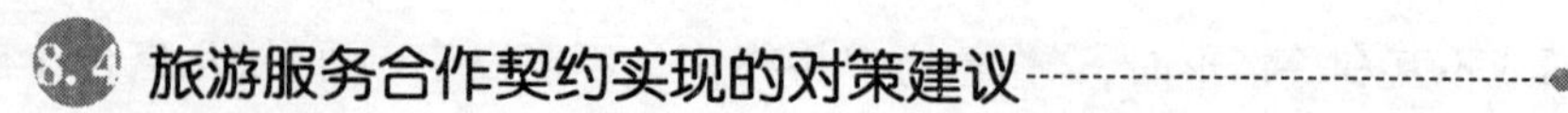

8.4 旅游服务合作契约实现的对策建议

8.4.1 相应对策

基于对旅游服务合作契约关系的建立，结合我国旅游服务业发展的实际，笔者认为可以从政府、企业和市场三个层面来讨论这一契约关系实现的相应策略。

第一，从政府层面来看，可以在提供旅游信息、控制企业数量规模、加强旅游服务业的科学统计等三个方面发挥作用。

(1)构建旅游服务信息平台

由于旅游服务信息的复杂、多变，而极易造成供需双方或多方信息的不对称，致使它们可能因信息缺乏而产生合作的风险与压力。政府利用监管和控制多方资源的优势，可以充分利用掌握的大量旅游信息资源，结合地区旅游服务供需市场发展的现状,构建不同层次的旅游服务信息平台,如利用广播、电视、报纸和网络等媒体建立固定的旅游服务信息板块,及时更新和发布旅游招商引资、合作发展及旅游需求导向等多方面信息,促进旅游服务供需间有效的信息沟通,加快实现合作契约化发展的步伐。

(2)合理调控供需市场的数量和规模

目前我国旅游服务的市场化水平还不高,政府在监督和控制旅游市场规范化发展的过程中,可以充分发挥其宏观调控的作用,引导旅游供应商在规模、数量及结构上进行合理化发展,包括采取一些激励措施来鼓励供需关系链企业间的有效合并、重组和集团化发展,促使旅游供应商利用合作契约的有效手段,实现从数量规模向质量规模方向转变,确保旅游服务企业规模与产业规模的协调发展。

(3)加强旅游服务的科学统计和审计

对我国旅游供应商的经营规模与效益以及旅游需求的花费项目等需要进行科学的度量,加快旅游卫星账户(TSA)系统的实施和推广,努力完善国际国内旅游统计的相关信息,为实现旅游服务供需间有效的合作契约建立提供科学依据。同时,加强旅游审计工作,建立和规范旅游服务企业进退资质审查、考核制度,确保旅游服务商的规范经营与协调发展。

第二,从旅游供应商(企业)层面来看,需要从信誉、沟通渠道、合作方式和模式等四个方面进行改善和提高。

(1)加强旅游供应商(企业)的信誉培育

信誉是旅游服务企业生存发展的保证,也是供需双方实现合作发展的重要前提。企业信誉的培养源自于企业核心发展能力的确定,而这种核心能力就是旅游服务企业为社会提供合格的高质量服务产品。因此,旅游服务企业必须从企业的长期利益来考虑,加强信誉和诚信机制建设,在不断提高旅游服务质量和顾客满意度的前提下,强化品牌意识,树立品牌效益。只有这样,旅游服务合作契约的设计与建立才有意义。

(2)建立有效的信息沟通渠道

旅游服务企业是一个需要信息开放的组织体系,而信息共享是合作发展的重要前提,沟通则是旅游供需双方获取信息和共享信息的重要途径。为此,旅游供需双方应积极建立有效的沟通渠道,包括加入行业协会、参与旅游电子商务活动等。只有供需服务企业间不断地相互沟通和增进了解，才能促成相互间的有效合作与发展。

(3)采用签协议合作模式

目前我国许多旅游服务合作还不规范，多数是通过熟人、朋友的介绍而建立起来的客户关系，它们之间的合作大多采用口头协议或默许的态度，而一旦出现矛盾或纠纷，又往往因碍于情面或缺乏依据而无法诉诸法律，只能反目为仇或相互伺机报复，甚至形成恶性循环，进而破坏整个行业的经营环境。签协议合作不仅能强化双方的合作关系，减少人情关系的干扰，而且也能使双方的合作有规可循，有法可依，即使出现矛盾也能够妥善解决。这种签协议合作往往能够实现双方或多方的利益最大化。通过相互学习模仿，它们会很快进入良性循环，促进旅游服务合作关系的协调与稳定发展。

(4)选择合作模式与确定伙伴的数量

旅游服务供需关系链的运营过程是以产品线和价值链共享为特点，链条上主体的合作行为必须明确自身需求及产品特点，然后选择纵向或横向合作模式，确保服务合作行为有助于双方或多方共赢；同时，在服务合作过程中选择合适的合作伙伴，合理控制合作的数量，而不要盲目追求规模而忽视旅游服务企业的价值生成与运行的基本规律。

第三，从旅游服务市场层面来看，需要从提高市场化水平和强化市场规范、监督与管理等两个方面采取相应措施。

(1)提高旅游市场化水平

由于我国旅游服务业是长期在政府及国家庇护下生存，造成许多旅游供应商依赖思想过重，缺乏进入市场、参与竞争的动力，他们容易出现维持现状、不思进取的状态。为了改变这种现状，政府和一些服务企业组织必须从制度上根本解决这种保护的状态，让更多的旅游服务商接受市场的考验和挑战。

(2)加强旅游市场的规范、监督与管理

应该充分认识市场的自我调节能力，对于市场中供需服务合作中出现的违规行为，如欺诈、违约等，应当发挥服务合作链自身的调节作用，可以采取有效的奖惩措施，而不是过分依靠政府；同时，还可以建立相应的民间旅游服务监督组织或类似的机构，对市场上存在的不正当竞争、不讲信誉和提供低劣服务等行为进行监督、举报，确保旅游服务市场拥有一个公平、合理的经营环境，也确保旅游消费者拥有一个安全放心的市场消费环境。

总之，旅游服务动态合作是市场经济条件下的一种自发行为，也是在企业或产业发展到一定阶段的必然产物。这种合作行为是我国旅游服务供需关系在内外环境变化条件下寻求进一步发展的重要趋势，也是旅游企业走向集团化发展的必经阶段。建立一种有效的有助于旅游服务产业升级发展的契约机制，也有助于对旅游消费者的利益保护与社会集体福利的实现。

8.4.2 具体措施

结合我国旅游服务供需市场发展的现状，笔者认为可以从四个方面进行改进：

(1)改变旅游服务传统的消费模式

从旅游服务合作契约关系的调查显示：越来越多的旅游者倾向于自己设计旅游服务产品，无论是自助型还是参团型。他们不再是简单购买由旅行社推出的服务产品，而需要拥有更多、更大的服务弹性；尤其是希望积极参与旅游合约的设计，这些正是目前我国旅游服务发展中的不足。传统的旅游服务产品通常由旅行社和其他旅游服务供应商共同设计或安排，而旅游者很少有机会参与，只能选择他们设计好的服务产品。这样，很容易造成旅游供给的随机性、不确定性，风险性增大。同时，旅游者的真实需求又无法得到展示与实现。因此，如果旅游服务供应商能够改变经营理念和供需关系链的发展模式，旅游供需市场将会得到较大的提升与发展。

(2)改变旅游服务传统的生产观念

旅游服务供应商往往认为消费者花钱来消费，就必须将产品设计得尽善尽美，实际上服务产品的生产有一部分是要有旅游者的参与才能实现。旅游者更多获得的服务应该是一种体验和过程，而不是一种简单结果。因此，旅游服务企业应充分发挥旅游者参与的积极性，展示出其需求愿望，引导他们参与到服务产品的生产过程中来，而实现供需双方的满意与利益。

(3)改变旅游服务供需矛盾的传统认识

旅游服务供给与需求既是一对矛盾体，也是一对利益共同体。它们之间不只是一种简单的买卖交易关系，存在更多的还是一种合作、理解与包容。这些需要双方用真诚、守信来建立友善,用互惠合作的意识与思想来建立长期的利益共赢。因此,供需双方是一种真正的合作关系,一种稳定的、有活力的长期共同发展的关系链。

(4)以共同利益为纽带,加强契约激励效应,增进供需关系链的稳定

供需关系链的稳定发展,必须有共同利益的维护为支持。合作契约安排中的优先契约不仅是成本问题,还更多反映的是消费者心理需求与满意度指标。因此,在旅游合作契约的设计过程中,旅游服务供应商必须优先从旅游消费者的服务需求出发,充分满足其需求心理,增大满意度指标。这样,才能使旅游服务效益的增大产生显著的效果。既保障旅游消费者的利益需求,又能使服务合约得以持续稳定发展。

8.5 本章小结

旅游服务合作契约的实现途径与方法必须结合旅游服务业发展的实际,它需要在实践中反复检验,才能获得一个科学而有效的实现途径。本章内容的重点是对第7章实证结果进行总结和分析,得出一些重要结论和理论成果,并对旅游服务合作契约设计中的相关理论命题与实证结果进行分析与讨论。在此基础上,本研究进一步阐明了在旅游服务合作契约设计中需求主体参与、剩余消费权控制、激励措施以及长期合作等重要理论贡献。然后进一步提出了旅游服务合作契约实现的信任机制、合作机制和协调机制等保障条件。最后结合我国旅游服务业发展的现实提出了相关对策与建议。

当然,对于旅游服务合作契约的研究不仅限于旅游行业,也适合于其他服务业的发展思考,本研究希望有更多的理论工作者和实践者参与讨论,为我国旅游服务业的健康、稳定发展而积极思考与争鸣。

第9章 结论与研究展望

9.1 本研究的相关结论

旅游服务是旅游业发展的核心产品与重要内容。旅游服务供需关系的实质就是强调一种公平、有效的交易实现，多行业、多利益主体的参与使得这一交易过程变得复杂而多样。为了保障旅游服务供需双方或多方利益的实现，对旅游服务合作契约的设计就成为实现这一交易过程中的关键内容。本研究围绕着旅游服务合作契约的本质，从供需关系链的基本模式出发，通过对不同供需关系模式的特征分析，以旅游者不同消费方式的特点为基础，提出了逆向组合型和逆向单链型两大基本供需链模式。再以这两条供需关系链模式为依据，对旅游服务供需合作中的利益主体间契约关系进行设计与分析。本研究通过实证分析的方法，对旅游服务供需合作契约设计过程中提出的一些理论命题进行检验，其中部分假设也得到了检验，并据此得出了相关结论。最后针对旅游供需合作契约的设计提出了相应的实施对策与建议。

结论1：在旅游供应商与旅游者直接发生的服务产品交易的过程中，除了具有一般的产品交易特征外，还具有同步生产、同时创造服务产品价值的特征。在这一交易过程中，还具有了供需双方的委托—代理关系特征，即旅游者为委托方，旅游供应商为代理方。同时，供需双方的相互信任（或信誉）与默契配合，也是旅游服务供需交易实现的重要保障。依据供需关系链理论、不完全契约理论，本研究提出了旅游者与旅游供应商之间可建立的直接、间接和混合三种供需关系模式。在此基础上，进一步提出逆向组合型和逆向单链型两种供需关系链。旅游供需双方围绕着这三种模式、两种关系链而进行一系列、连续的消费过程,实现各自收益(或效益)的最大化,其中旅游者的收益表现为最大满意度或最大剩余消费服务量,旅游供应商的效益则表现为最大化旅游者总支付、最小化服务总成本。

结论2:在旅游者、旅行社和旅游供应商三者之间形成的契约关系链中,应当充分考虑到契约设计中的等级性和优先权问题。在契约设计中,可分成三个阶段或节点,即第一阶段是旅游者与旅行社之间签订合同,制订一个旅游服务的总需求契约,包括服务标准、服务内容以及需求档次等。第二阶段是旅行社与旅游服务供应商之间签订合同。双方是在第一阶段旅游者与旅行社签订合约的基础上进行协商,提出供给方的实施方案及相关报价。第三阶段是旅行社与旅游者再次进行合同的修订及议价,最后达到可签订契约的程度。在这样一系列的旅游服务供需购买过程中,旅行社具有双重代理的角色特征,若监管不严,很有可能出现双方或多方串谋等行为。为此,在旅游服务合作契约的设计中,必须考虑一定的激励手段或措施,保证旅游者拥有一定的剩余消费控制权。否则,柔性服务与刚性价格之间的矛盾以及不对称信息,必然会导致契约的不公平,处于劣势的旅游者却还要按照一般产品的消费法则,进行"先付款后拿货"。

结论3:旅游服务合作契约的设计需要充分考虑到契约的弹性,即需要增加事后双方协议的内容或柔性。同时,事前的沟通也特别重要。虽然事前增加了合约成本,但是实际上对于后期的契约执行依然有着十分重要的影响。如果合作契约关系稳定后,回头客或忠诚合作者必然会减少再次合作的很多成本,契约也就变得易于执行而日趋完善。因此,旅游服务合作契约的设计必须考虑是一个长期的、动态的行为,也必然会在措施上进行激励。

结论4:本研究的理论模型与实证研究相结合,一方面通过数理推导对相关理论命题进行充分论证;另一方面,通过大量的实证素材统计与分析,检验了由理论命题而引申的部分假设。本研究通过实证数据显示:大多数旅游者对旅游合同签订的优先性持认同态度;旅游者的经历与出游次数不同,旅游者对旅游服务评价的满意度也表现出明显差异;不同方式的旅游者,即自助型和参团型对旅游服务项目的重要程度看法一致,但是对旅游服务项目的满意度方面却存在明显差异。

总之,本研究从旅游服务供需交易的实现特点出发,以供需关系链管理、不完全契约和机制设计为理论基础，对旅游服务合作的契约设计进行有益的探索，并得出了一些相关的重要结论。当然，本研究的相关论点和结论还需要在理论和实践两个方面进一步深入分析和实证检验，以促进这一方面研究的不断完善和发展。

9.2 研究创新点

本研究的创新点主要体现在以下四个方面：

(1)提出旅游服务供需关系构成的八大主体，除包括传统的旅游服务需求“六大要素”外，又增加了旅游者和旅行社两大主体要素。在对这八大供需关系主体进行单体和整体特征分析的基础上，系统地分析和比较了旅游服务供需关系中的八大主体类型特征，并以传统供应链管理理论为基础，提出了旅游服务业中的供需链概念；通过对旅游供需主体间关系的分析，提出了直接式、间接式和混合式三种供需关系划分类型；在此基础上，提出并进一步分析了逆向组合型和逆向单链型两种供需关系链条的形成特征。以自助型和参团型两种旅游方式为例，提出并强化旅游服务供需链的特征和价值。

(2)考虑契约的等级性、激励性和最优性，提出建立一种以旅游者需求为主导的最优化服务合作契约。本研究依据委托—代理理论和不完全契约理论，针对旅游服务合作契约的类型与特点，分别对逆向组合型合约的线性特征和逆向单链型服务合约的子博弈特征进行分析；在此基础上，从契约的条件和最优化两个方面对服务合约进行设计，并进一步对旅游服务合约的建立以及长期性和动态性激励问题进行讨论。

(3)对旅游供需关系链的绩效考核及服务合作契约的影响因素进行指标设计，提出并界定了旅游服务剩余消费控制力和剩余消费服务量的概念。本研究通过对旅游者的满意度 θ 、供应商的努力程度 β 、供应商提供服务项目的重要程度 ε 以及旅游者的剩余消费服务量 x 等指标，对旅游服务供需关系下的合作契约进行定量测量研究。

(4)服务合作契约的理论设计与实证分析相结合，并对旅游服务业进行探索性研究。本研究通过数理分析和推导，提出相关假设，然后通过采集实证数据，运用 STATA2. 0、LISREL8. 7 等统计工具进行定量分析和讨论，并对本研究所提出的理论假设进行实证检验。

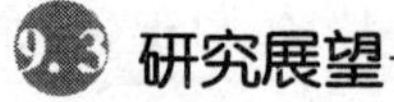

9.3 研究展望

本书研究针对我国旅游服务业的发展现状及存在问题，结合旅游服务产品生产、消费的特点，提出了建立基于供需关系链的旅游服务合作契约设计问题。本书的研究主要是依据供应链管理理论、委托—代理理论、不完全契约理论和机制设计理论等，对旅游服务的不完全合作契约设计进行研究。在研究中，笔者提出了一些新的概念，也延伸了一些理论应用，并对一些相关假设进行了实证检验与分析。当然，这些研究观点和结论的得出还有一定的局限性，尚需要更多的理论与实践检验。

本书对旅游服务合作契约的研究也仅仅是一种有益的探索，还有许多问题尚需进一步研究和分析，相关的研究内容包括：

(1)对旅游服务供需链的运行模型进行研究；

(2)对旅游服务供需链的市场机制进行研究；

(3)对旅游服务供需链的运行绩效进行研究；

(4)对旅游服务合作契约的制度环境进行研究；

(5)对旅游服务合作契约的执行效率与测量指标等问题进行研究。

总之，本书研究的一些观点和建议更多的是起到抛砖引玉的作用。同时，也希望本研究的一些成果能够得到更多领域的研讨和应用，更好地服务于我国旅游服务业，使之走上健康与稳定的发展道路。

附录 1：旅游行业对客人服务的基本标准（1992）

一、旅行社对客人服务的基本标准

第一条　遵守国家旅游局统一规定的合同范本内容，注明所提供的价格等级、服务标准、服务项目、双方责权义务以及当地投诉电话和地址。

第二条　旅行社应按合同确认的日程、等级标准及包价内容提供相应的服务。

第三条　旅行社应根据团队客人的国籍、身份、职业、年龄、健康状况等特点和确认的日程合理安排活动，尊重旅游者的生活习惯及风俗，对旅游者均要一视同仁，热情相待。

第四条　除人力不可抗拒的因素外，属于旅行社工作疏漏，致使旅游团（者）减少服务项目或延误旅游时间，旅行社应退还未提供服务项目的费用，并给予一定的赔偿。

第五条　旅行社应按照合同中所确定的标准为旅游团（者）预订饭店，并提前通知对方。如需变更，应征得游客，不另加收费用。如调换的饭店低于原承诺的饭店星级，需退还差价部分。不得安排到非定点饭店住宿。

第六条　旅行社应将文娱活动作为固定节目安排。游览日程在 3 天以内的，一般不少于 1 次；4 至 7 天的，一般不少于 2 次；8 天以上的，一般不少于 3 次。

第七条　旅行社必须安排游客在定点饭店或定点餐馆就餐。按照规定的餐食标准订餐，不得克扣餐费，不得强行要求游客增加风味餐。

第八条　旅行社要有具体的防范措施以保证旅游者人身财产安全。

第九条　要完善客人行李托运手续，保证游客行李运输安全、准确无误。行李财物损失如系旅行社方面造成的，要进行赔偿；如系饭店、交通部门造成，旅行社有责任协助联系，帮助解决。

第十条　旅行社委派上团的导游人员必须通过全国导游人员资格考试，取得国家旅游局颁发的《导游员证书》。

第十一条　导游员应提前做好一切准备工作。上团时要衣着整洁、举止大方、佩戴胸卡、携带导游证。服务要热情、周到，工作认真负责，积极主动。导游要语言准确、流利，内容要健康、丰富、生动。接待10人以上旅游团要使用引导标志和话筒，如需接站，导游员应提早与机场、车站、码头取得联系，以免发生因抵达时间变更而漏接迟接。

第十二条　旅行团（者）购物要纳入旅游活动日程。导游员要严格按日程节目安排，引导客人到定点旅游商店购物。

第十三条　旅行社全体人员要认真学习涉外人员守则，严守国家机密，遵纪守法，不索要小费，不私收回扣，不套换外汇。

二、旅游涉外饭店对客人服务的基本标准

第十四条　旅游涉外饭店都必须按《中华人民共和国评定旅游涉外饭店星级的规定和标准》提供相应的星级服务。凡未定星的涉外饭店，应有定点饭店的标志，符合定点饭店的标准要求。

第十五条　饭店服务人员要有良好的仪表仪容，实行敬语服务，礼貌待客。服务人员要佩戴工号牌，要用标准的普通话和外语解答客人的问题，要使用“您好”、“谢谢”、“请”、“对不起”等敬语。

第十六条　门卫服务要热情、礼貌，及时疏导客流。

第十七条　行李员要主动、热情地为客人运送行李，注意轻拿轻放，保障客人的财物安全。

第十八条　前台服务要及时、热情，办理住店登记手续要尽可能使用电脑管理手段。

第十九条　电话总机服务应准确、迅速、音量要适度，态度要和蔼，及时无误地提供叫醒及留言服务，大堂副理要坚守岗位，对客人提出的合理要求，要尽力满足；对客人的投诉，应认真协助解决。

第二十条　服务人员要主动、热情，严格按照饭店规定的服务程序、服务标准提供规范化服务。对待宾客要一视同仁、平等对待。要严格遵守外事纪律，自觉维护法制尊严，不得索要小费和私收礼品，不套换外汇，不得做有损国格、人格的事。

第二十一条　饭店各岗位应建立班前班后的交接制度。

第二十二条　饭店应按星级标准提供相应的食宿、交通、商品销售、康乐活动等服务项目，保持周围环境的整洁、优美。大堂、餐厅、会议厅、康乐宫、走廊等场所均应保持整洁、卫生。公共卫生间要有明显的标志，设专人清扫，做到清洁、卫生，无异味、无污渍。

第二十三条　客房布置要合理化，要尽可能给客人以方便。房间内的设备，要完好无损，保持窗户、台面无污迹，地毯无杂物，卫生间无异味，灯具明亮，为宾客创造一个清洁、舒适、安全的环境。

第二十四条　餐厅要整齐、清洁、卫生，台布、餐布、餐具、酒具要干净、完好无破损。客人进入餐厅要热情迎接，引宾入座。要按客人的餐费等级，保证餐饮的质量和标准。餐食既要体现地方特色，又要注意适合客人口味。提供的饮料和食品必须符合《中华人民共和国食品卫生法》规定，杜绝食物中毒等事故发生。

第二十五条　要有完善的治安措施，保障客人的人身、财物安全。前台要有代客保管贵重物品的设施，并有完善的保管和领取手续。客房要放置安全疏散示意图，楼层和公共场所要有显示安全疏散的通道，要保持疏散通道和出口的畅通。行李在离店前，应有完善的交接手续。

三、旅游涉外汽车对客人服务的基本标准

第二十六条　要牢固树立"安全第一"的思想。经常进行安全教育，建立车辆安全检查制度。每次出车前，要认真检查车辆状况，尤其是发动机、转向、刹车、信号等安全部件。严禁机件失灵的车辆执行任务。

第二十七条　驾驶员的服装要整洁，注意仪容仪表，以文明的敬语、饱满的工作热情和良好的精神面貌为宾客提供优质服务。要自觉遵守交通规则，不违章行车，不酒后开车。

第二十八条　车辆行驶要平稳，应选择最佳路线，减少颠簸。遇有恶劣

气候,或在趟河、陡坡、转弯多的路上行驶,采取必要的安全措施,确保行车安全。不得冒险在冰面上行驶。

第二十九条　接送客人应提前到达指定的地点。客人游览、购物时,驾驶员不得远离车辆,不得用喇叭催促客人上车。

第三十条　要确保客人物品安全。客人下车游览、购物时,驾驶员要检查门窗是否关闭,并提醒客人随身带好贵重物品。客人活动结束后,驾驶员要及时清理车厢,发现有客人遗忘的物品要及时送还。

第三十一条　执行接送行李任务的驾驶员,要与陪同人员办好交接手续,认真清点行李件数,不得出现任何差错。

第三十二条　非工作员不得乘坐客人车辆。参观游览时,要按照旅行社已确定日程安排和路线行驶。遇有特殊情况,需更改行程,应先征得领队和陪同人员同意,不得擅自更改路线及活动安排。不得擅自引导客人到非定点餐馆或商店用餐、购物。

第三十三条　驾驶员要树立高尚的职业道德,严格遵守外事纪律,遵纪守法,不准索要小费,私收回扣、套换外汇,或提出其他非正当的要求,不得做有损国格和人格的事。

第三十四条　保护良好的车容车况。做到车身整洁,无油污;玻璃明亮,无水纹,无泥斑点;窗帘要整洁;座椅、靠背要固定完好;车厢内无杂物,空气清新。要根据气温和客人要求提供适量的冷暖气。

第三十五条　要严格按照国家规定的标准收费,不得自行加价。

第三十六条　旅游汽车公司应根据此规定的原则,制定本公司的《车容标准》、《司机仪容仪表标准》、《司机服务标准》、《司机安全行车标准》、《司机驾驶操作标准》,逐项记录考核,并列入考评奖惩工作的内容。

四、旅游涉外餐馆对客人服务的基本标准

第三十七条　旅游涉外餐馆的订餐标准应对客人公开。不得随意提高餐食毛利率。要严格按照国家旅游局旅管理字〔1990〕40 号文件《关于加强旅游餐饮质量管理的补充规定》执行。不得降低、克扣客人的餐食标准,不得以任何形式向订餐单位和个人付给钱物。

第三十八条　餐厅工作人员要注意个人的仪表仪容,佩戴工号卡。服

务要主动、热情、耐心；要实行敬语服务、礼仪服务。客人入座后，服务员应迅速递上经消毒后的小毛巾（或消毒纸）和送上热茶。

第三十九条　对客人不论国别、肤色、职业、性别、年龄，要一视同仁，平等服务。

第四十条　餐厅的主管人和服务员要主动向陪同人员及客人征求意见并及时改进工作，提高服务质量。

第四十一条　餐馆应准时营业，并严格遵守规定的营业时间。客人待餐时间一般不得超过20分钟；客人在未离开餐厅以前，服务员不得打扫餐厅卫生或催促客人离开。

第四十二条　餐馆环境要优雅、整洁。菜单要干净，并保证印刷质量。提供的菜肴基本要与菜单相符。餐厅不得摆放经营性的商品。应备有衣帽存放处或衣架，保证客人的财物安全。

第四十三条　餐厅的台布、餐巾、餐酒具等器皿要完好无损。厨房内必须保持清洁卫生，凡盛放入口食品的容器，使用前必须经过严格清洗、消毒。

第四十四条　冷荤间要备用消毒、防腐、防尘、防蝇设备的措施，并设有专人负责。储藏食品应注意保质保鲜。

第四十五条　公共卫生间清洁卫生，无异味。洗手池、面镜应无污迹。洗手间内要备有提供客人使用的香皂和皂液、擦手巾（纸巾）或灵敏的干手器。

第四十六条　停车场应设专人管理，车辆排放整齐，保证行驶车辆畅通。

五、参观游览点对客人服务的基本标准

第四十七条　参观游览点应严格遵守国务院颁发的《风景名胜区管理暂行条例》及建设部《关于加强历史文化名城规划工作的通知》，使游览点环境优美并得到保护。

第四十八条　服务人员应着装整洁，注意个人仪容仪表，要佩戴工号卡，实行敬语服务，主动热情，礼貌待客。讲解员做到语言流畅，内容准确，解释完整。

第四十九条　游览点要整洁，地面无杂物、无痰迹。古建筑内要无积

尘，无蛛网，无蚊蝇。

第五十条 游览点内的主要景物、文物古迹、古建筑等要有内容准确、字迹清晰的中、英文说明牌，引导标牌要摆放在适当的位置。

第五十一条 游览点举办的文化娱乐活动，要内容健康、秩序良好。

第五十二条 游览点出售饮料、茶水和旅游纪念品的商亭，设施要明快、干净，商品质量要保证。

第五十三条 游览点门前及景区内不得随意设摊位，要统一管理，定位有序。坚决制止尾随客人，强行兜售商品的行为。

第五十四条 公共卫生间要有明显的标志，要有专人负责清扫。设备要完好，无缺损，不漏水。做到无蚊蝇、无异味。地面无烟头、痰迹，便池要及时冲洗，做到干净、无垢。

第五十五条 游览点要有停车场地，设专人管理，车辆排放整齐，进出停车场的车辆要限速。严格控制车辆进入游览区域。

第五十六条 要建立安全管理制度，保障游客的人身、财物的安全。登山缆车、游船等交通工具要设备完好，确保安全。出入口要保持畅通无阻，设专人疏导。

第五十七条 游览点内多点收费必须合理，无特殊价值的应做到“一票全包”。

附录2:国内旅游合同的标准模式

国内旅游组团标准合同甲乙方权责

甲方(旅游者或组团社或旅游团体)	乙方(旅行社)
在报名时应交纳一定数额的预付款	如甲方无故退团,乙方可从甲方预付款中扣除业务损失费(机、车、船退票费以及投保费、退房损失费等)
如乙方取消组团计划(不可抗拒的意外事故除外),甲方有权提出以下要求:①要求乙方退还全部预付款,赔偿相应的损失;②要求乙方另行安排出游。	①因故意或过失未达到与甲方合同规定的内容和标准,而造成直接经济损失的; ②乙方的服务未达到国家或行业的标准。
甲方无故违反合同规定,对其自身的损失应责任自负,给乙方造成损失,应承担赔偿责任。	

国内旅游组团标准合同内容与标准

团号与团体人数	注:团队人数以最终成行人数为准
日程	[注:该几项目是旅游合同的重点,均以合同附件的形式附于该合同之后]
线路与主要景点	
交通工具及标准	
用餐标准	
住宿标准	
购物娱乐安排	
保险金额	注:出境、入境30万,境内10万,一日游3万。详情请浏览旅游保险
预付款数目	自定
导游服务	注:一般注明有几名导游随团服务

续表

应交纳团费总额	
甲方退团或乙方取消组团队计划的赔偿方式及金额	[自定]
特别说明	注:这里应该注明“合同附件与合同正文有同等法律效力”。其他需要说明的也可以在这里写出。

附录3:某省国内旅游组团合同

甲方:______________________________(旅游者或旅游团体)

乙方:______________________________________(组团旅行社)

甲、乙自愿购买乙方所销售的旅游服务,为保证旅游服务质量,明确双方的权利义务,本着平等协商的原则,现就有关事宜达成如下协议:

第一条　报名与成团

1. 甲方参加乙方组织的国内旅游团,应事先向乙方详细了解咨询,乙方有义务全面介绍全面服务项目和质量,并按规定在报名时签订合同。

2. 甲方在签约时,应将全部旅游费用付讫。

3. 双方约定由于甲方或乙方责任未成行的处理方式。

4. "特别告知"为本合同的一部分,签订合同前甲方应当仔细阅读"特别告知"内容。

第二条　内容与标准

1. 主要事项

团号________(如签约时暂无团号,此项可空缺)团体人数________(附名单)

线路名称:________行程共计______晚______天(飞机、车、船等在途时间包括在行程天数内)

出发时间______________________结束时间______________________

出发地点______________________返回地点______________________

游览景点____

交通工具________________________标准________________________

用餐次数________________________标准________________________

住宿次数________________________标准________________________

购物、自费项目安排______________________________

景点门票______________________________

保险请款______________________________

付款方式______________________________

导游服务(全部、地陪)______________________________

应交纳团费总额______________________________

注明:所包含的费用______________________________

2. 甲乙双方答应恪守上述约定,甲方在旅游活动中应服从乙方的统一安排,乙方所提供的各项服务应符合有关国家和行业标准的规定。

3. 乙方保留航空、轮船、铁路因国家政策性调价而变更旅游总价格的权利,但乙方应当提供相应证据。

4. 在合同订立后履行完毕前,因航空、轮船、铁路班次和时刻临时变更,乙方保证在行程天数和安排基本不变动的前提下,保留调整出发时间和行程的权利。

第三条　违约责任

(一)不承担违约责任的情形

1. 甲、乙双方因不可抗力原因不能履行合同的,不承担赔偿责任,但应及时通知对方,并提供事故详情及不能履约的有效证明材料;

2. 本合同双方已经就可能出现的问题约定免责处理措施的,按约定办法处理。

(二)甲方承担违约责任的情形

1. 甲方无故违反合同约定的,自身损失自负;给乙方造成的损失的,应承担赔偿责任。

2. 超出本合同约定的订单内容进行个人活动而造成损失的,责任自负。

(三)乙方承担违约责任的情形

1. 未达到与甲方合同约定的内容和标准,给甲方造成直接经济损失的,应承担赔偿责任;

2. 乙方的服务未达到国家或行业规定的标准的,应承担赔偿责任。

(四)乙方在旅游问题发生前后已采取以下措施,可减轻或者免除责任:

1. 问题发生后乙方已采取善后处理措施的;

2. 对旅游质量和安全状况已事先对旅游者给予说明、提醒、劝诫、警告的；

3. 由于甲方自身过错造成的质量问题。

（五）甲方同意乙方违约的赔偿责任按国家旅游局制定的《旅游社质量保证金赔偿试行标准》执行。

第四条　争议的解决方式

（一）本合同在履行中如发生争议，双方应协商解决，甲方可向有管辖权利的旅游质监所申请调解、提出投诉和赔偿要求。

（二）当事人不愿意通过协商、调解解决或协商、调解不成时，依法向××仲裁委员会申请仲裁；若不同意通过××仲裁委员会仲裁的，甲乙双方均可向人民法院起诉解决。

第五条　本合同一式二份，合同双方各执一份，具有同等效力。

本合同从签订之日起生效。甲、乙双方签字时对合同条款均无异议。

第六条　补充条款

补　充　条　款
双方约定以下补充条款：

甲方签字（盖章）：　　　　乙方签字（盖章）：

地址：　　　　地址：

邮编：　　　　邮编：

电话：　　　　电话：

日期：　年　月　日　　　　日期：　年　月　日

附录4:中国公民出境旅游合同

协议条款

第一条 出发与结束日期

出发日期________,结束日期________;具体集合时间、地点及解散地点见《计划书》。

第二条 旅游费用与支付

(旅游费用以人民币为计算单位)

成人:¥________元/人;儿童(不满12岁的):¥________元/人;

合计:¥____________元(其中签证/签注费用¥____________元/人)。

旅游费用支付的方式和时间:________________________________。

第三条 个人投保的旅游保险

旅游者________(同意或者不同意,打"√"无效)委托组团社办理个人投保的旅游保险。

保险产品名称:____________

保险金额:____________

保险费:____________

第四条 成团人数与不成团安排

组团社最低成团人数:________;组团低于此人数不能成团时,组团社应当在出发前________日及时通知旅游者。

如不能成团,旅游者是否同意按下列方式解决:

1. ________(同意或者不同意,打"√"无效)组团社延期出团。

2. ________(同意或者不同意,打"√"无效)转________________旅行社出团。

第五条 黄金周的特别约定

春节、“十一”黄金周旅游高峰期间，组团社和旅游者约定行前退团及取消出团的提前告知时间、相关责任如下：

提前告知时间	旅游者行前退团，旅游者应当支付组团社的业务损失费占旅游费用总额的百分比	组团社取消出团，组团社应当支付旅游者的违约金占旅游费用总额的百分比
出发前　日至　日		
出发前　日至　日		
出发前　日至　日		
出发前　日至　日		
出发前　日至　日		

第六条　争议的解决方式

本合同履行过程中发生争议，由双方协商解决；亦可向合同签订地的旅游质量监督管理所、消费者协会等有关部门或机构申请调解解决。协商或者调解不成的，按下列第____种方式解决：

1. 提交______仲裁委员会仲裁；
2. 依法向人民法院起诉。

第七条　其他约定事项

未尽事宜，经旅游者和组团社双方协商一致，可列入补充条款。

（如合同空间不够，可附纸张贴于空白处，在连接处需双方盖章。）

____

____

____

旅游者代表签字（盖章）：________________	组团社签字（盖章）：______
	签约代表：__________
电话：	电话：
传真：	传真：
地址：	地址：
邮编：	邮编：
电子信箱：	电子信箱：

签约日期：____年____月____日

签约地点：________________

附录5:自助型和参团型旅游者对旅游服务供需关系的影响因素问卷测量表

尊敬的女士、先生:

你们好!我们某高校的部分师生,现正在开展关于西安市旅游服务的研究工作,此问卷可能需要占用您宝贵的几分钟时间,十分感谢您的支持,并祝您旅途愉快!

一、个人背景:

1. 您的性别: □男 □女
2. 您的年龄: □24岁以下 □25—45岁 □45—60岁 □61—74岁 □75岁以上
3. 您所从事的职业: □国家机关、党群组织、企业、事业单位负责人
   □专业技术人员
   □办事人员和有关人员
   □商业、服务业人员
   □农、林、牧、渔、水利业生产人员
   □生产、运输设备操作人员及有关人员
   □军人
   □其他从业人员
4. 您的学历: □初中及以下 □高中 □大专或本科 □硕士及以上
5. 您是从________省________市来西安旅游?
6. 您的月收入水平: □1500元以下 □1500—3000元

□ 3000—4500 元　　□ 4500 元以上

二、问卷主体：以下问题中 1—5 的哪个选项符合您的看法，请在其左边的方框内打对勾；6—12 小题请按照您的意见打分，直接勾在相应的分值上。

1. 您是第几次外出旅游？

□ 1 次　□ 2 次　□ 3 次　□ 3 次以上

2. 您是选择哪种方式来西安旅游的？

□ 参加旅行社组团　□ 自助旅游

3. 您是通过哪种途径了解相关旅游信息的？

□ 网络　□ 报刊　□ 电视　□ 亲朋口碑　□ 旅行社推荐

4. 您是通过哪种方式来订购旅游服务产品的？

□ 网络　□ 电话联系　□ 亲自去旅行社　□ 随到随买

5. 您若是参团旅游时，请问选择旅行社的最主要依据是

□ 旅行社的品牌　□ 提供的线路价格　□ 友人推荐

□ 旅行社的位置　□ 曾经购买过它的产品

6. 请您对旅行社提供的相关服务重要程度和获得服务的满意度状态进行打分：

提供行程安排__很不重要　1　2　3　4　5　很重要　||　很不满意　1　2　3　4　5　很满意

导游服务______很不重要　1　2　3　4　5　很重要　||　很不满意　1　2　3　4　5　很满意

合同协议书____很不重要　1　2　3　4　5　很重要　||　很不满意　1　2　3　4　5　很满意

补救服务______很不重要　1　2　3　4　5　很重要　||　很不满意　1　2　3　4　5　很满意

7. 请您对旅游交通业提供服务项目的重要程度和获得服务的满意度状态进行打分：

交通用具与设施__很不重要　1　2　3　4　5　很重要　||　很不满意　1　2　3　4　5　很满意

司乘人员服务态度_很不重要　1　2　3　4　5　很重要　||　很不满意　1　2　3　4　5　很满意

及时的交通信息__很不重要　1　2　3　4　5　很重要　||　很不满意　1　2　3　4　5　很满意

安全、舒适与准时__很不重要　1　2　3　4　5　很重要　||　很不满意　1　2　3　4　5　很满意

8. 请您对旅游住宿业提供服务项目的重要程度和获得服务的满意度状态进行打分：

硬件设施____很不重要　1　2　3　4　5　很重要 || 很不满意　1　2　3　4　5　很满意

标准化服务__很不重要　1　2　3　4　5　很重要 || 很不满意　1　2　3　4　5　很满意

人性化服务__很不重要　1　2　3　4　5　很重要 || 很不满意　1　2　3　4　5　很满意

服务态度____很不重要　1　2　3　4　5　很重要 || 很不满意　1　2　3　4　5　很满意

住宿位置____很不重要　1　2　3　4　5　很重要 || 很不满意　1　2　3　4　5　很满意

9. 请您对旅游餐饮业提供服务项目的重要程度和获得服务的满意度状态进行打分：

干净卫生____很不重要　1　2　3　4　5　很重要 || 很不满意　1　2　3　4　5　很满意

环境优雅____很不重要　1　2　3　4　5　很重要 || 很不满意　1　2　3　4　5　很满意

地方风味____很不重要　1　2　3　4　5　很重要 || 很不满意　1　2　3　4　5　很满意

服务态度____很不重要　1　2　3　4　5　很重要 || 很不满意　1　2　3　4　5　很满意

10. 请您对旅游购物业提供服务项目的重要程度和获得服务的满意度状态进行打分：

商品有特色____很不重要　1　2　3　4　5　很重要 || 很不满意　1　2　3　4　5　很满意

导购服务______很不重要　1　2　3　4　5　很重要 || 很不满意　1　2　3　4　5　很满意

购物地点______很不重要　1　2　3　4　5　很重要 || 很不满意　1　2　3　4　5　很满意

购物方式______很不重要　1　2　3　4　5　很重要 || 很不满意　1　2　3　4　5　很满意

携带运输服务__很不重要　1　2　3　4　5　很重要 || 很不满意　1　2　3　4　5　很满意

11. 请您对旅游娱乐业提供服务项目的重要程度和获得服务的满意度状态进行打分：

设施安全____很不重要　1　2　3　4　5　很重要 || 很不满意　1　2　3　4　5　很满意

项目流行____很不重要　1　2　3　4　5　很重要 || 很不满意　1　2　3　4　5　很满意

时间灵活度__很不重要　1　2　3　4　5　很重要 || 很不满意　1　2　3　4　5　很满意

使用指南____很不重要　1　2　3　4　5　很重要 || 很不满意　1　2　3　4　5　很满意

服务态度____很不重要　1　2　3　4　5　很重要 || 很不满意　1　2　3　4　5　很满意

附录6:自助型和参团型旅游者对服务合约设计的影响因素问卷测量表

尊敬的旅游朋友:

您好!我们是某高校的部分师生,现正在进行一次针对我国旅游服务合约应用现状的调研活动,此问卷可能需要占用您宝贵的几分钟时间,希望得到您的支持,谨表示衷心的感谢!并祝您旅途愉快!

一、请根据您的个人情况,在对应选项左边的□内打对“√”。

1. 您的性别: □ 男 □ 女

2. 您的年龄: □ 24岁以下 □ 25—45岁 □ 46—60岁 □ 61—74岁 □ 75岁以上

3. 您所从事的职业:

□ 国家机关或企业、事业单位负责人 □ 专业技术人员
□ 办事人员和有关人员 □ 商业、服务业人员
□ 农、林、牧、渔、水利业生产人员 □ 军人
□ 学生 □ 教师 □ 其他从业人员

4. 您的学历: □ 初中及以下 □ 高中 □ 大专或本科 □ 硕士及以上

5. 您的月收入水平: □ 1500元以下 □ 1500—3000元 □ 3000—4500元 □ 4500元以上

6. 您是从________省________市(县)来西安旅游的?

二、请选择符合您个人看法的最佳选项(唯一),并在其左边的□内打对勾。

1. 您此次旅游活动是由旅行社组织的吗? 否 0 1 是
2. 您若是由旅行社组织,与其签订服务合同了吗? 否 0 1 是
3. 您若是与旅行社签订服务合同书,参与该合同条款的制订或修订吗?
   否 0 1 是
4. 从您的旅游经历来看,对我国旅游合同的执行现状是:
   非常不满意 1 2 3 4 5 非常满意
5. 您对游客参与旅游服务合同修订的态度是:
   没有必要 1 2 3 4 5 非常重要
6. 您对游客与旅行社签订服务合同的态度是:
   没有必要 1 2 3 4 5 非常重要
7. 您认为旅游服务合同的制订应以哪一方为主?

□ 游客 □ 旅行社 □ 其他旅游企业(如交通、住宿、餐饮或景区等)

8. 您认为旅游合同的制订顺序应该是:

□ 游客——旅行社——其他旅游企业(如交通、住宿、餐饮、景区等)

□ 其他旅游企业(如交通、住宿、餐饮、景区等)——旅行社——游客

□ 旅行社——游客——其他旅游企业(如交通、住宿、餐饮、景区等)

9. 如果旅行社推出单项旅游服务产品(如交通、住宿、景区等),你愿意与其签订单项合约吗?

   不愿意 0 1 愿意

10. 您认为旅游服务合同与服务质量评价之间的关系是:
    无关 1 2 3 4 5 非常密切
11. 您认为下列因素对旅游服务合同设计的影响程度是:
    (1)旅游信息 不重要 1 2 3 4 5 非常重要
    (2)游客需求 不重要 1 2 3 4 5 非常重要
    (3)旅游线路 不重要 1 2 3 4 5 非常重要
    (4)旅游季节 不重要 1 2 3 4 5 非常重要
    (5)旅游档次 不重要 1 2 3 4 5 非常重要
12. 如果您参加的是豪华旅游团,最关注服务合同中的哪一部分内容?
    □ 交通 □ 住宿 □ 餐饮 □ 景区 □ 娱乐

13. 如果您参加的是中档旅游团，最关注服务合同中的哪一部分内容？

☐ 交通　☐ 住宿　☐ 餐饮　☐ 景区　☐ 娱乐

14. 若您参加的是普通旅游团，你最关注服务合同中的哪一部分内容？

☐ 交通　☐ 住宿　☐ 餐饮　☐ 景区　☐ 娱乐

15. 您认为制约旅游服务合同执行的主要障碍是：

☐ 合同制订不平等　☐ 合同条款不细　☐ 缺乏监督

☐ 无法可依

16. 如果旅行社不能履约，您将采取的做法是：

☐ 投诉　☐ 中途退团　☐ 某种方式报复

☐ 要求一定补偿　☐ 不作为

17. 您认为目前我国的旅游服务信息状况是：

不透明　1　2　3　4　5　非常透明

18. 您对我国制定《旅游法》的态度是：

没有必要　1　2　3　4　5　非常重要

参考文献

[1]Dong－Wan Ko, William P. Stewar. A structural equation model of residents' attitudes for tourism development[J]. Tourism Management 23(2002)521－530.

[2]江小涓．服务全球化的发展趋势和理论分析[J]．经济研究,2008(2):4－18.

[3][美]科斯·哈特,斯蒂格利茨,等,著．拉斯·沃因,汉斯·韦坎德,编．李风圣,主译．契约经济学[M]．北京:经济科学出版社,2003－10.

[4]曹治国．旅游服务损害赔偿责任相关法律问题思考[J]．旅游学刊,2001(4):69－72.

[5]陈悦．旅游合同解除初探[J]．旅游学刊,2005(2):76－80.

[6]吴昌南．试论旅游企业的危机管理[J]．江苏商论,2004(9):115－116.

[7]许秋红,李新春．我国旅游企业战略联盟初探[J]．学术研究,2003(8):40－43.

[8]David A Johnston, David M McCutcheon, F Ian Stuart, et a1. Effects of supplier' trust on performance of cooperative supplier relationships[J]. Journal of Operations Management,2004(22):23－38.

[9]郑志刚．我国旅游市场总体供需态势分析[J]．中国软科学,2002(8):57－60.

[10]尹幸福．中外旅游集团的实力对比分析及启示[J]．旅游学刊,2004(2):9－10.

[11]梁学成,李树民,万迪昉．我国旅游企业间动态合作的协调机制研究[J]．旅游学刊,2007(9):58－63.

[12]宋子千．旅行社产品同质化及其成因分析[J]．旅游学刊,2005(6):58 -64.

[13]Juan L. Nicolau Francisco J. Ma's. Stochastic Modeling a Three - Stage Tourist Choice Process[J]. Annals of Tourism Research, Vol. 32, No. 1, pp. 49 - 69, 2005.

[14]林英晖,著．供应链企业间信任研究:价值、评判与建立[M]．经济管理出版社,2007. 10.

[15]陈淑君,赵毅．对旅游服务满意度的思考[J]．西南师范大学学报(人文社会科学版),2003(1):115 -119.

[16]张立军．旅游服务质量模糊综合评价方法研究[J]．数量经济技术经济研究,2003(1).

[17]刘劲柳．合同是提高旅游服务质量的基本保障[J]．旅游学刊,2005(2):6.

[18]孙建超．旅游市场信息不对称与旅游者权益保护[J]．旅游学刊,2001(2):64 -67.

[19]陈建斌．旅游价值链调查及其对旅行社管理的启示[J]．企业经济,2004(8):88 -89.

[20]国家旅游局．2001 年—2006 年度全国旅游投诉情况通报．

[21]匡林．集权还是分权:政府发展旅游业的两难境地[J]．旅游学刊,2001.

[22]刘新梅,王海珍,等．经济性规制与企业创新战略选择[J]．西安交通大学学报(社会科学版),2007(2):91 -95.

[23]Bill Bramwel, Angela Sharman. Collaboration in Local Tourism Policy-making[J]. Annals of Tourism Research, Vol. 26, No. 2, pp. 392 -415, 1999.

[24]Hanqin Qiu Zhang *, King Chong, John Ap. An analysis of tourism policy development in modern China. Tourism Management. 20(1999)471 -485.

[25]贾生华,邬爱其．制度变迁与中国旅游产业的成长阶段和发展对策．

[26]何光玮．中国旅游业 50 年[M]．中国旅游出版社．

[27]William Obenour. et. al. Conceptualization of a meaning - based research approach for tourism service experiences[J]. Tourism Management 27

(2006)34 -41.

[28]经圣贤. 我国旅游服务质量亟待提高,2006 -05.

[29]杜江,等. 中国旅行社发展现状及对策研究[J]. 旅游学刊,2002(1).

[30]王保顺,王志宏. 第三人侵权时旅行社责任研究[J]. 旅游学刊,2005(3):53 -57.

[31]牛立夫. 旅游合同中的精神损害赔偿问题探讨[J]. 旅游学刊,2006(8):85 -89.

[32]张辉,魏翔. 对中国旅行社业的经济分析与再定位[J]. 旅游学刊,2004(5):71 -76.

[33] Chris Cooper. Knowledge Management and Tourism [J]. Annals of Tourism Research, Vol. 33, No. 1, pp. 47 - 64, 2006.

[34]郭菊娥,席酉民. 我国管理科学研究的回顾与发展展望[J]. 管理工程学报,2004(3):15 -45.

[35]吴季松,著. 知识经济学[M]. 北京:首都经贸大学出版社,2007 -09.

[36]Francina Orfila - Sintesa, Rafel Cresp?′ - Claderaa, Ester Mart?′nez - Rosb. Innovation activity in the hotel industry: Evidence from Balearic Islands. Tourism Management 26(2005)851 -865.

[37]Jen - Te Yang, Chin - Sheng Wan. Advancing organizational effectiveness and knowledge management implementation [J]. Tourism Management 25 (2004)593 -601.

[38]魏卫,主编. 邓念梅,副主编. 旅游企业管理[M]. 北京:清华大学出版社,2006 -09.

[39]党兴华,汤喜建. 员工知识背景差异与组织内知识转移[J]. 科研管理,2007(11):50 -56.

[40]王大悟. 满意度·敬业度·认同度——关于旅游企业服务利润链的另类思考[J]. 旅游学刊,2004(2):66 -69.

[41]James A. Fitzsimmons and Mona J. Fitzsimmons,著. 张秀成,范秀成,译. 服务管理运作:战略与信息技术[M]. 北京:机械工业出版社,2003 -04.

[42]杨晓霞,著. 旅游信用研究[M]. 西南师范大学出版社,2007 -04.

[43]向三久. 旅游法规概论[M]. 高等教育出版社,2001-07.

[44]张嵩,宋会勇. 试论旅游合同立法[J]. 法学,1998(4):44.

[45]张琰. 对旅游格式合同规制问题的探讨[J]. 旅游学刊,2004(3):42-45.

[46]翁炎英. 我国旅游合同研究回顾与展望[J]. 旅游科学,2004(4):62-67.

[47]张洪吉,著. 顾客再造价值空间[M]. 中国经济出版社,2007-12.

[48]柴越廷,韩坚,吴澄. 敏捷物流管理[M]. 清华大学出版社,2001-03.

[49]Martin Christopher/英 Christopher M.(英国)/马丁·克里斯托弗著. 物流与供应链管理. 电子工业出版社,2005.

[50]陈祥锋,朱道立. Markovian 模型在供应链合同管理中的应用[J]. 科研管理,2002(2):94-100.

[51]Aulakh, P. S., Kotabe M., and Sahay A., "Trust and Performance in Cross-Border Marketing Partnerships: A Behavior Approach," In P. W. Beamish & J. P. Killing (Eds.), Cooperative Strategies: North American Perspectives, San Francisco: New Lexington Press, 1997:163-196.

[52]Tazim B. Jamal, Donald Getz. Collaboration Theory and Community Tourism Planning[J]. Annals of Tourism Research, Vol. 22, No. 1, pp. 186-204, 1995.

[53]邵晓峰,张存禄,李美燕. 供应链管理[M]. 北京:机械工业出版社,2006.

[54]陈志祥,马士华. 供应链中的企业合作关系[J]. 南开管理评论,2001(2):56-59.

[55]徐学军,谢卓君. 供应链伙伴信任合作模型的构建[J]. 工业工程,2007(3):18-21.

[56]谭涛. 农产品供应链组织绩效研究[D]. 南京:南京农业大学,2004:35.

[57]许淑君,马士华. 供应链企业间的信任机制研究[J]. 工业工程与管理,2000(6).

[58]柳健,马士华. 供应链合作及其契约研究[J]. 管理工程学报,2004

(1):85 - 87.

[59]王冰,张子刚. 基于帕累托原则的供应链企业间创新活动的合作模型[J]. 科研管理,2003(2):36 - 40.

[60]汤世强,季建华. 供应链合作伙伴关系下的一个多阶段投资有限期合作模型[J]. 上海交通大学学报,2005(10):1600 - 1605.

[61]唐林彬,等. 供应链中供应存在周期性波动情况下的合作模型[J]. 系统工程,2004(8):24 - 27.

[62]陈志祥. 供应链管理中的供需合作关系研究[J]. 武汉理工大学学报,2004(5):139 - 146.

[63]黄小原,郭海峰,卢震. 供应链时滞系统模型及牛鞭效应的 H∞ 控制[J]. 系统工程学报,2005(6).

[64] Jeremy Northcote, Jim Macbeth. Conceptualizing Yield Sustainable Tourism Management[J]. Annals of Tourism Research, Vol. 33, No. 1, pp. 199 - 220, 2006.

[65]李随成,张哲. 不确定条件下供应链合作关系水平对供需合作绩效的影响分析[J]. 科学管理研究,2007(5).

[66]李晔,陈燕. 动态顾客需求信息对供应链性能的影响[J]. 系统工程,2005(1).

[67]刘伟华,季建华,刘丽萍. 供应链中企业合作阻力度研究[J]. 工业工程与管理,2006(4):54 - 58.

[68] Inwon Kang, Sungil Jeona, Sangjae Leeb, Choong - Ki Lee. Investigating structural relations affecting the effectiveness of service management. Tourism Management 26(2005)301 - 310.

[69]邹慧萍,汪应洛. 建立灵活快速反应的旅游服务系统[J]. 管理工程学报,1996(2).

[70]赵洁. 一个基于 Browser/Server 体系结构的旅游服务系统[J]. 计算机系统应用,2002(4).

[71]张文建,王晖,著. 旅游服务管理[M]. 北京:旅游出版社,2001 - 12.

[72]杜文才,胡涛,顾剑. 编著. 新编旅游管理信息系统,2003.

[73]张英姿. 初探旅游服务供应链管理[J]. 雁北师范学院学报,2005(1).

[74][美]科斯,哈特,斯蒂格利茨,等,著.[瑞]拉斯·沃因 汉斯·韦坎德,编.李凤圣,主译.契约经济学[M].北京:经济科学出版社,2003-10.

[75]阿罗(Arrow).信息经济学[M].北京经济学院出版社,1989:191.

[76]Klein,B.(1980)Borderlines of Law and Economic Theory:Transaction Cost Determinants of Unfair Contractual Arrangements[J].American Economic Review Papers and Proceeding 70,May,1980:356-362.

[77]杨瑞龙,聂辉华.不完全契约理论:一个综述[J].经济研究,2006(2):104-115.

[78]聂辉华.新制度经济学中不完全契约理论的分歧与融合——以威廉姆森和哈特为代表的两种进路[J].中国人民大学学报,2005(1):81-87.

[79]Oliver E. Williamson. The Theory of the Firm as Governance Structure:From Choice to Contract[J].Journal of Economic Perspectives,16,(3):171-195. 2002.

[80] Patrick Bajari and Steven Tadeis. Incentive Versus Transaction Costs[J].Rand Journal of Economics,2001,(32):387-407.

[81]陈郁,编.企业制度与市场组织——交易费用经济学文选[M].上海三联书店,上海人民出版社,2006,3:61.

[82]Oliver Hart and J. Moore. Agreeing Now to Agree Later:Contracts that Rule but Do not Rule In[Z].working paper,2004.

[83] Oliver Hart and B. Holmstrom. A Theory of Firm Scope[Z].mimeo,2002.

[84]Hongbin Cai. A Theory of Joint Asset Ownership[J].Rand Journal of Economics,34,(1):63-77. 2003.

[85]G.. Baker,and T. Hubbard. Contractibility and Asset Ownership:On-Board Computers and Governance in U. S. Tracking[Z].NBER working paper #7634,2002.

[86]Tirole J. Incomplete contract:where do we stand?[J].Econometrica,1999,67(4):741-781.

[87]Brousseau,Eric and M'hand Fares,2000,"Incomplete contract and governance structures:are incompleter contract theory and new institutional eco-

nomics substitutes or complement?", in Institutions, Contracts and Organizations, edited by Claude Menard, Cheltenham: Edward Elgar.

[88] Maskin and Tirole(1999) Maskin, E. and J. Tirole, 1999a, "Unforeseen Contingencies and Incomplete contracts" [J]. Review of economic Stduies, 66, 83 - 114.

[89]苏启林,申明浩．不完全契约理论与应用研究最新进展[J]．外国经济与管理,2005(9):16 - 23.

[90]汪晓宇,马咏华,张济珍．不完全契约理论:产权理论的新发展[J].上海经济研究,2003(12):33 - 36.

[91]帅萍,孟宪忠．不完全契约理论下企业间的交易效率[J]．财经科学,2007(3):82 - 89.

[92]贾殿村,汪波．多 Agent 虚拟企业的契约柔性机制设计[J]．西南交通大学学报,2006(6):774 - 778.

[93]王海帆,袁宁．不完全契约、控制权与公司治理机制的整合[J]．西北大学学报(哲社版),2007(1):30 - 33.

[94]麦克尼尔(I. R. Macneil),著．新社会契约论[M]．中国政法大学出版社,1994.

[95]沈江,徐曼,等．基于虚拟企业战略行为的契约关系机制[J]．计算机集成制造系统.2005(5):738 - 744.

[96]杜军．旅游合同研究[J]．西南民族学院学报(哲社版),2001(5):10 - 15.

[97]孙森焱．旅游契约之研究[J]．中国台湾:东吴大学法律学报.

[98]程子建,钟笑寒．文物保护与旅游产业化:不完全合同理论[J]．旅游学刊,2007(6):30 - 36.

[99]朱惠．机制设计理论——2007 诺贝尔经济学奖得主理论评价[J].浙江社会科学,2007(6):188 - 191.

[100]曹兴,石中华．基于机制设计理论的企业技术委托开发道德风险防范研究[J]．系统工程,2005(11).

[101]罗伯特·阿克塞尔罗德(Axelrod R),著．合作的复杂性[M]．上海人民出版社,2008 - 04.

[102]张维迎．博弈论与信息经济学[M]．上海:上海人民出版

社,1996.

[103] Ross, S. (1973) The Economic Theory of Agency: the Principal's Problem. American Economic Review 63:134 - 149.

[104] Nowak M A. A n evolutionary stable strategy may be inaccessible[J]. J Theor Biol, 1990, 142:237 - 241.

[105] Lorberbaum J. No strategy is evolutionary stable in the repeated prisoner's dilemma[J]. TheorBiol, 1994, 168:117 - 130.

[106] 崔之元. 科斯定理:真知灼见还是同义反覆[EB/OL]. www. czlib. net.

[107] 刘益,李垣,汪应洛,著. 柔性战略的理论、分析方法及其应用[M]. 北京:中国人民大学出版社,2005 - 11:100 - 101.

[108] 罗杰·B. 迈尔森(Roger B. Myerson),著. 于寅,费剑平,译. 博弈论——矛盾冲突分析[M]. 北京:中国经济出版社,2001 - 01.

[109] 郑君君,刘衡,陈京华. 供应链伙伴的合作博弈研究[J]. 科技进步与对策,2006(7).

[110] 刘友金,徐尚昆,田银华. 集群中的企业信任机制研究——基于种群互相回报式合作行为博弈模型的分析[J]. 中国工业经济,2007,(11):56 - 63.

[111] Ing - Chung Huang, Pei - Wen Huang, Yi - Jung Chen. A study of Taiwan's travel agent salary system: an agency theory perspective[J]. Tourism Management 25(2004)483 - 490.

[112] Chris Guilding, Jan Warnken, Allan Ardill, Liz Fredline. An agency theory perspective on the owner/manager relationship in tourism - based condominiums. Tourism Management 26(2005)409 - 420.

[113] 孙昌群,汪应洛. 有限合伙契约的柔性激励机制设计[J]. 管理工程学报,2005(2).

[114] 郭琼,杨德礼,迟国泰. 基于期权的供应链契约式协调模型[J]. 系统工程,2005 - 10:1 - 6.

[115] Hsien - Tang Tsai, Leo Huang, Chung - Gee Lin. Emerging e - commerce development model for Taiwanese travel agencie[J]. Tourism Management 26(2005)787 - 796.

[116]卢纪华,赵希男. 技术开发虚拟企业的动态契约设计[J]. 系统工程理论方法应用,2005(4):108-112.

[117]王夏阳. 契约激励、信息共享与供应链的动态协调[J]. 管理世界,2005(4):106-115.

[118]郭敏,王红卫. 合作型供应链的协调和激励机制研究[J]. 系统工程,2002(4):49-53.

[119]梅铁群,张燕,张金诚. 供应链企业间合作契约机制设计及博弈分析[J]. 现代管理科学,2006(6):86-87.

[120]晏再庚. 供应链管理中的激励机制设计[J]. 生产力研究,2006,5:233-235.

[121]叶飞,雷宣云,李怡娜. 需求函数假设对供应链协作契约机制设计的影响分析[J]. 科技管理研究,2005,12:571-572.

[122]Dejonckheere J,Disney S M,Lambrecht M R,Towill D R. Measuring the bullwhip effect:a control theoretic approach to analyse forecasting European [J]Journal of Operational Research,2003,147:547-590.

[123]叶航,汪丁丁,罗卫东. 作为内生偏好的利他行为及其经济学意义[J]. 经济研究,2005(8):84-94.

[124]Bowles S,Gintis H. The Evolution of Strong Reciprocity:Cooperation in Heterogeneous Populations[J]. Theoretical Population Biology,2004,65:17-28.

[125]Gintis H. Strong Reciprocity and Human Sociality[J]. J. theor. Biol. (2000)206,169-179.

[126]Mojdeh Mohtashemi *,Lik Mui,Evolution of indirect reciprocity by social information:the role of trust and reputation in evolution of altruism[J]. Journal of Theoretical Biology. 223(2003)523-531.

[127]Rabin M. Incorporating fairness into game theory and economics[J]. The American Economic Review,1993,10:1281-1302.

[128]Kevin A. McCabe,Stephen J. Rassenti,and Vernon L. Smith. Reciprocity,trust,and Payoff Privacy in Extensive Form Bargaining[J]. Games and Economic Behavior 24. 10-24(1998).

[129]Samuel Bowles,Herbert Gintis. The evolution of strong reciprocity:co-

operation in heterogeneous populations[J]. Theoretical Population Biology 65 (2004):17-28.

[130]刘丽文. 供应链管理思想及其理论和方法的发展过程[J]. 管理科学学报,2003(2):81-87.

[131]梁学成,邵金萍,等. 基于互惠利他的服务产业化和谐发展机制研究[J]. 中国软科学,2007.12.

[132]Steve selin, Debbie Chavez. Developing an Evolutionary Tourism Partnership[J]. Model. Annals of Tourism Research, Vol, 22. No. 4. PP. 844-856,1995.

[133]杜江,戴斌,著. 旅行社管理比较研究[M]. 旅游教育出版社,2006-07.

[134]Hsien-Tang Tsai, Leo Huang, Chung-Gee Lin. Emerging e-commerce development model for Taiwanese travel agencies[J]. Tourism Management 26(2005)787-796.

[135]张辉,著. 旅游经济论[M]. 北京:旅游教育出版社,2005-07.

[136]张俪俪,主编. 旅游市场营销学[M]. 北京:清华大学出版社,2005-09.

[137]张毅,邵新宇,邓超. 企业合作中新人传递过程的机理分析[J]. 华中科技大学学报(自然科学版),2005(9):132-134.

[138]阿明·福克,乌尔斯·费希克巴切尔. A theory of reciprocity[J]. 博弈与经济行为,2006(54):293-315.

[139]张青山,游明忠. 企业动态联盟的协调机制[J]. 中国管理科学,2003(2):96-100.

[140]苗学玲. 旅游商品概念性定义与旅游纪念品的地方特色[J]. 旅游学刊,2004(1):27-31.

[141]戚桂清,杨锡怀,李森. 基于重复博弈的集群网络供应链竞合关系分析[J]. 东北大学学报(自然科学版),2006(2):233-236.

[142]张文敏,张朝枝. 参团游客对旅行社服务质量的期望与感知实证研究[J]. 旅游学刊,2007(3):71-76.

[143]Angel Millan, Agued Esteban. Development of a multiple-item scale for measuring customer satisfaction in travel agencies services[J]. Tourism Man-

agement 25(2004)533 - 546.

[144]洪军,陈森发. 价值网中主体动态博弈分析[J]. 管理工程学报,2004(4):127 - 130.

[145]刘刚. 供应链管理的合作博弈分析[J]. 经济管理. 新管理,2003(16):66 - 70.

[146]唐绍祥. 基于马尔可夫过程的有限平均动态委托代理模型[J]. 数量经济技术经济研究,2001(10):47 - 50.

[147]陆杉,高阳. 功能关联的协同合作:基于商业生态系统的分析[J]. 管理世界,2007(5):60 - 61.

[148]罗素·W. 库珀,著. 张军,李池,译. 协调博弈——互补性与宏观经济学[M]. 北京:中国人民大学出版社,2002. 4 - 17.

[149] Herbert Gintis, Samuel Bowles, Robert Boyd, Ernst Fehr. Explaining altruistic behavior in humans[J]. Evolution and Human Behavior 24(2003): 153 - 172.

[150]张耀辉,燕波. 消费契约的双重特性与大企业危机[J]. 中国工业经济,2007(12):22 - 29.

[151]张巍. 合同线性化与线性化合同[J]. 中国管理科学,2005(3): 62 - 67.

[152]张五常,著. 经济解释[M]. 商务印书馆. 2001 - 11.

[153]姜继娇,杨乃定,贾晓霞. 基于顾客满意度的项目评价模糊技术研究[J]. 管理工程学报,2005(1):77 - 79.

[154] Angel Millagn, Agueda Esteban Development of a multiple - item scale for measuring customer satisfaction in travel agencies services Tourism Management 25(2004)533 - 546.

[155]马知恩,周义仓. 常微分方程定性与稳定性方法[M]. 科学出版社,2005 - 08.

[156]李帅,等. 基于模糊群决策的虚拟企业合作伙伴选择[J]. 东北大学学报(自然科学版),2004(3):295 - 298.

[157] Gregory N. Mentzas, Team coordination in decision support projects[J]. European Journal of Operational Research. 89(1996)70 - 85.

[158] Kevin A. McCabea, Mary L. Rigdon b, Vernon L. Smith, Positive reci-

procity and intentions in trust games[J]. Journal of Economic Behavior & Organization. Vol. 52(2003)267 -275.

[159]Li Y, Tan G W. Information sharing in a supply Proceedings of the 37th Hawaii International Conference on System Sciences, 2004.

[160]罗炜,唐元虎. 大学—企业合作创新的博弈分析[J]. 系统工程, 2002(1):28 -31.

[161] Margareta Frimana, Tommy Gärlingb, Bruce Millettc, Jan Mattssond, Robert Johnstone, An analysis of international business - to - business relationships based on the Commitment - Trust theory[J]. Industrial Marketing Management. 31(2002)403 -409.

[162]谢识予. 经济博弈论[M]. 上海:复旦大学出版社, 2002, 183 -185.

[163] Gregory N. Mentzas, Team coordination in decision support projects[J]. European Journal of Operational Research. 89(1996)70 -85.

[164]万迪昉,吴雄军,汪应洛. 超模函数与企业重组的系统分析[J]. 系统工程理论与实践, 2000(2):52 -57.

[165] Dani Rodrik, Arvind Subramanian, Francesco Trebbi. Institutions Rule: The primacy of institutions over geography and integration in economic development[Z]. http://ksghome. harvard. edu/ ~ drodrik/institutionsrule, %205. 0. pdf.

后　记

本书是在我的博士学位论文基础上修改而成的。该书的主题及核心思想主要来源于自己多年来对旅游业发展的一点理解和思考。长期以来，旅游业存在着一种“外热内冷”现象，即旅游需求的人越来越多，而从事旅游服务的专业人员却越来越少；旅游服务的供应商越来越多，而旅游服务的经营却越来越艰难。这些问题似乎成了旅游业发展之悖论。旅游学是一门还不够成熟的学科，而旅游业已方兴未艾，成为一种新兴现代服务业，尚需要人们更多的探索，包括理论前沿与具体实践的反思。当然，随着旅游产业定位的日渐清晰、产业规模的不断扩大，这一方面的工作显得越来越有意义。本书立足旅游服务这一核心内容，从不完全契约经济的视角，对旅游服务供需交易过程中利益主体间的合作契约机制进行设计与分析，进一步揭示旅游服务供需交易的本质。本书的研究不仅适合于解释旅游服务业中存在的一些问题和现象，而且对其他服务产业的发展也具有一定的借鉴价值。

在此成书付梓之际，我要特别感谢对我撰写该书给予大力支持和帮助的所有人。首先我要感谢在西安交通大学攻读博士期间所有帮助和支持我的老师和同学，他们对我的博士论文在写作期间，从寻找研究视角、明确思路和方法等方面都提出了很多宝贵的意见，尤其是我的导师万迪昉教授，还有西安交通大学的冯宗宪教授、徐渝教授、徐寅峰教授，郭菊娥教授、刘新梅教授、原长弘教授，西北工业大学的杨乃定教授，西安理工大学的党兴华教授等，还要感谢西安交通大学的张雄博士、王海珍博士，以及西北大学旅游管理专业 2005、2006 级同学们在问卷调研过程中的大力支持。

我要感谢在此书撰写和修订工作期间，西北大学经济管理学院给予我很多帮助和支持的老师，包括白永秀教授、何炼成教授、任保平教授、赵守国教授、惠宁教授、师萍教授、韦苇教授、郝索教授、李树民教授、姚慧琴教授、王正斌教授、赵景峰教授、张晓明教授、安立仁教授、齐捧虎教授、王满仓教授、孙万贵教授、茹少峰教授、何爱萍教授、严汉平教授、宋宇教授等。我还要感谢中国经济出版社的霍宏涛、严莉编辑，他们对本书也提出了许多宝贵的修改意见，做了大量的编辑工作，才使本书得以顺利出版，在此特别感谢！

最后，我要感谢在我读博和修改书稿期间，默默给予我无私帮助和支持的家人、朋友，在此一并表示衷心感谢！

作为一种探索性研究，本书尚有许多不足和欠缺，敬请各位学术前辈和同仁多提宝贵意见。

梁学成
2011 年 10 月于西安